PHILOSOPHIE DE LA MUSIQUE

TEXTES CLÉS

PHILOSOPHIE DE LA MUSIQUE

Imitation, sens, forme

Textes réunis et présentés par
Robert MULLER
et
Florence FABRE

LIBRAIRIE PHILOSOPHIQUE J. VRIN
6, place de la Sorbonne
PARIS V^e

B. DE SCHLOEZER, *Introduction à J.-S. Bach*,
© Éditions Gallimard, 1947; rééd. 1979.

F.-B. MÂCHE, *Musique, mythe, nature, ou les dauphins d'Arion*,
© Klincksieck, Paris, 1983 – 2ᵉ édition augmentée, 1991.

La traduction des textes grecs et allemands a été établie ou revue par R. Muller
(avec la collaboration de François Muller pour l'allemand)

Les auteurs expriment leurs remerciements à Patrice Bailhache et Philippe
Le Corf, qui les ont amicalement fait bénéficier de leurs connaissances et de leurs
conseils.

© *Librairie Philosophique J. VRIN*, 2013
Imprimé en France
ISSN 1639-4216
ISBN 978-2-7116-2379-2
www.vrin.fr

INTRODUCTION

L'OBJET DE LA MUSIQUE

Pourquoi les philosophes s'intéressent-ils à la musique? Depuis l'Antiquité, la plupart des grands noms de notre tradition ont traité de la musique, lui consacrant des développements importants et souvent plus précis que ceux qu'ils accordaient aux autres arts – sans compter que certains d'entre eux ont été aussi compositeurs[1]. C'est que, justement, la musique n'a pas toujours été considérée dans notre histoire seulement comme l'un des beaux-arts. Associée quasiment dès l'origine aux spéculations scientifiques sur les nombres, sur l'univers et sur l'homme, mais aussi omniprésente dans la vie quotidienne des hommes, elle ne pouvait aisément être confinée dans une spécialité ni manquer d'apparaître comme un objet privilégié de réflexion. L'intérêt des philosophes pour la musique a certes varié selon les époques et les individus; mais il est remarquable que, s'ils abordent le sujet, les auteurs

---

1. D'Abélard à Adorno, en passant par Rousseau et Nietzsche. Que leur réussite dans ce métier ait été inégale n'est pas la question. Rappelons néanmoins que Rousseau a été un moment mis en concurrence avec le grand Rameau.

ne le font pas à la légère : la réflexion sur la musique exige une
élaboration conceptuelle rigoureuse, et il n'est pas rare qu'elle
implique les concepts fondamentaux d'une pensée, comme
s'il existait une affinité particulière entre les deux domaines [1].

Une telle affirmation doit être nuancée, car les philosophes
ne partagent pas tous cette opinion, et elle est loin de signifier
toujours la même chose pour ceux qui l'adoptent. Dans ce
dernier cas cependant, la diversité des points de vue est telle
que leur étude systématique excéderait les limites du présent
volume. C'est pourquoi nous avons préféré privilégier un
thème plus limité en apparence, mais qui a l'avantage de
toucher à une problématique essentielle, celui de l'*objet* de la
musique. Cette question a donné lieu à des débats assez vifs,
auxquels ont pris part musiciens et écrivains au-delà du cercle
étroit des philosophes, et ce avec une belle continuité à travers
les siècles. On ne trouvera donc pas ici, on le devine, tous les
grands textes philosophiques sur la musique, et certaines
absences surprendront. Notre choix a été guidé par une double
préoccupation : fournir au lecteur des extraits représentatifs
des principales étapes de ce débat, et en même temps lui
mettre sous les yeux des textes moins connus ou plus difficiles
d'accès. Les pages suivantes de cette Introduction tentent

---

1. On connaît le mot que Platon prête à Socrate : « La philosophie n'est-elle
pas la plus haute musique ? » (*Phédon*, 61 a ; mais l'on s'accorde à penser
que « musique » est à prendre ici au sens élargi de culture de l'esprit, voir
note suivante). Et celui de Nietzsche : « A-t-on remarqué… que plus on devient
musicien plus on devient philosophe ? » (*Le cas Wagner*, § 1, trad. de
J.-C. Hémery, dans *Œuvres complètes*, VIII, Paris, Gallimard, 1974).
Cf. A. Schopenhauer, *Le monde comme volonté et comme représentation*, trad.
de A. Burdeau, Paris, P.U.F., 1966, 10e éd. 1978, p. 338 : si nous pouvions
énoncer en concepts ce que la musique exprime à sa façon, nous aurions là « la
vraie philosophie ».

néanmoins de résumer les positions de plusieurs des auteurs dont on n'a pas retenu de texte, mais qui ont joué un rôle significatif dans cette histoire.

Que la musique *dise* ou *exprime* quelque chose a été admis comme une évidence pendant des siècles, la plupart des débats tournant autour de la nature de ce qu'elle peut ou doit exprimer, et des moyens appropriés à la fin ainsi définie. Formulée en ces termes, la question n'a rien d'original, puisqu'on la trouve aisément ailleurs, en peinture ou en littérature par exemple (les sujets *dignes* d'être peints ou portés sur la scène; les moyens *propres* du théâtre, de l'art des couleurs…). Elle a du même coup l'avantage, si c'en est un, de nous permettre de penser la musique selon la distinction que nous faisons spontanément entre un contenu et une forme : d'un côté, ce qui est dit (représentations du monde, récits, peinture des passions, expression du sentiment), de l'autre la manière dont ce contenu est dit (le matériau sonore et son organisation, du rythme ou de la mélodie élémentaires jusqu'aux « grandes » formes). Elle a pourtant l'inconvénient d'ignorer les contestations dont cette façon de voir a régulièrement été la cible, par exemple de la part de ceux qui défendent la priorité absolue de la forme sur un prétendu contenu, ou encore de ceux qui ne veulent s'intéresser qu'aux effets physiques et psycho-physiologiques que la musique exerce sur l'auditeur, effets dans lesquels, par hypothèse, le contenu « représenté » ne joue qu'un rôle mineur.

En fait, derrière les discussions sur le véritable contenu de la musique, même lorsqu'elles semblent reposer sur la dualité admise du contenu et de la forme, se devine une inquiétude ou une interrogation plus radicale sur la possibilité même, pour la musique, d'avoir un contenu. Interrogation parfois explicite, comme chez Platon ou les formalistes du XXᵉ siècle, parfois latente, comme dans les critiques dont la doctrine de l'imitation est l'objet au XVIIIᵉ siècle. Il n'est pas exagéré de dire que, tout au long de l'histoire de la tradition occidentale, une grande partie des théories de la musique se sont constituées pour répondre à cette question de l'*indétermination* – apparente ou réelle, menaçante ou salutaire – de son contenu.

L'ORIGINE GRECQUE : PLATON ET ARISTOTE

Il est facile de vérifier que les premiers théoriciens de notre tradition ont développé une doctrine des arts qui repose sur la notion d'imitation, notion qui s'applique à tous les arts que nous qualifions d'esthétiques, et donc aussi à la musique au sens où nous l'entendons[1]. Cette affirmation devra cependant être nuancée, car cette imitation n'est pas exactement ce qu'on croit. En dehors des allusions qu'y font certains Présocratiques, on trouve cette doctrine formulée sans aucune ambiguïté, semble-t-il, chez Platon et Aristote : la peinture et la sculpture, la poésie, mais aussi la musique, sont à plusieurs reprises présentées comme des arts d'imitation[2]. Que la musique, sans autre justification, n'échappe pas à cette dénomination montre assez qu'aux yeux des Anciens cette qualification ne pose pas de problème particulier. Platon y revient plusieurs fois, en particulier dans la *République* (III, 400 a) et dans les

---

1. Pour les Grecs, « musique » est un terme dont la compréhension varie beaucoup selon les contextes : « art des Muses » en général, il peut s'appliquer à toute la formation intellectuelle, ou bien se limiter au sens que nous donnons à ce mot.

2. Pour Platon, voir par exemple *Cratyle*, 423d; *Sophiste*, 235 d-e; *République*, III, 395a; X, 597e. Pour Aristote, on peut se reporter au début de la *Poétique*, chap. 1-4.

Lois (II, 668 a *sq.*), Aristote lui emboîte le pas dans la *Politique* (VIII, 5), et l'on pourrait citer beaucoup d'autres textes de l'Antiquité qui en témoignent. On voit bien cependant que si la musique imite, elle ne peut le faire qu'à la manière de la poésie, non à celle de la peinture ou de la sculpture ; autrement dit, elle ne reproduit pas le modèle par des moyens de même nature (des couleurs par des couleurs, des volumes par des volumes[1]), mais elle l'exprime ou le désigne.

La capacité à signifier qu'on attribue à l'art musical s'applique, depuis les Pythagoriciens au moins, aux « caractères » (*êthê*) de l'âme, cette notion recouvrant les états ou dispositions (les vertus, par exemple), les manières de vivre, ou encore les émotions (la colère, la peur)[2]. On notera que cette parenté est la clé des effets extraordinaires que les Grecs reconnaissent à la musique, que ce soit par un phénomène d'assimilation – rythmes et mélodies du courage incitant au courage – ou par l'action d'une « purgation » ou « purification » (*catharsis*)[3].

Que le pouvoir de signifier repose sur une *ressemblance* entre une structure musicale et un état de l'âme ne va pourtant

---

1. Platon fait allusion au fait que c'est la *mauvaise* musique qui se plaît à reproduire des bruits naturels (*Rép.*, III, 397 a).

2. Sur les mélodies et rythmes propres à imiter les divers « caractères » ou « vies » : Platon, *Rép.*, III, 398 d *sq.* ; *Lois*, II, 655a etc. Aristote déclare expressément que rythmes et mélodies contiennent des imitations proches d'états tels que la colère, la douceur, le courage (*Pol.*, VIII, 5, 1340a 18 ; *infra*, p. 81 ; *Pol.*, VIII, 5, 1340 a 39, *infra*, p. 83).

3. Pour l'incitation à la vertu, voir, entre autres témoignages, Damon, fr. B 4 ; 6 ; 7 (dans *Les Présocratiques*, J.-P. Dumont (dir.), Paris, Gallimard, 1988, p. 458). La *catharsis* apparaît chez les Pythagoriciens (fr. D 1, *Les Présocratiques*, p. 593-594), puis chez Aristote (pour la musique : *Pol.*, VIII, 7, *infra*, p. 90 ; pour la tragédie : *Poétique*, 6, 1449 b 28).

pas de soi. Telle qu'elle est comprise d'ordinaire, l'imitation implique en effet une ressemblance entre un modèle et sa reproduction. Si l'on ajoute – avec Platon[1] – que pour être bonne elle requiert rectitude et fidélité rigoureuse à l'original, on a tôt fait de basculer vers le dogme de l'imitation de la nature, qui devient alors une norme esthétique contraignante dans une perspective strictement «réaliste». Comme on sait, cette doctrine a pesé lourd dans les débats esthétiques durant des siècles, notamment parce qu'elle prétendait s'appuyer sur l'autorité des Anciens. Or il se trouve que les Anciens en question, essentiellement Platon et Aristote, ont clairement perçu les limites de ce «dogme». Deux raisons principales empêchent en tout cas de le leur attribuer sans nuances :

1) L'imitation n'est pas immédiatement une norme esthétique pour eux, mais un critère de définition des arts qui ne sont pas «fabricateurs» et utilitaires. Le mot «art», en grec *technè*, s'applique indifféremment aux deux sortes d'art, et dire de certains qu'ils sont «imitateurs»[2] a d'abord pour fonction de délimiter un domaine. Mais c'est en même temps une exigence : le risque existe en effet, particulièrement en musique, que les artistes produisent des œuvres «qui ne veulent rien dire», c'est-à-dire dont le public ne parvient pas à saisir le sens, pour diverses raisons (complexité ou nouveauté excessives, pur jeu de formes sonores, virtuosité gratuite…)[3], œuvres qui dès lors n'ont plus aucune justification puisqu'elles ne servent pas non plus aux nécessités de la vie. De ce point de

---

1. Platon, *Cratyle*, 431 c ; *Lois*, II, 668 b, *infra*, p. 67.
2. Platon, *Lois*, II, 667 c-d, *infra*, p. 66 ; *Epinomis*, 975 d.
3. Platon, *Lois*, II, 669 e, *infra*, p. 71.

vue on peut parler de norme, mais celle-ci se réduit à l'idée que les arts de ce type doivent avoir du sens.

2) L'imitation n'est jamais conçue comme reproduction à l'identique. Pour des raisons techniques d'abord : la peinture reproduit des surfaces seulement, la sculpture des volumes sans la contexture intérieure ; les mélodies et rythmes peuvent encore moins être identiques aux états psychiques. Mais aussi pour des raisons plus essentielles, tenant à la notion même d'imitation, qui suppose une re-présentation, une séparation identifiable comme telle d'avec le modèle : la réplique exacte produit un double, non une image, remarque Platon dans le *Cratyle*[1]. Par suite, l'artiste opère nécessairement une série de choix : dans les sujets à représenter (des choses vraisemblables ou des faits merveilleux), dans l'interprétation des personnages ou des événements (il peut « idéaliser », peindre les hommes meilleurs qu'ils ne sont), dans les moyens mis en œuvre qui commandent un certain type d'imitation, etc. L'« imitation de la nature » s'entend donc en un sens large : ce qui est sûr, c'est que, même fidèle ou correcte, elle ne consiste pas à reproduire platement ce qui est.

Mais si la ressemblance est problématique, comment comprendre que la musique signifie ? S'agissant des arts incontestablement représentatifs – du moins pour l'époque – comme la peinture et la sculpture, on peut admettre qu'ils offrent toujours à l'intuition *des* ressemblances au moins partielles, suffisantes pour permettre au spectateur d'identifier un contenu. Le langage quant à lui est par définition signifiant,

---

1. *Crat.*, 432 b-c. Aristote va jusqu'à dire que le poète n'est pas imitateur quand il parle de lui-même (*Poétique*, 24, 1460 a 7), et on peut y voir la raison pour laquelle il ne parle pas de la poésie lyrique dans son ouvrage.

et la question redoutable du caractère naturel ou conventionnel de cette signification n'a pas à être examinée ici. La musique grecque étant presque toujours, ou en tout cas majoritairement, associée à des textes, on dira que cela résout en partie le problème; mais l'exigence unanimement formulée que mélodies et rythmes se doivent de ressembler à ces textes, d'avoir le même caractère qu'eux[1], relance la difficulté : comment peuvent-ils *imiter* une émotion, une vertu (même en tenant compte des réserves exprimées plus haut)? Aux yeux des auteurs anciens, la difficulté paraît ne pas exister[2], on l'a dit : il y a en musique des harmonies (improprement appelées *modes* par les traducteurs : le dorien, le lydien, le phrygien …), des rythmes, des timbres qui possèdent naturellement certains caractères éthiques, c'est-à-dire des traits spécifiques auxquels l'auditeur associe immédiatement telle ou telle signification psychique[3]. Que cette association soit plus culturelle que naturelle ne fait à nos yeux aucun doute. La musique était en effet omniprésente dans la vie des Grecs. La tragédie avait habitué les spectateurs à percevoir cette association, puisque, rappelons-le, une tragédie ne se limite pas à un texte déclamé, mais comporte une part importante de musique, notamment dans les passages *lyriques*, c'est-à-dire ceux où précisément se

---

1. Voir par exemple Platon, *République*, III, 398 d.

2. Une exception au moins mérite d'être citée : l'épicurien Philodème (110-28) conteste que la musique soit «quelque chose d'imitatif», et il s'en prend notamment à Platon et à notre texte des *Lois* (*Sur la musique*, livre IV, col. 117 ; éd. et trad. de D. Delattre, Paris, Les Belles Lettres, CUF, 2007, vol. II, p. 214-215).

3. Sur ces associations, *cf.* le long développement qui suit le texte mentionné à l'instant de la *Rép.* III ; et Aristote, *Pol.*, VIII, 7 (1342 b 12 : «*Tout le monde admet* que le dorien … exprime le mieux le caractère viril», *infra*, p. 92).

manifestent à leur paroxysme les émotions des personnages ou du chœur. Et ce ne sont pas seulement les nombreuses pièces de théâtre, mais aussi les concours (olympiques et autres) et les cérémonies religieuses qui familiarisaient les auditeurs avec ces significations[1]. Il faut enfin et surtout tenir compte de l'exceptionnel développement de l'éducation musicale, qui – du moins à Athènes – était à la fois largement répandue et d'un niveau élevé[2].

Mais il est remarquable que le caractère culturel et historique de la compréhension des significations musicales ait en fait été perçu dès le Ve siècle, ce qui amorce dès cette époque un débat qui va hanter les théories de la musique jusqu'à nos jours. La querelle entre Eschyle et Euripide mise en scène par Aristophane dans les *Grenouilles* l'illustre déjà à sa manière[3]. Mais c'est l'attitude de Platon qui en fournit le témoignage le plus clair dans sa critique de la musique moderne. Dans un passage assez technique des *Lois*, il reproche aux compositeurs de ne pas respecter systématiquement les associations entre les moyens musicaux et les contenus signifiés (ils mettent des mélodies de femmes sur des paroles d'hommes; unissent des mélodies propres à tel caractère avec des rythmes d'un autre caractère; écrivent même des mélodies

1. Comparer l'anecdote de Philoxène, Aristote, *Pol.*, VIII, 7, 1342 b 8, *infra*, p. 92 (impossible de composer un dithyrambe en dorien, le phrygien s'impose).

2. H.-I. Marrou, *Histoire de l'éducation dans l'Antiquité*, I, Paris, Le Seuil, 1948, p. 75 *sq.* et 202 *sq.*; R. Flacelière, *La vie quotidienne en Grèce au siècle de Périclès*, Paris, Hachette-Livre de poche, 1959, p. 139-144.

3. *Les Grenouilles*, à partir du vers 830. Eschyle reproche notamment à son rival d'accompagner certains vers d'airs d'un caractère étranger au texte (1301 *sq.*), et aussi de composer des mélodies d'une virtuosité artificielle (1314).

et des rythmes sans paroles[1]). Une pareille analyse implique qu'on pouvait à cette époque renoncer aux codes établis, au risque, selon le philosophe, d'empêcher l'auditeur de saisir le sens de la musique. Cette critique se prolonge chez lui par une mise en garde plus générale contre l'innovation[2]. On y voit souvent une manifestation de conservatisme, mais la volonté de maintenir les formes traditionnelles de composition ne fait qu'exprimer autrement la même inquiétude devant l'essentielle indétermination du signifiant musical : le bouleversement constant des codes de la signification déroute l'auditeur et lui interdit de comprendre « ce que cela veut dire »[3].

LA FRANCE DE L'ÂGE CLASSIQUE ET DES LUMIÈRES : LA DOCTRINE DE L'IMITATION ET LES PREMIÈRES FAILLES

L'imitation de la nature n'en a pas perdu pour autant son statut de dogme artistique, y compris en musique, et les théoriciens de tous bords continuent pendant des siècles à utiliser ce vocabulaire et à se référer à ces thèses. Ce n'est qu'au XVIIIᵉ siècle que l'indétermination revient clairement au premier plan, s'impose peu à peu à la réflexion et finit par avoir raison de l'imitation. Étant donné l'abondance exceptionnelle des textes sur la musique qui ont fleuri en Europe depuis le Moyen Âge, on se bornera ici à résumer cette évolution de façon très schématique.

---

1. Platon, *Lois*, II, 669 b *sq.*, *infra*, p. 70. Voir aussi VII, 802 e.
2. Platon, *République*, IV, 424 b-c ; *Lois*, VII, 798 d-e.
3. L'innovation n'est pas exclue, elle est soumise à des conditions (*Lois*, VII, 802 b). Le fait que la *bonne* imitation soit objet d'enseignement (*Lois*, VII, 812 c) atteste qu'elle relève de la culture.

Le triomphe de l'imitation

a) Que la musique ait pour fonction d'imiter reste un lieu commun au XVIIᵉ et au XVIIIᵉ siècle On trouve le mot partout, dans les écrits des compositeurs comme chez les théoriciens et les philosophes. « Quand je fus pour écrire la plainte de l'Ariane, dit Monteverdi, je ne trouvai aucun livre pour m'ouvrir la voie naturelle de l'imitation, pas plus que pour m'éclaircir sur ce que devait être l'imitateur ; sauf chez Platon, de qui m'est venue quelque lumière... » [1] À la même époque, dans une lettre à Bannius de 1640, Descartes affirme lui aussi : « La Musique doit imiter tout ce qui arrive dans la société humaine. » [2] A plus d'un siècle de distance, Rameau s'inscrit dans la même tradition en utilisant volontiers, comme beaucoup d'autres, la référence à la peinture [3]. L'idée d'imitation est centrale dans les ouvrages des abbés Du Bos et Batteux. Rousseau, Diderot ou d'Alembert s'y rallient sans discussion, et se plaisent à comparer l'imitation musicale à un langage, à un discours [4]. Cette attitude entraîne chez beaucoup une méfiance affichée – quand ce n'est pas une condamnation

---

1. C. Monteverdi, *Lettre à Doni* du 22.10.1633, citée dans R. Tellart, *Claudio Monteverdi*, Paris, Fayard, 1997, p. 204.

2. Descartes, *Correspondance*, éd. Ch. Adam et P. Tannery, Paris, Vrin, 1996, t. III, p. 832.

3. Voir J.-Ph. Rameau, *Musique raisonnée*, C. Kintzler et J.-C. Malgoire (éd.), Paris, Stock, 1980, p. 105 ; 146 ; 158.

4. Rousseau, *Essai sur l'origine des langues*, chap. XII-XVII. – Diderot, « Lettre sur les sourds et muets », *Œuvres complètes*, Paris, Hermann, 1978, t. IV, p. 205-206 ; « Entretiens sur le Fils naturel », *Œuvres complètes*, t. X, 1980, p. 150 ; 156 *sq.* – D'Alembert, *Discours préliminaire de l'Encyclopédie*, Paris, Vrin, 2000, p. 103 ; « Fragment sur la musique », § XIX, *infra*, p. 140 ; « De la liberté de la musique », dans *Œuvres complètes*, t. I, 1ʳᵉ partie, Paris, 1821-1822 (réimpr. Genève, Slatkine Reprints, 1967), p. 530.

pure et simple – envers la musique purement instrumentale (sans texte, ou qui n'annonce pas clairement un « sujet »). Le compositeur italien du début du XVIIᵉ siècle, E. de Cavalieri, déclarait déjà : « ... une musique privée de paroles devient ennuyeuse »[1]. Mais en France c'est une opinion largement partagée (sauf chez les compositeurs, bien entendu). Ainsi Marmontel : « C'est un principe reçu en France comme en Italie et partout ailleurs que la musique doit exprimer et peindre... La musique qui ne peint rien est une musique insipide. »[2] On répète à l'envi le mot de Fontenelle : « Sonate, que me veux-tu ? »[3]. D'Alembert : « Toute musique qui ne peint rien n'est que du bruit » ; « ... en général les symphonies isolées, quand elles ne sont jointes à aucune action, peuvent faire une musique très insignifiante »[4]. Rousseau, à l'article « Fugue » de son *Dictionnaire de musique* : « ... le plaisir que donne ce genre de Musique étant toujours médiocre... ». A cela s'ajoute souvent (encore un souvenir de Platon ?) une critique non moins vive de la virtuosité, ainsi que de la prétendue « surcharge » instrumentale, ce dernier trait visant aussi bien l'abondance des instruments, qui risquent de couvrir la voix, que la multiplicité des « parties » ou « voix »

1. Préface de la *Rappresentatione di Anima e di Corpo*, 1600, citée dans G. Caccini, *Le Nuove Musiche*, intr., trad. et notes de J.-Ph. Navarre, Paris, Le Cerf, 1997, p. 241.

2. Cité dans C. Girdlestone, *Jean-Philippe Rameau*, Paris, Desclée de Brouwer, 1962 ; 2ᵉ éd. 1983, p. 499.

3. Rousseau, Art. « Sonate », *Dictionnaire de musique* ; d'Alembert, *Fragment sur la musique*, § XIX ; *De la liberté de la musique*, p. 544.

4. D'Alembert, *Discours préliminaire*, p. 104 ; *Fragment sur la musique*, § XIX.

instrumentales (les deux choses sont notamment reprochées à Rameau)[1].

b) L'objet de l'imitation, depuis Caccini et Monteverdi jusqu'à Rameau au moins, tout comme chez Rousseau, d'Alembert et les autres, ce sont les *affetti*, passions, sentiments, émotions; bref, les mouvements de l'âme, comme dans l'Antiquité[2]. Non certes ceux d'une âme individuelle analysée dans ses replis les plus particuliers, mais les mouvements caractéristiques, représentant des types ou des situations aisément identifiables. Ce qui autorise, là encore, une théorie des correspondances entre les affects et les éléments de la structure musicale. «Chaque mouvement du cœur a un ton pour s'exprimer»: cette formule d'un auteur mineur du XVIIIe siècle[3], pour peu qu'on entende le *ton* en un sens élargi (la tonalité, le mode, le rythme, le timbre), traduit très justement la conviction d'un bon nombre de musiciens et de théoriciens de cette époque. Le compositeur M.-A. Charpentier propose par exemple un tableau de l'«énergie des modes», «pour l'expression des différentes passions», et Rameau expose à son tour sa conception dans son *Traité de l'harmonie*[4]. Les

---

1. Voir Rousseau, «Lettre sur la musique française», *Œuvres complètes*, V, «Bibliothèque de la Pléiade», Paris, Gallimard, 1995, p. 293; 304-305; 307; d'Alembert, «Fragment sur l'opéra», dans *Œuvres et correspondances inédites*, Paris, 1887, p. 155; *Fragment sur la musique*, § XIX; *De la liberté de la musique*, p. 541.

2. Voir G. Caccini, *Le Nuove Musiche*, p. 49, 51, 53. «En un mot, écrit Rameau, l'expression de la pensée, du sentiment, des passions, doit être le vrai but de la musique» (*Code de la musique pratique*, cité dans R. Legrand, *Rameau et le pouvoir de l'harmonie*, Paris, Cité de la musique, 2007, p. 158).

3. Cartaud de la Villatte, cité par C. Girdlestone, *J.-Ph. Rameau*, p. 499.

4. Les deux tables sont reproduites dans R. Legrand, *Rameau et le pouvoir de l'harmonie*, p. 146-147.

philosophes y font allusion : Rousseau dans son *Dictionnaire*, d'Alembert dans le *Fragment* déjà cité[1]. Pourtant, sans remettre en cause le principe de l'expression des passions, le musicien français Antoine Boësset (1586-1643) avait par avance apporté sur ce point une nuance qui annonce les remises en cause ultérieures : « Quand il me plaira, j'exprimerai toute sorte de passion aussi bien en un mode qu'en l'autre. »[2]

Premiers ébranlements. D'Alembert

Pourtant, même chez ses plus fervents partisans, la doctrine de l'imitation se trouve peu à peu ébranlée au cours du XVIIIᵉ siècle. Les plus lucides partisans de la doctrine classique, tel d'Alembert, ne pouvaient rester indifférents au développement considérable, depuis le XVIIᵉ siècle, de la musique purement instrumentale, dépourvue de textes aussi bien que de titres indicatifs du contenu des œuvres. En France même, et en dépit de la prophétie malheureuse de Rousseau (« J'ose prédire qu'un goût si peu naturel ne durera pas », Art. « Sonate » du *Dictionnaire*), le Concert Spirituel avait accueilli dès sa première séance (1725) un concerto de Corelli et des airs de violon de Delalande, et les programmes des années suivantes contenaient de plus en plus de concertos, de sonates et de symphonies, œuvres notamment des Français Leclair et Mondonville. C'est aux environs de 1760 que Haydn entame sa longue série de quatuors et de symphonies, dont la qualité exceptionnelle ne contribuera pas peu à imposer ces genres de musique « pure » (Haydn entre au Concert Spirituel

---

1. *Dictionnaire de Musique*, art. « Ton » ; *Fragment sur la musique*, § XIX.
2. *Lettre à Huygens du 15.11.1640*, dans Mersenne, *Correspondance*, X, Paris, Éditions du CNRS, 1967, p. 252. La même opinion transparaît chez Mersenne.

après 1773; Mozart fait jouer avec succès sa symphonie « Paris » en 1778). Il devenait difficile de ne pas tenir compte de cette évolution : une musique sans paroles ni programme, mais incontestablement « expressive ».

Les sévères jugements émis par Rousseau et d'Alembert sur la musique « pure » trahissent, en fait, la conscience confuse d'une contradiction : d'un côté, s'il existe une « énergie des modes », ou plus généralement une correspondance entre le matériau musical et les passions, si d'Alembert peut parler à plusieurs reprises de *contresens* à propos de la mauvaise musique de théâtre, c'est bien que ce matériau possède un certain caractère déterminé, un sens, fût-il vague; mais, dans ce cas, pourquoi d'un autre côté condamner la sonate ou le concerto purement instrumentaux sous prétexte qu'« ils ne veulent rien dire » ? La solution, qui émerge notamment dans les commentaires du même d'Alembert, c'est l'idée d'une indétermination relative. « L'expression de la musique n'est pas à beaucoup près aussi déterminée que celle de la poésie ou de la peinture », écrit-il après avoir évoqué le pouvoir d'expression du *tempo*, de la hauteur des sons, des ornements. Et un peu plus haut : « Une sonate est proprement un dictionnaire de mots, dont la collection ne forme aucun sens, ou si l'on veut, c'est une suite de traits dont les couleurs ne représentent rien. »[1] Les mots ne suffisent pas, sans voyelles une langue reste énigmatique, et les couleurs peuvent ne rien représenter; mais tous ces signes ne sont pas *absolument* indifférents, ils ont un contenu, ils « disent » quelque chose. L'idée du dictionnaire nécessaire à la

---

1. Successivement : *Fragment sur l'opéra*, p. 157 et 155. Dans le *Fragment sur la musique*, il parle de « langue sans voyelle » (§ XIX).

compréhension se trouve aussi chez Rousseau, et les deux philosophes affirment que pour être comprise une musique a besoin de l'éducation et de l'habitude : autre façon de reconnaître à la fois la présence d'un sens et son caractère relatif, culturellement déterminé [1].

Les correctifs de Diderot

Diderot se montre pareillement sensible à cette contradiction. Partisan résolu de la théorie de l'imitation, on l'a dit [2], il lui apporte néanmoins plusieurs correctifs qui ouvrent de fait une voie nouvelle. D'abord, il reconnaît que les instruments seuls, en imitant la déclamation de la voix humaine, parviennent à signifier par les seules ressources de la mélodie, qui elle-même doit beaucoup à la mesure et à l'accent ; la signification reste certes plus indéterminée, mais elle existe : « Si les sons ne peignent pas aussi nettement la pensée que le discours, encore disent-ils quelque chose. » [3] Diderot défend par ailleurs une doctrine du beau où celui-ci est défini comme ce qui réveille dans l'entendement l'idée de rapports [4]. En musique, en l'occurrence, ces rapports ne sont

1. Rousseau, *Essai*, XIV ; d'Alembert, *Fragment sur la musique*, § IX et X (« La musique au reste est un art d'habitude ; c'est une langue à laquelle il faut s'accoutumer. Il ne faut pas croire qu'on en saisisse d'abord toute l'expression »).

2. Voir note 4, p. 17, et Diderot, « Le Neveu de Rameau », *Œuvres complètes*, t. XII, 1989, p. 157-163. Diderot précise parfois que l'imitation peut prendre pour modèle les accents de la passion ou les bruits physiques ; mais ce dernier point ne constitue pas une innovation : Rameau et Rousseau l'accordent, mais en en minimisant tous deux l'importance et l'intérêt (p. ex. Rameau, *Musique raisonnée*, p. 146).

3. Diderot, *Lettre sur les sourds et muets*, p. 147.

4. Article « Beau » de l'*Encyclopédie*, *Œuvres complètes*, t. VI, 1976, p. 156-157 ; *Lettre sur les sourds et muets*, p. 203.

sans doute pas saisis dans leur forme mathématique, il suffit qu'ils soient «remarqués» ou «sentis»; mais une conception qui accorde une place prépondérante à la perception de la réalité musicale dans son objectivité sonore s'éloigne d'une esthétique entièrement fondée sur l'imitation. Ce point de vue ambigu ou intermédiaire est assez bien résumé par la notion d'*hiéroglyphe* dont Diderot fait usage en pareil contexte. Il s'en sert pour exprimer de façon métaphorique le phénomène de l'intelligence poétique : le fait que le lecteur perçoive dans leur diversité les éléments dont le poème est composé, mais les sente et les apprécie néanmoins comme une totalité, par l'effet d'une sorte de «magie»; s'y ajoute le caractère partiellement équivoque de la signification globale qui s'en dégage. La notion s'applique mieux à la musique qu'à la peinture[1], précisément parce que le sens global n'y est pas, comme dans la peinture, étalé devant les yeux et entièrement dévoilé (par le chant), mais résulte de la réunion d'éléments (l'accompagnement) qui contribuent à l'expression en ajoutant de *nouvelles idées* que le chant n'a pu rendre. Rousseau annexe un peu vite cette formule à sa propre doctrine de l'unité de mélodie[2]; mais si elle ne contredit pas le dogme de l'imitation (les *nouvelles idées* font partie du modèle à *rendre*), elle annonce tout autre chose : la possibilité d'ajouter des *idées* étrangères aux paroles[3], et enfin de composer des complexes de signification dont le sens global excède la somme des éléments.

---

1. Diderot, *Lettre sur les sourds et muets*, p. 185.
2. Rousseau, *Lettre sur la musique française*, p. 306.
3. La chose existe bien avant Rousseau et Diderot, par exemple dans la musique sacrée de J.-S. Bach (notamment lorsqu'à un texte chanté s'ajoute la mélodie d'un choral dont le sens – évident pour l'auditoire – «dialogue» en quelque sorte avec celui du texte). Il s'agit ici des théories des philosophes.

Rousseau : de l'imitation à la communication des passions

Rousseau mérite cependant de figurer lui aussi parmi les auteurs qui ont mis à mal la doctrine classique de l'imitation. Dans l'*Essai*, dès le chapitre sur l'origine de la musique (XII), la mélodie a certes la fonction traditionnelle de « rendre des sentiments, des images », par opposition à la langue, qui rend des idées ; mais le contexte est celui de la communication entre les hommes, non celui d'une « représentation » artistique. Dans la suite, le vocabulaire de l'imitation a beau se répéter avec insistance et le contexte s'élargir à l'art musical, l'analyse ne s'affranchit jamais vraiment de ce point de départ, et reste fortement marquée par l'exigence de la communication des passions ou des sentiments plutôt que par une interrogation sur le beau musical. Ainsi la fidélité de l'imitation n'est plus celle de la correspondance avec un modèle neutre ou objectif, mais la fidélité par rapport à la volonté de transmettre à autrui des sentiments, d'émouvoir : il ne suffit pas d'imiter, il faut toucher, il faut que le cœur parle[1]. Or ce qui traduit le plus naturellement le sentiment de celui qui s'exprime, c'est la voix et ses accents ; et ce qui imite la voix, c'est la mélodie, non l'harmonie ni en général le « physique » de la musique[2]. D'où les développements bien connus sur la supériorité de la musique italienne, perçue comme plus proche de cet idéal mélodique, et la polémique virulente contre la musique

1. *Essai*, chap. XIV, et *Dictionnaire*, art. « Mélodie » (« … prise pour un art d'imitation par lequel on peut affecter l'esprit de diverses images, émouvoir le cœur de divers sentiments, exciter et calmer les passions… »).
2. « La voix annonce un être sensible » (*Essai*, chap. XVI). Le principe qui fait de la mélodie un art d'imitation « est le même qui fait varier le ton de la voix, quand on parle, selon les choses qu'on dit et les mouvements qu'on éprouve en les disant. » (*Dictionnaire*, art. « Mélodie » ; voir aussi « Accent » et « Chant »).

française, surchargée d'harmonie (aux yeux de Rousseau) et faisant la part trop belle aux sensations purement physiques.

L'article « Expression » du *Dictionnaire* témoigne à sa façon de ce déplacement dans la théorie. C'est un des mieux composés, et il fait partie de ces textes dans lesquels l'auteur s'attache justement au côté technique, aux « éléments du langage musical » qu'on lui reproche parfois de négliger ou de minimiser. Il examine successivement les moyens dont use l'art du compositeur, mélodie, harmonie, mouvement, choix des instruments et des voix, puis s'intéresse à l'expression du point de vue des exécutants. La mélodie occupe évidemment la première place : elle doit rendre le ton des sentiments, l'accent des passions, l'imitation doit toucher le cœur. Les paragraphes suivants, tout en analysant avec finesse les autres « éléments », ne s'écartent pas de la voie tracée : ces autres moyens sont clairement subordonnés à l'expression du senti-ment, dont le vecteur principal est la mélodie ; et le but du compositeur comme de l'interprète est d'émouvoir le cœur du public (jusqu'à mettre le spectateur hors de lui, quand il s'agit d'exprimer « le dernier emportement des passions »). On pourrait s'étonner de la quasi-absence de référence à la musique purement instrumentale, alors même que l'auteur s'attarde sur la valeur *expressive* de l'harmonie ou des timbres, si l'on ne connaissait par ailleurs ses sarcasmes à l'encontre de la sonate ou du concerto. Contradiction déjà sensible chez d'Alembert, mais qui semble ici ignorée ou évacuée au profit de l'objectif fondamental de communication des âmes : pour être ému, le cœur doit percevoir des sentiments *déterminés*, que seules les paroles assurent.

Une réfutation en règle : Chabanon

L'idée même que la musique ait pour fonction d'imiter (la nature) finit par être ouvertement contestée. Quelques voix dissidentes se font entendre ici ou là : la musique instrumentale, par exemple, non seulement s'impose au concert, mais elle trouve aussi des défenseurs dans les journaux et les livres ; d'Alembert ou l'abbé Morellet évoquent les limites de l'imitation ; Diderot plaide pour une écoute plus attentive aux propriétés objectives des structures sonores qu'au contenu représenté. Mais en France la protestation la plus véhémente, et aussi la plus intéressante, vient d'un admirateur de Rameau et de Gluck, Michel de Chabanon (1729-1792), qui a réuni ses arguments dans un livre qui, dans sa forme définitive, paraît tardivement en 1785[1]. L'ouvrage a clairement pour objet (dès les « Réflexions préliminaires », puis à partir du chapitre 2) de réfuter la doctrine de l'imitation, et de lui substituer une autre explication de la capacité d'expression de la musique. La réfutation s'appuie principalement sur les considérations suivantes :

– le chant se distingue de la parole à l'origine, et *de fait* il n'imite pas (I, 2 ; voir aussi I, 3 et 4 : il y a un plaisir immédiat du son agissant sur les sens) ;

– la musique ne *peut* pas imiter : elle imite mal même les bruits naturels ou le chant des oiseaux (I, 3) ;

---

1. *De la musique considérée en elle-même et dans ses rapports avec la parole, les langues, la poésie et le théâtre*, Paris, 1785 ; Genève, Slatkine Reprints, 1969.

– les passions n'ont pas de cris ou de manifestations sonores *caractéristiques* que la musique pourrait imiter (I, 9)[1].

Et pourtant la musique exprime les passions; comment l'expliquer? Il y a d'abord, chez l'amateur de musique, un travail de l'esprit sur les sensations : dans les sons qui n'ont par eux-mêmes aucune signification déterminée, il cherche des rapports, des analogies avec divers objets; cet amateur se montre d'ailleurs peu exigeant, les plus légers rapports lui suffisent (I, 4). Par suite, il n'a aucun mal, dans une écoute attentive du jeu des sonorités, à percevoir toutes sortes de « significations », grâce aux analogies suggérées par divers moyens, intentionnels ou non : les paroles, bien entendu, les titres ou commentaires du compositeur, les décors du théâtre, mais aussi des circonstances accidentelles extérieures[2], ou encore l'état d'esprit de celui qui écoute. La musique ne serait-elle pas « l'art de peindre sans qu'on s'en doute? » Elle peut tout peindre, « parce qu'elle peint tout d'une manière imparfaite » (I, 5).

Cette théorie de l'expression, développée et appliquée aux autres problèmes de la musique, parvient à concilier l'exigence de signification, liée à la notion d'art d'imitation depuis Platon, avec le fait d'*une* indétermination insurmontable du signifiant musical. Il s'agit bien d'*une certaine* indétermination, non d'un pur arbitraire, ni par conséquent d'une doctrine formaliste (voir II, 8) : la raison ne peut démontrer le rapport entre les sons et le sens, mais l'esprit le sent. Si ces

1. *Cf.* II, 8, p. 357 : « Comment s'assurer qu'Agamemnon, en déplorant le sort de sa fille, chante sur le ton de la nature? Est-il un père qui ait chanté dans cette situation? »

2. Chabanon aime à citer le cas de l'Ouverture du *Pygmalion* de Rameau, entendue par hasard un soir d'orage : voir *infra*, chap. v, *infra*, p. 152.

aspects « intuitionnistes » semblent annoncer le romantisme,
le rôle dévolu aux paroles et aux textes en général (venir en
aide aux « demi-connaisseurs » et aux « ignorants »), qui va de
pair avec une vigoureuse apologie de la musique instrumentale, conduit cependant Chabanon à une critique anticipée des
musiques descriptives et à programme qui vont s'épanouir au
siècle suivant[1].

LE MONDE GERMANIQUE, DU PRÉROMANTISME
AU POSTROMANTISME

Kant, précurseur du formalisme ?

Sans nécessairement occuper le devant de la scène, le
thème de l'indétermination va connaître un développement
rapide, et donner naissance bientôt à des théories qui rejettent
absolument toute forme d'imitation ou de représentation.
On ne peut pas ne pas mentionner ici le rôle de la philosophie kantienne, qui certes n'accorde pas une très grande
place à la réflexion sur la musique, mais qui a fortement
influencé la pensée esthétique dans tous les domaines. Kant
a repris certaines intuitions de Rousseau, mais sa propre
doctrine le conduit finalement sur une voie différente. Dans
l'*Anthropologie*[2], bien qu'il distingue le langage proprement
dit de celui de la musique, il présente cette dernière comme un
langage de pures impressions, sans concepts, apte à communi-

---

1. La critique de l'illustration musicale et du « programme » (chap. VI,
infra, p. 154) annonce curieusement les remarques ironiques de Schumann à
l'adresse du programme joint par Berlioz à sa *Symphonie fantastique*
(R. Schumann, *Sur les musiciens*, trad. de H. de Curzon, 1894; rééd. Paris,
Stock, 1979, p. 151 *sq.*).

2. Kant, *Anthropologie d'un point de vue pragmatique*, § 18.

quer des sentiments à tous ceux qui l'entendent. De Rousseau encore l'idée féconde du *ton* : toute expression linguistique, dit-il dans la dernière *Critique*, s'accompagne d'un ton qui indique *plus ou moins* l'affect de celui qui parle, et peut l'éveiller chez l'auditeur ; en utilisant ce ton « dans toute sa force », la musique peut communiquer les Idées esthétiques qui s'y trouvent liées, lesquelles ne sont cependant pas des concepts *déterminés*[1]. Cette réserve éloigne de Rousseau, et plus encore l'aspect intellectuel de la perception de l'œuvre, qui l'élève au rang de jugement esthétique : quoiqu'avec prudence, l'auteur avance que, dans l'audition de la musique, il n'y a pas simple saisie de sensations agréables, mais un jugement qui concerne la *forme* dans le jeu des sensations. Il faut noter enfin que l'analyse « formaliste » qui occupe les premiers paragraphes de la *Critique* (les quatre moments de la définition du beau), indépendamment de son retentissement dans la réflexion esthétique en général, fournira bientôt des armes aux théoriciens de la musique « pure » ; en attendant, la notion de « beauté libre », qui en est une conséquence[2], permet déjà aux nombreux défenseurs de la musique instrumentale de donner un fondement théorique à leur conviction, Kant lui-même ayant fait l'application de la notion à la musique sans texte.

1. Kant, *Critique de la faculté de juger*, § 51 et 53 (c'est nous qui soulignons).
2. Kant, *Critique de la faculté de juger*, § 16. Par opposition à la beauté adhérente, la beauté libre ne présuppose aucun concept de ce que l'objet doit être ; les œuvres de ce genre, ajoute Kant, ne *signifient* rien, ne *représentent* rien.

Hegel. La notion d'un contenu indéterminé

On n'évoquera que pour mémoire la figure de Hegel, dont les écrits sur la musique sont pourtant d'un grand intérêt. D'abord parce que l'Esthétique forme un ensemble étroitement solidaire d'un système qu'on ne peut exposer ici, mais sans lequel l'Esthétique sombre dans les généralités. Ensuite parce que l'état dans lequel nous lisons les *Leçons sur l'esthétique* n'offre pas de garanties suffisantes pour éviter les erreurs d'interprétation, et cela tout particulièrement dans les chapitres sur la musique[1]. Sur le point qui nous intéresse, la position de Hegel semble plutôt équilibrée : distinguant assez classiquement dans tout art une forme et un contenu, le philosophe défend à la fois l'idée que la musique a bien un contenu, et que néanmoins ce contenu souffre d'une large indétermination. C'est dans l'analyse de cette contradiction que se manifeste l'originalité du propos. Hegel souligne fortement, d'un côté, qu'une pièce musicale peut s'affranchir de tout texte et de tout contenu *déterminé*, que les correspondances des sons avec les mouvements de l'âme ne relèvent que d'une vague sympathie. Mais du même coup la musique s'expose à un grave risque, celui du formalisme vide, sans contenu spirituel; manque qui aurait pour effet de l'exclure du rang des arts. La tâche difficile de la musique sera donc de présenter ce contenu de façon telle qu'il puisse être saisi par la subjectivité sans recourir aux représentations intuitives ni aux concepts. Ce qui répond à cette exigence et constitue le contenu

---

1. Voir A. P. Olivier, *Hegel et la musique. De l'expérience esthétique à la spéculation*, Paris, Champion, 2003.

en question, Hegel l'appelle *sentiment*[1], mot vague (le terme a si souvent été utilisé, et le sera encore longtemps) et par suite d'interprétation délicate. Il ne s'agit ni des passions ou sentiments déterminés des théories de l'imitation, ni de ce que les romantiques appelleront le sentiment (indéterminé) de l'infini; mais de l'intériorité subjective abstraite ou générale, c'est-à-dire de la vie subjective même du moi, dépouillée des déterminations particulières qui la mettent en tel ou tel état affectif ou cognitif déterminé, mais formant en même temps le fond ou l'accompagnement commun de tous les états particuliers. Cette analyse originale, qui peut prétendre réconcilier les partisans de l'imitation et ceux de l'indétermination, se poursuit notamment par un examen attentif des moyens du langage musical, ainsi que des rapports de la musique avec les textes, ce qui permet à la notion – quelque peu incertaine de prime abord – de *sentiment* d'échapper aux platitudes ou aux facilités auxquelles elle va se voir exposée.

Le romantisme allemand (Wackenroder, Hoffmann): l'indétermination assumée et l'absolu

Les objections peu à peu accumulées contre la doctrine de l'imitation vont avoir un premier résultat inattendu : au lieu de répondre à ces objections, certains auteurs vont assumer l'indétermination sémantique des structures musicales, et affirmer qu'elle constitue le contenu ou le sens véritable de la musique : selon eux, les partisans de l'imitation (même corrigée en « expression ») se trompent : la musique ne peint ni les phénomènes naturels, ni les sentiments, ni même des

---

1. *Empfindung*, dans le texte habituel des *Leçons sur l'esthétique*. Mais l'*Encyclopédie des sciences philosophiques* montre que l'auteur a varié dans le vocabulaire de ce moment de l'Esprit Subjectif (§ 391 *sq.*).

idées plus ou moins analogues aux mouvements des sons. Elle semble ne rien signifier de déterminé parce que son objet excède les représentations ordinaires : « C'est la manifestation d'un ordre d'idées et de sentiments supérieurs à ce que la parole humaine pourrait exprimer. C'est la révélation de l'infini. »[1] Beaucoup d'écrivains et de musiciens de l'extrême fin du XVIIIe siècle et du début de XIXe siècle – que l'on qualifie sommairement de « romantiques » – se reconnaîtraient sans hésiter dans cette affirmation, bien que l'on ne puisse aisément ramener à l'unité les théories dont ils se réclament, théories qui valent souvent plus, d'ailleurs, par le détail des analyses que par ce genre de formules à l'emporte-pièce[2]. Quelques traits généraux peuvent néanmoins être dégagés.

Par une sorte de retournement dont on percevait les prémices chez certains des auteurs précédents, on assiste d'abord à une réhabilitation spectaculaire de la musique instrumentale. On ne se contente plus d'en vanter les mérites pour la hausser au niveau de la musique lyrique, elle devient pour certains le genre par excellence, parce que « pur » : débarrassée des intrusions de la poésie et de l'envahissement barbare des décors d'opéra, la musique révèle sa vraie nature, son essence intime[3]. Que découvre-t-on alors ? Que son objet

---

1. G. Sand, *Consuelo*, chap. LI, Paris, Folio-Gallimard, 2004, p. 378.

2. Voir par exemple les écrits déjà mentionnés du musicien R. Schumann (1810-1856), *Sur les musiciens*, ou ceux de l'écrivain et musicien E.T.A. Hoffmann (1776-1822), *Kreisleriana*, dans *Les Romantiques allemands*, éd. par M. Alexandre, t. I, Paris, Gallimard, Bibl. de la Pléiade, 1963. Le philosophe allemand W. H. Wackenroder (1773-1798) est un des premiers à avoir développé cette thématique (voir *infra*).

3. Hoffmann, *infra*, p. 189 ; Schopenhauer, *Parerga et Paralipomena*, II, chap. 19, § 220 (trad. fr. J.-P. Jackson, Ed. Coda, 2005, p. 759) ; Novalis, *Werke, Tagebücher und Briefe Friedrich von Hardenbergs*, éd. par H.-J. Mähl et

est l'infini. Car elle a bien un objet, elle ne se réduit pas aux combinaisons mathématiques qui en forment le « mécanisme »[1], ni au phénomène physique de la perception des sons. On retrouve même ici un vocabulaire qui semble nous ramener en arrière, celui de la représentation, voire de la peinture, de l'expression des sentiments, ou encore de la musique qui est un langage et qui parle. Mais ces termes ne désignent plus les mêmes choses. Ce qui constitue l'originalité du nouveau courant, ce n'est pas tant le fait que la musique parle *au cœur* (cela aussi, on l'a déjà entendu), c'est que les sentiments qu'elle exprime n'ont en principe rien à voir avec les passions ordinaires de l'existence, avec les sentiments mesquins d'une vie prosaïque : quand la musique s'empare des passions décrites dans un livret d'opéra, par exemple, elle les transfigure et les conduit « loin de la vie, dans le royaume de l'infini »[2]. Cela n'interdit pas l'opéra, comme on voit, ni le lied, ni les allusions autobiographiques (parfois envahissantes, chez les commentateurs plus que chez les musiciens) ; mais, *en principe* ou dans l'esprit des écrivains comme dans celui des compositeurs, même les drames intimes ont une signification

R. Samuel, München-Wien, C. Hanser, 1978, vol. 2, p. 840 et 845. Les musiciens ne partagent pas tous ce sentiment, on le devine, il suffit de penser à la floraison du lied qui a lieu à cette époque. Par ailleurs, l'opéra poursuit une carrière brillante en termes de succès (Auber, Rossini, Bellini, Meyerbeer), même si ce n'est pas toujours en termes de qualité. Les premiers opéras de R. Wagner et de G. Verdi datent du début des années 40. Mais il est vrai que toute une génération de musiciens de cette époque (Beethoven, Schubert, Schumann, Mendelssohn, Liszt, Chopin) a davantage excellé dans la musique instrumentale.

1. Wackenroder, § 3 et 5, *infra*, p. 172 et 173.

2. Hoffmann, *infra*, p. 190. Un célèbre lied de Schubert, « A la musique » (*An die Musik*, D 547, texte de F. Schobert), contient ces mots : « O art aimable... tu m'as transporté dans un monde meilleur ! »

métaphysique, et c'est elle que la musique exprime. L'indétermination, dès lors, n'est pas un handicap : ce royaume
supérieur relève de l'indicible et ne se prête pas aux descriptions précises. Le sens *vague* apparaît comme un signe de
profondeur, qui est insondable parce qu'elle vise une vérité
fondamentale inaccessible aux concepts de la raison.

De l'indicible profondeur au mystère, il n'y a qu'un pas, et
pareillement du mystère au sacré : on ne s'étonnera donc pas
de voir la musique désignée comme le « pays de la foi », ou la
matière musicale « chargée d'esprit céleste »[1]. Les connota-
tions religieuses peuvent rester discrètes, elles sont souvent
vagues et générales (le Divin, l'Absolu, l'Esprit), indices
d'une religiosité elle-même indéterminée ou syncrétique, en
tout cas rarement inscrites dans les limites d'une orthodoxie
particulière. Mais le mystère peut aussi s'avérer obscurité
trouble et inquiétante : la musique ouvre alors le règne du
monstrueux, déploie l'espace du fantastique, ou fait apparaître
un monde d'émotions sauvages, déréglées jusqu'à la folie[2].
– Ce rapide survol ne peut rendre compte de la diversité des
positions philosophiques et esthétiques de l'époque ; il permet
néanmoins d'apercevoir que, du point de vue de l'objet ou du
contenu de la musique, le passage de l'imitation (même entendue de manière très libre) à l'indétermination *assumée* autorise
certes des interprétations variées, mais surtout entraîne une
valorisation hyperbolique de ce contenu, et par suite de la
signification de la musique : quel que soit cet objet, il échappe
au domaine des intérêts ordinaires, et la musique du même
coup est un art (ou l'art) supérieur. L'expression « musique

---

1. Wackenroder, § 7.
2. Wackenroder, § 29 ; Hoffmann, *infra*, p. 197.

absolue» proposée par le musicologue Carl Dahlhaus pour caractériser l'esthétique romantique résume bien cet aspect des choses : conformément à l'étymologie, c'est une musique sans lien avec autre chose, «pure» ou qui se suffit à elle-même, mais aussi, en raison de cette autonomie comprise comme perfection, une musique apte à atteindre l'absolu [1].

Schopenhauer : la musique, reproduction du vouloir-vivre

De ce point de vue, le philosophe Schopenhauer (1788-1860) mérite néanmoins une attention particulière, parce que la musique occupe une place privilégiée dans sa pensée, et que celle-ci, à la différence des réflexions qu'on vient d'évoquer, forme un système philosophique ambitieux. Grossièrement résumé, ce dernier oppose le monde comme volonté et le monde comme représentation[2]. Le premier est le règne

1. C. Dahlhaus (1928-1989), *Die Idee der absoluten Musik*, Kassel, 1978 ; trad. fr. *L'idée de la musique absolue*, Genève, Éditions Contrechamps, 1997. – L'expression «musique absolue» avait été utilisée en premier par Richard Wagner, mais dans une intention critique, puisque cette musique autonome s'oppose à sa propre conception de l'œuvre d'art totale (*Gesamtkunstwerk*) où la musique est au service du texte (voir *Oper und Drama*, 1851 ; trad. fr. *Opéra et drame*, Paris, 1910, repr. Éditions d'aujourd'hui, 1982 ; *cf.* I, p. 60). R. Wagner occupe de ce fait une position originale, du point de vue qui est le nôtre ici, position qui oblige à nuancer la notion d'esthétique romantique. S'il reprend une bonne part des idées et du vocabulaire qu'on trouve chez Wackenroder et Hoffmann (la critique de la musique descriptive, l'importance du sentiment, la notion de pressentiment), il l'intègre à un projet différent : ce n'est plus la musique *pure* qui constitue l'art suprême, mais bien l'union intime de la poésie, de la musique et de tous les arts de la scène, union seule à même d'exprimer pleinement le contenu total, concret et déterminé, qui est l'objet de l'art. – Sur l'ambiguïté de l'esthétique de Wagner, voir C. Dahlhaus, notamment *L'idée de la musique absolue*, p. 23 *sq.*

2. Comme l'annonce son principal ouvrage : *Le monde comme volonté et comme représentation* (1818).

d'un vouloir-vivre universel qui constitue l'essence de toutes choses; il se manifeste comme aspiration aveugle et sans fin, désir incapable de satisfaction dernière, et par suite source de souffrance pour tout être qui assume ce désir. Le second est l'œuvre de l'intellect, élément secondaire greffé sur la volonté; il apparaît comme un ensemble de phénomènes mis en ordre par la connaissance. Or le sujet de cette connaissance parvient à s'affranchir de la volonté, dans l'exacte mesure où il s'oublie lui-même pour s'absorber dans les objets. Cet affranchissement est tout particulièrement le fait de l'art (p. 239 *sq.*; 252 *sq.*) : l'individu qui contemple, en effet, renonce non seulement à la façon ordinaire de voir les choses en rapport avec notre individualité, mais aussi au principe de raison à l'œuvre dans la science. Il atteint les Idées (au sens platonicien, dit Schopenhauer), formes éternelles des choses prises en elles-mêmes. C'est alors qu'il échappe à la douleur et au temps. L'art devient ainsi l'épanouissement suprême de tout ce qui existe, « la floraison de la vie » (p. 341).

Il faut cependant distinguer : dans les autres arts, on atteint la connaissance des Idées par la reproduction d'objets particuliers; dans la musique, cet intermédiaire disparaît : la musique «est une objectité, une copie aussi immédiate de toute la volonté que l'est le monde, que le sont les Idées elles-mêmes dont le phénomène multiple constitue le monde des objets individuels. Elle n'est donc pas, comme les autres arts, une reproduction des Idées, mais une reproduction de la volonté au même titre que les Idées elles-mêmes. » (p. 329). Voilà pourquoi elle est une métaphysique : loin de n'exprimer que des sentiments individuels, plus loin encore de peindre des objets du monde phénoménal, elle a pour contenu immédiat l'essence même des choses, les différentes formes de la volonté ou du désir. En conséquence, comme les théoriciens précédents et en rupture au moins partielle avec la musique de l'époque, Schopenhauer méprise les œuvres descriptives, conteste la suprématie de l'opéra, et affirme bien haut la supériorité de la musique instrumentale, avant tout de la symphonie[1]. Appliquée aux divers aspects de l'art musical, cette théorie a le grand mérite de fournir une explication séduisante de la puissance *expressive* de la musique qui assume en même temps l'*indétermination* (relative) des signifiants musicaux : si les éléments du discours musical « correspondent » si facilement aux sentiments et même aux descriptions que nous nous plaisons à y trouver, ce n'est pas parce que ce discours possède la capacité d'exprimer des objets déterminés, c'est parce que les phénomènes et les Idées d'un côté, la musique de l'autre, ne sont que des modes différents d'objectivation d'une même essence fondamentale (p. 329 ; *cf.* p. 1189). Une telle conception conforte tous ceux qui sont tentés de donner à cet art une signification supérieure, sans vouloir pour autant renoncer aux analogies habituellement décelées entre les œuvres et les mouvements de l'âme.

La réaction anti-romantique et le formalisme. Hanslick

Nombreux ont été, à l'époque et au-delà, les esprits séduits par les thèmes de la « profondeur » et de la « signification métaphysique » de la musique. La notion se prête à toutes les facilités et à tous les excès, surtout quand les auteurs puisent dans divers systèmes philosophiques sans se soucier de leur cohérence. Wagner fournit un exemple significatif à cet égard : entremêlés de références à Schopenhauer et à

---

1. On trouvera dans le texte de Nietzsche un court passage de Schopenhauer expliquant pourquoi on peut néanmoins associer à la musique des paroles et des actions (*infra*, p. 230).

Feuerbach, notamment, ses écrits se signalent par la volonté
d'affirmer la dimension métaphysique et la « profondeur » de
la musique allemande sans vraiment les démontrer. Ces excès
n'ont pas manqué de susciter à leur tour des protestations,
et finalement une réaction virulente. À vrai dire, cette réaction
ne fait que mener à son terme la logique de l'indétermination,
sourdement à l'œuvre depuis Platon. Au lieu d'y voir l'indice
d'un sens supérieur, infini, rebelle aux représentations ordinaires, les nouveaux théoriciens prennent à la lettre les
critiques accumulées contre la prétention de la musique à
imiter, et font de l'indétermination au sens purement négatif le
caractère distinctif de cet art. La musique se révèle non seulement impuissante par nature à peindre ou à exprimer quoi que
ce soit, mais ce n'est pas sa vocation ou sa fonction : prise dans
sa vraie nature, elle ne renvoie qu'à elle-même. On ne nie pas
son pouvoir d'évocation, ni la possibilité qu'a l'auditeur de lui
associer toutes sortes de représentations : quand par exemple l'œuvre est écrite sur un texte qui impose sa présence,
ou quand le compositeur, pour de bonnes ou de mauvaises
raisons, propose lui-même de semblables associations au
moyen de titres, de programmes, de commentaires ajoutés ;
c'est encore le cas si les éléments du discours musical
répondent à un code familier à un certain public, à une certaine
époque ; et l'on ne prétend pas, de toute manière, interdire à
l'auditeur de mêler à l'écoute d'un morceau ses rêveries
personnelles ou les images que lui suggère son imagination,
totalement arbitraires dans ce cas. Mais toutes ces évocations
ou suggestions, inévitables et même légitimes du point de vue
de l'écoute, ne doivent pas dissimuler que l'œuvre musicale ne
signifie que par accident, que sa fonction essentielle et sa
valeur propre ne résident en aucun cas dans ces différentes
formes de *renvoi à autre chose* qu'elle.

Qu'en est-il alors du contenu ou de l'*objet* de la musique? De ce qui précède, on est tenté de conclure que ce dernier a disparu, et qu'il ne reste qu'une *forme*, c'est-à-dire une organisation valant pour elle-même : le compositeur ne se préoccupe que d'agencer les éléments sonores selon des règles d'assemblage (héritées ou réinventées, la question n'est pas là) de nature formelle et qui ne signifient rien. *Formalisme*, donc, formalisme *vide* ajoutent ses détracteurs. Le terme n'est pas sans inconvénient : il se réfère à une dualité simpliste de la forme et du contenu qui n'est peut-être pas insurmontable; surtout, il passe sous silence le fait que les théoriciens et les musiciens qu'on peut ranger sous la bannière du formalisme n'ont pas renoncé aussi légèrement à l'idée d'un « sens » de la musique.

Un des premiers à avoir contesté ouvertement l'esthétique romantique est E. Hanslick (1825-1904), qui apparaît comme le représentant emblématique de ce courant formaliste. Son ouvrage le plus célèbre, *Du beau dans la musique*[1], a pour objet de défendre l'autonomie du beau musical par rapport à toutes les significations qu'on lui associe couramment, et qui ont le tort de faire de la musique un simple moyen pour une fin extérieure (divertissement, consolation, édification morale ou religieuse…). Pour ce faire, l'auteur reprend à son compte les critiques traditionnelles : la nature même des sons interdit à la musique l'expression des sentiments, y compris des

---

1. *Vom Musikalisch-Schönen*, 1854, plusieurs fois réédité, trad. fr. Ch. Bannelier, Paris, 1893, reproduite par Phénix Éditions en 2005 (nos références renvoient à cette édition).

sentiments «indéfinis»[1]. Mais autonomie ne veut pas dire
absence de contenu, au contraire, puisqu'il s'agit de dégager
celui qui est propre à cet art. La musique exprime bien quelque
chose, elle ne se réduit ni à la simple organisation mathématique ni à la pure séduction acoustique. Ce qu'elle exprime, ce
sont «des idées purement musicales»; l'organisation de la
matière sonore (l'harmonie et le plan tonal, la disposition des
voix ou parties, les figures mélodiques, la structuration dans le
temps, etc.) crée un jeu de formes: «Que *contient* donc la
musique? Pas autre chose que des formes sonores en mouvement»[2]. Néanmoins, si sa défense d'une «musique pure»
s'avère convaincante, les tentatives de Hanslick pour définir
plus précisément ce contenu paraissent peu assurées: il
n'hésite pas à parler d'«élément spirituel», par exemple, à
affirmer que ces formes sonores «sont l'esprit qui prend
corps»; mais ces formules traduisent une difficulté réelle, que
l'auteur reconnaît, mais ne surmonte que par le recours à un
langage analogique par essence inadéquat («son royaume
n'est pas de ce monde»; la musique «est une langue, que
nous comprenons et parlons, mais qu'il nous est impossible
de traduire» (p. 51); l'analogie la plus générale est celle du
mouvement). L'absence d'un point de vue philosophique
plus général se fait ici sentir.

On peut toutefois justifier ces formulations fuyantes – de
même, d'ailleurs, que les propos apparemment excessifs et
provocants de certains de ses successeurs – en les rattachant à
leur source kantienne. On dira alors que voir dans la musique

---

1. Pages 31 et 40-41. Voir p. 36 la critique de l'air «J'ai perdu mon
Eurydice» de l'*Orphée* de Gluck (cet exemple apparaît dans la 2e éd.;
dans la 1re éd., l'idée est illustrée par des airs de Meyerbeer et de Beethoven).
2. Pages 28 et 49.

l'expression de sentiments constitue en réalité une double faute. La première consiste à ramener le beau à une représentation, à un contenu figuré ou exprimé, comme si l'on prétendait que ce qui plaît dans une peinture, c'est l'identification du sujet (« Ce tableau représente la Crucifixion »). La musique, comme l'art en général, se trouve dans ce cas ravalée au rang de moyen, et ne sert qu'à communiquer quelque chose. Dans l'esprit de Kant, il y a là une méconnaissance de la spécificité du beau, qui réside dans un certain accord du contenu et de la forme jouant librement entre eux. De ce premier point de vue, l'apologie de la musique pure (ou de l'immanence du sens) signifie que la musique tire sa valeur non pas de la représentation d'un objet quel qu'il soit, qu'il s'agisse de sentiments ou d'autre chose, mais du soin apporté à l'organisation formelle, comme dans la beauté libre de Kant. – Mais s'ils ne désignent aucun objet déterminé, les différents éléments de la forme (une mélodie, un rythme, etc.) ne sont pas *arbitraires* absolument. Ainsi Hanslick admet-il qu'on qualifie un thème de grandiose ou de tendre, et qu'il est légitime d'employer toutes sortes de phénomènes moraux ou naturels pour parler par analogie d'une pièce de musique[1]. La seconde faute ne consiste donc pas à rechercher ces analogies, mais à prétendre que la musique exprime effectivement les contenus ainsi évoqués, qu'elle ait pour but de les exprimer, et que sa valeur vienne de l'identification de ces contenus. Alors que la première faute concerne les arts en général, ici la musique se distingue des autres arts en raison de l'indétermination

---

1. Voir p. 54. À propos de l'air d'*Orphée*, Hanslick se reconnaît le droit d'être sévère avec Gluck parce que ce dernier aurait pu utiliser les accents appropriés à l'expression de la douleur dont la musique « ne manque pas » (p. 37).

essentielle des formes sonores, qui de toute manière interdit les représentations définies sur lesquelles on devrait s'accorder (comme on s'accorde pour reconnaître une Crucifixion). La superposition des deux points de vue, que Hanslick ne distingue pas explicitement, peut expliquer les ambiguïtés de l'exposé.

Nietzsche : de la dualité Apollon-Dionysos à la physiologie de la musique

Si l'absence d'un point de vue philosophique d'ensemble est sensible dans l'œuvre de Hanslick, Nietzsche, quant à lui, inscrit la musique et le fait musical au centre d'une pensée philosophique. Il n'est pas pour autant aisé de cerner son apport à la longue réflexion sur l'objet de la musique, tant ses positions et ses déclarations semblent avoir varié au cours de sa vie créatrice : révélatrices à cet égard apparaissent, aux deux extrémités de celle-ci, la dédicace à Wagner de *La naissance de la tragédie* (1872), et la charge virulente du *Cas Wagner* (1888), assortie d'une glorification de la *Carmen* de Bizet. Mais limiter la pensée musicale de Nietzsche aux seuls noms de Wagner et de Bizet, déployés en une aventure purement affective et passionnelle, serait à la fois réducteur et erroné. La réflexion de Nietzsche concernant la musique dépasse largement le jugement de goût reposant sur des élans d'enthousiasme ; pour peu qu'on y prête attention, on voit se dessiner des lignes de forces cohérentes. – Philologue avant d'être philosophe, Nietzsche connaît bien les théories et les controverses dont la musique a fait l'objet au cours des siècles : théories de l'imitation, débats concernant les questions de l'indétermination et de la valeur expressive de la musique, rapports entre musique et langage[1]. Par ailleurs, comme nombre de ses prédécesseurs, Nietzsche pratique la musique, et a même exercé une activité de compositeur amateur[2]; fervent héritier de la culture musicale classique et romantique, il s'intéresse à la musique de son temps et aux débats qu'elle suscite.

Dès sa première publication, la volonté de fonder son œuvre sur une métaphysique de la musique[3] apparaît manifeste. Le titre intégral de ce premier ouvrage est : *La naissance de la tragédie enfantée par l'esprit de la musique* (*aus dem Geist der Musik*). Dans cet ouvrage dédié à Wagner et placé sous le signe de la métaphysique schopenhauérienne, Nietzsche définit les deux catégories esthétiques de l'apollinien et du dionysiaque, mais il annonce également la renaissance de la tragédie sous la forme du drame musical wagnérien[4]. Vers 1870, en effet, Nietzsche entreprend de montrer comment la tragédie est née « de l'esprit de la musique »,

1. Voir le *Fragment posthume de 1871, infra*, p. 229, où ces prémisses apparaissent de manière évidente.
2. Les compositions musicales de Nietzsche ont été publiées en 1976 (*Der musikalische Nachlaß*, herausgegeben im Auftrag der Schweizerischen Musikforschenden Gesellschaft von Curt Paul Janz, préface de Karl Schlechta, Basel, Bärenreiter, 1976), et certaines d'entre elles ont fait l'objet d'enregistrements commercialisés. On peut en trouver une étude détaillée dans F. Fabre, *Nietzsche musicien. La musique et son ombre*, Rennes, Presses Universitaires de Rennes, 2006.
3. Nietzsche, *La naissance de la tragédie*, dans *Œuvres philosophiques complètes*, vol. I, Paris, Gallimard, 1977, § 5.
4. Dans son « Essai d'autocritique » (§ 6), préface à la deuxième édition de *La naissance de la tragédie*, Nietzsche regrette « d'avoir obscurci et gâché des pressentiments dionysiaques à coups de formules schopenhauériennes et kantiennes », et « d'avoir en somme *gâché* le grandiose *problème grec*, tel qu'il s'était ouvert à [lui], en le mêlant aux dernières affaires de la modernité ! ».

et morte du fait de l'avènement de l'« homme théorique »
dont Socrate est l'archétype. Née de « l'alliance fraternelle »
d'Apollon et de Dionysos, divinités à la fois antagonistes et
complémentaires, la tragédie a été tuée par la « momification
de la tendance apollinienne »[1]. Partant de l'opposition entre
monde comme volonté et monde comme représentation[2],
Nietzsche définit le premier comme « dionysiaque », le second
comme « apollinien ». Dionysos et Apollon symbolisent ainsi
« *deux* mondes distincts de l'art »[3] : celui du son, universel et
originaire, en deçà de toute individuation ; celui de l'apparence
et de la représentation, régi par un principe d'individuation,
qui inclut les arts de l'image et du langage et induit la contemplation. Ainsi Nietzsche peut-il résumer sa théorie en une
opposition entre l'*ivresse* dionysiaque, universelle et collec-
tive, et le *rêve* apollinien qui apparaît avec le principe d'individuation. Cette théorie a le mérite de proposer une explication
originale de l'*indétermination* de la musique, et de la spécificité de son rapport au langage : le poète lyrique s'efforce de
transcrire la musique en images, en interprétant la musique par
le monde symbolique des affects – ce qui revient à affirmer
l'antériorité absolue de la musique, et permet à Nietzsche d'en
conclure que des paroles engendrant de la musique seraient
un contresens[4].

Par la suite, Nietzsche s'éloigne de Wagner et de la
métaphysique schopenhauérienne – c'est l'époque d'*Humain,
trop humain*, qu'on a pu qualifier de « crise intellectualiste »,

1. Nietzsche, *La naissance de la tragédie*, § 21 et § 14.
2. Voir notre Introduction, *supra*, p. 35.
3. Nietzsche, *La naissance de la tragédie*, § 16.
4. Pour plus de précisions, voir Nietzsche, *Fragment posthume*, *infra*,
p. 234.

de «révolution critique», ou encore d'«esthétique formaliste»[1]; Apollon et Dionysos subissent une éclipse au cours de
cette période.

C'est au cours de la dernière période créatrice, après *Ainsi
parlait Zarathoustra* (1883-1885), que la figure de Dionysos
réapparaît, tandis que celle d'Apollon demeure en retrait,
absorbée plutôt que rejetée. Ayant choisi de rompre tout
lien avec la métaphysique, Nietzsche désigne Dionysos, «ce
grand dieu équivoque et tentateur»[2], pour incarner sa nouvelle
philosophie de l'acquiescement à la vie, et lui-même se
qualifie de «dernier disciple du philosophe Dionysos»[3]. Cette
mutation partielle de la figure de Dionysos a été précédée par
une réflexion approfondie sur la «physiologie de la musique»,
prônant une «méditerranisation» de cette dernière, et tentant
de définir un «grand art» en accord avec le concept de volonté
de puissance. Ce faisant, le philosophe oriente son investigation vers les *effets* que produit la musique, observée sous
l'angle de ses répercussions sur le corps, et non sous celui
des affects et des sentiments, qui sont des conséquences
secondaires : «Mes objections à la musique de Wagner sont

1. Ch. Andler, *Nietzsche, sa vie et sa pensée*, Paris, Bossard, 1920-1931,
éd. en 3 vol., Paris, Gallimard, 1958; M. Kessler, *L'esthétique de Nietzsche*,
Paris, P.U.F., 1998; pour E. Dufour, l'esthétique musicale de Nietzsche, à
l'époque de *Humain, trop humain*, serait formaliste, à rattacher à Hanslick –
bien que Nietzsche ne se réfère pas expressément à Hanslick, qu'il a lu dès 1865
(*L'esthétique musicale de Nietzsche*, Presses Universitaires du Septentrion,
Villeneuve d'Ascq, 2005, p. 181-225).

2. Nietzsche, *Par-delà le bien et le mal*, § 295.

3. *Ibid.*; Nietzsche, *Le Crépuscule des idoles*, «Ce que je dois aux
Anciens»; *Ecce homo*, «Avant-propos». Nietzsche a d'abord désigné
Zarathoustra comme son «porte-parole», annonciateur des temps à venir
– mais Dionysos, auquel il revient ensuite, incarne précisément le «grand art»
qu'il appelle de ses vœux.

des objections physiologiques : à quoi bon les travestir en formules esthétiques ? »[1] Conçue comme action critique, la physiologie de la musique permet de déterminer des critères de distinction entre « bonne » et « mauvaise » musique, tout en écartant la question de la signification de la musique. *Carmen*[2] devient l'emblème de la « bonne » musique : à la lourdeur hypnotique et morbide des « brumes » wagnériennes, indice de décadence et de « perte du style », Nietzsche oppose une musique « méditerranéenne » de caractère mélodique, incitant à la danse, lumineuse et limpide, indice de santé et de surabondance de vie. La musique méditerranéenne n'est pas encore la musique purement dionysiaque du « grand art », mais elle contribue à créer les conditions de son avènement. Si la musique méditerranéenne fait ainsi figure de *moyen*, dès lors que l'on s'intéresse à ses effets physiologiques dans la perspective d'un accroissement des forces vives, les préoccupations formelles ne sont pas pour autant absentes : à l'esprit de *système* Nietzsche substitue l'idée de *style*, qui suppose une parfaite maîtrise de la *forme*. Son choix argumenté l'oriente vers la « suprême logique »[3] du style classique, qu'il intègre à l'esthétique dionysiaque, opérant ainsi une absorption de l'apollinien par la sphère dionysiaque. Par-delà leurs mutations, les catégories de l'apollinien et du dionysiaque

1. Nietzsche, *Le Gai savoir*, § 368. Dans la suite de cet aphorisme, le philosophe décrit les effets *physiques* que produirait sur lui la musique de Wagner, et s'interroge sur ce que son « corps tout entier *attend* absolument de la musique », ce qui lui permet de définir ce qu'il entend par « musique méditerranéenne ».

2. C'est en 1881, peu après sa « vision » de l'éternel retour, que Nietzsche découvre *Carmen*, opéra de Georges Bizet (1838-1875) créé en 1875. Pour ce qui concerne l'opposition Wagner-Bizet, voir *Le Cas Wagner*, § 1 et 2.

3. Nietzsche, *Aurore*, § 461.

demeurent donc opérantes, et constituent un apport au débat concernant la musique, de même que l'argumentation concernant les exigences formelles de la musique, fondées sur la «physiologie».

DIVERSITÉ DU XXe SIÈCLE

Debussy: « La musique est un total de forces éparses »

Le débat autour de la musique pure s'est prolongé au XXe siècle, mais dans une perspective renouvelée. On voudrait d'abord mentionner ici deux compositeurs de premier plan, Claude Debussy et Igor Stravinski, qui se sont exprimés à de multiples reprises sur la question et qui, à travers des réponses différentes, illustrent assez bien cette nouvelle perspective. Le musicien français Claude Debussy (1862-1918) est un cas particulièrement intéressant pour notre sujet: ses compositions comprennent en effet un grand nombre de pièces dont les titres évoquent des objets naturels ou des programmes descriptifs[1]; mais, dans le même temps, leur auteur a exprimé sans ambiguïté son refus des *programmes* au sens propre, du pittoresque ou de l'imitation[2]. «Tout cela est inutilement imitatif», écrit-il par exemple à propos de la *Symphonie Pastorale* de Beethoven; et il proteste vigoureusement contre l'initiative

---

1. Par exemple, pour le piano: les *Estampes*, deux séries d'*Images*, deux livres de *Préludes*; pour l'orchestre: le *Prélude à l'après-midi d'un faune*, les *Nocturnes*, *La Mer*, une 3e série d'*Images*.

2. L'essentiel des écrits de Debussy se trouve dans ses lettres (*Correspondance 1884-1918*, Paris, Hermann, 1993; *Correspondance 1872-1918*, Paris, Gallimard, 2005), et dans les articles réunis dans *Monsieur Croche et autres écrits*, Paris, Gallimard, 1971, rev. et aug. 1987. Sur l'homme et l'œuvre, voir E. Lockspeiser et H. Halbreich, *Claude Debussy*, Paris, Fayard, 1989; F. Lesure, *Claude Debussy*, Paris, Fayard, 2003.

d'un interprète qui prétendait accompagner l'exécution de sa *Sonate* pour violoncelle et piano de commentaires descriptifs[1]. Comment comprendre alors tous ces titres évocateurs? Les explications de Debussy lui-même ont donné lieu à un autre malentendu : la musique de « Fêtes » (le 2e des trois *Nocturnes*) fut « adaptée à des impressions déjà lointaines d'une fête au bois de Boulogne »; celle du *Prélude à l'après-midi d'un faune* restitue « l'impression générale du poème » de Mallarmé; *Iberia* évoque des images que Debussy dit « voir très nettement »[2]. « Impressionnisme », conclura-t-on; mais ce sont « les imbéciles » qui emploient ce mot, prévient l'auteur[3]. Impressions et images, dit-il, vivent en lui à l'état de souvenir, et ne sont en aucun cas des tableaux qu'il aurait sous les yeux : la *Mer* a été composée pour l'essentiel en Bourgogne, mais avec « d'innombrables souvenirs »[4].

Quand il récuse le terme d'impressionnisme, il en donne pour raison qu'en fait il essaie de *créer des réalités*. Une telle formule signifie manifestement un refus de la représentation, du signe qui renvoie à une réalité extérieure, à distance de lui. La musique n'exprime pas le sentiment, elle *est* le sentiment (ou le rêve)[5]. Le compositeur produit des objets sonores qui valent pour eux-mêmes, et sont comme des équivalences

---

1. Debussy, *Monsieur Croche*, p. 96; *À J. Durand*, 16 oct. 1916 (voir *Correspondance*, 1993, p. 371, n. 50). Cf. *À G. Hartmann*, déb. 1898 (une des maladies de la musique symphonique), et *Monsieur Croche*, p. 220 et 264 (sur le poème symphonique et les « programmes »).

2. Successivement : *À P. Dukas*, 11 fév. 1901; *À H. Gauthier-Villars*, 10 oct. 1895; *À A. Caplet*, 25 fév. 1910 (*Iberia* est la 2e des *Images* pour orchestre).

3. *À J. Durand*, mars 1908; cf. *Monsieur Croche*, p. 264.

4. *À A. Messager*, 12 sept. 1903.

5. *À A. Poniatowski*, fév. 1893. Cf. *Monsieur Croche*, p. 41; 225.

sonores des impressions ou des images, réalités nouvelles qui s'ajoutent au monde et ne se bornent pas à y renvoyer. Le souvenir de ces impressions s'exprime en langage musical parce qu'«il porte en lui-même son harmonie». Mais le sens exact des sons se trouve dans leur acception sonore [1], non dans l'objet visé à travers eux. – Ce vocabulaire déplace l'attention vers le travail de la forme, vers l'«ardente rigueur» que ce travail demande, et l'on s'explique que Debussy puisse, de ce point de vue, parler parfois de musique pure, de combinaisons, de mathématiques même (notamment dans sa dernière période créatrice, qui culmine avec les *Études* pour piano et les trois *Sonates* pour divers instruments). Mais à condition de ne pas confondre la forme avec les règles du développement classique ou les «combinaisons abstraites». La musique est une mathématique, mais «une mathématique mystérieuse dont les éléments participent de l'Infini» [2]. Les œuvres sont plutôt des équivalents sonores des réalités évoquées, «un total de forces éparses» dit Monsieur Croche (p. 52), objets structurés selon une alchimie qui volontairement se dérobe [3]. Le but n'est

---

1. Debussy, *Monsieur Croche*, successivement p. 324 et p. 149.

2. Debussy, *Monsieur Croche*, p. 62 et 77 ; p. 176.

3. Debussy préfère qu'on n'*explique* pas les œuvres en général, et reste évasif sur les siennes. «La beauté d'une œuvre d'art restera toujours mystérieuse, c'est-à-dire qu'on ne pourra jamais exactement vérifier "comment cela est fait". » (*Monsieur Croche*, p. 230 ; cf. *ibid.*, p. 279 ; 327). Significative à cet égard est la place qu'assigne Debussy aux «titres» de ses deux livres de *Préludes* (1910, 1912) : pour chaque prélude, le titre figure *à la fin* de la partition, entre parenthèses, précédé de points de suspension – ainsi, par exemple : (... *Danseuses de Delphes*). Rétrospectivement, ce choix apparaît comme une étape vers les œuvres de musique «pure» ultérieures (*Sonates* et *Etudes*) ; on peut au moins y déceler une volonté de *suggérer* une image sans l'imposer d'emblée (même s'il est difficile de désigner les *Préludes* autrement que par leurs titres...).

pas que l'auditeur saisisse des structures ou déchiffre des messages – les *leitmotiv* wagnériens par exemple – mais qu'il atteigne cet état de rêve et d'émotion qu'on ne trouve qu'en musique, le « total d'émotion » répondant au « total des forces » : « Le total d'émotions que peut donner une mise en place harmonique est introuvable en quelque art que ce soit. »[1] Il serait donc assez mal venu de parler de formalisme, et la « pureté » n'est pas celle d'une musique se refusant à évoquer, ou à susciter l'émotion : si pureté il y a, elle réside, chez le compositeur, dans le strict respect des exigences de son art et dans sa fidélité au processus authentique de la création.

Stravinski ou le triomphe apparent du formalisme

Avec le compositeur russe Igor Stravinski (1882-1971) on se retrouve plutôt du côté des théoriciens et musiciens qui renouent avec Hanslick, bien qu'ils ne reprennent pas toutes ses formulations et n'aient pas nécessairement les mêmes références philosophiques. Stravinski est sans doute le plus célèbre d'entre eux. Dans les commentaires de ses œuvres comme dans ses écrits autobiographiques et théoriques, il a manifesté à de nombreuses reprises son refus énergique d'accorder à la musique un pouvoir d'expression : « Je considère la musique, par son essence, impuissante à exprimer quoi que ce soit : un sentiment, une attitude, un état psychologique, un phénomène de la nature, etc. »[2]. La croyance contraire est une illusion, due aux conventions qui ont imposé à la musique des contenus comme autant d'« étiquettes ». La force de cette illusion vient de l'inculture des auditeurs, qui ne peuvent

---

1. *À D. E. Inghelbrecht*, 30 sept. 1915.
2. Stravinski, *Chroniques de ma vie*, 1935 ; rééd. Paris, Denoël, 1971, p. 63. – Le nom du compositeur s'écrit, selon les sources, avec *w* ou *v*, et à la fin *i* ou *y*.

comprendre ce qu'ils entendent s'ils n'y retrouvent des sensations et des émotions familières; aussi cherchent-ils dans
la musique autre chose qu'elle, ce qu'elle exprime, ce que
l'auteur « avait en vue ». Une des sources de cette inculture
réside malheureusement dans l'enseignement musical,
où même les professionnels sont nourris de niaiseries
sentimentales[1].

Mais l'auteur n'a-t-il rien *en vue* quand il compose? Pour
répondre à cette interrogation, Stravinski fait régulièrement
usage de la notion d'ordre : le travail du musicien consiste à
construire, à organiser de façon consciente un matériau, à
spéculer et à calculer, pour réaliser l'un à partir du multiple.
« La construction faite, l'ordre atteint, tout est dit. »[2] L'ordre
produit un plaisir particulier, une émotion spéciale, irréducti-
bles aux sensations et réactions de la vie ordinaire puisqu'ils
résultent d'un pur jeu de formes. – Ce formalisme, pourtant,
n'est pas aussi radical que certaines déclarations fracassantes
voudraient le faire croire. D'abord, Stravinski n'exclut ni les
programmes ni les textes : on sait qu'il a lui-même composé
des musiques de ballets, des mélodies, des œuvres dramatiques et des pièces sacrées; or ces genres associent la matière
proprement musicale et des contenus étrangers, et semblent
tout naturellement appeler l'imitation et l'expression. Si
l'auteur maintient son refus de principe de l'imitation et de
l'expression directe du sens des mots, il reconnaît qu'en pareil
cas on ne peut tout à fait éviter les « lieux communs » (les
procédés habituellement utilisés pour représenter ou évoquer

---

1. *Ibid.*, p. 175-176.
2. *Ibid.*, p. 64. Voir aussi I. Stravinski, *Poétique musicale*, Paris,
Flammarion, 2000, p. 77, 80, 90, 95-96 (ouvrage issu des conférences faites à
Harvard en 1939, 1re publication en 1942).

tel ou tel contenu extra-musical), inconvénient mineur quand le musicien ne renonce pas à son travail d'invention et de construction, travail susceptible de renouveler les plus usés des clichés[1]. On remarquera ensuite que le plaisir procuré par l'ordre ne se referme pas sur lui-même, comme s'il n'y avait aucune perspective au-delà de la saisie du jeu des formes. L'Épilogue de la *Poétique* s'interroge ainsi sur le « sens de la musique » et élargit quelque peu l'horizon des *Chroniques* : dans ces dernières il s'agissait pour l'homme, voué par l'imperfection de sa nature à subir l'écoulement du temps, de dominer ce flux et de réaliser le présent ; ici, après avoir rappelé la poursuite de l'un à travers le multiple en quoi consiste le travail de composition, l'auteur met l'accent sur la joie de la création, joie qu'on veut partager avec ses semblables, et fait de la musique un élément de communion avec le prochain et avec l'Être.

Formalisme et retour du sens. Schlœzer, Mâche

Au XXe siècle, le nombre des écrits sur la musique s'est considérablement accru, et beaucoup touchent toujours, de près ou de loin, aux controverses inaugurées par Platon. Les compositeurs, à l'instar de Stravinski, prennent de plus en plus souvent part à la discussion, mêlant leurs contributions à celles des musicologues, des philosophes et plus récemment des sociologues. Il faudrait un autre volume pour en rendre compte de manière satisfaisante et faire justice à la diversité des points de vue exprimés ; on se bornera à deux illustrations, mettant face à face un écrivain et un compositeur défendant des thèses opposées.

---

1. Stravinski, *Poétique musicale*, p. 91 ; 113-114.

La tendance formaliste telle qu'elle se manifeste chez Hanslick et Stravinski a gagné la faveur de bien d'autres musiciens et théoriciens. On range généralement dans cette mouvance, par exemple, une partie de la production de la seconde « École de Vienne » (Schönberg, Webern, Berg) et la quasi-totalité de celle de ses héritiers sériels et post-sériels. Pour beaucoup, au-delà même du cercle précédent, l'idée que la musique ait pour vocation de *peindre*, qu'elle puisse avoir un contenu extra-musical, est totalement exclue. Les préoccupations de l'écriture et de la mise en forme l'emportant sur le reste, on comprend que pareille attitude leur vaille le reproche de vider la musique de contenu, de *sens*. On a vu comment Stravinski tentait d'échapper à ce reproche, on a dit aussi que la réponse de Hanslick manquait quelque peu de substance. Il nous a semblé que la lecture de l'*Introduction à Jean-Sébastien Bach* de Boris de Schlœzer[1], où une pensée considérée comme formaliste est soutenue par un appareil théorique plus élaboré et par l'analyse de nombreux exemples précis, permet de juger plus équitablement de l'intérêt et de la valeur de ce courant. Ce qui mérite plus spécialement de retenir l'attention dans cet ouvrage, c'est la manière dont les aspects affectifs ou sentimentaux retrouvent une légitimité dans un cadre de pensée qui commence par les condamner. Dès le premier paragraphe de l'ouvrage, on lit en effet : « Convaincu qu'il lui prête toute son attention et s'en délecte, l'auditeur généralement se contente de s'écouter ou plutôt de s'abandonner à une vague euphorie à la fois sentimentale et sensuelle, traversée d'émotions fugaces, d'élans sans objets,

---

1. B. de Schlœzer, *Introduction à Jean-Sébastien Bach*, Paris, Gallimard, 1947 ; rééd. 1979.

d'impressions internes, d'images qui le surprennent lui-même lorsque brusquement il lui arrive d'en prendre conscience et de reconnaître jusqu'où l'ont entraîné ses rêveries. » (p. 17). Si les éléments affectifs se voient réhabilités, ce n'est pas comme d'ordinaires « états d'âme » (du compositeur, de l'interprète, de l'auditeur), mais comme effets sur la sensibilité et dans le temps d'un travail de saisie intellectuelle des formes et structures ; ce qui conduit à une étrange mais très intéressante dissociation à l'intérieur même du *moi* du compositeur et de l'auditeur.

Sans vouloir renouer avec l'imitation pure et simple, d'autres courants tentent néanmoins d'inventer de nouveaux rapports au monde et de rétablir une communication avec lui en lui empruntant des modèles de discours et de formes[1]. À défaut de pouvoir mentionner toutes les expériences et toutes les théories[2] et à titre d'exemple, nous proposons pour finir un extrait d'un auteur qui est à la fois compositeur et théoricien, François-Bernard Mâche. Son opposition au formalisme est essentiellement motivée par la volonté de réintroduire la question du sens et de la *finalité* de la musique, « le tabou des tabous », comme il l'écrit, et donc de sortir cet art de son autonomie prétendue. Le but est clairement de redonner à la musique sa puissance symbolique, en renouant d'une part avec

1. M. Chion, *Le poème symphonique et la musique à programme*, Paris, Fayard, 1993, p. 325. Dans les pages suivantes, l'auteur montre que « la musique à programme », d'une façon plus générale, n'a pas disparu au XXe siècle, il s'en faut de beaucoup (il cite notamment Varèse, Messiaen, Xenakis et la musique électro-acoustique).

2. On voudrait au moins signaler le remarquable travail de fond, de nature philosophique, réalisé par Raymond Court dans *Le musical. Essai sur les fondements anthropologiques de l'art*, Paris, Klincksieck, 1976 ; voir aussi, du même auteur, *Sagesse de l'art*, Paris, Méridiens Klincksieck, 1987.

les schèmes du psychisme profond et du mythe, d'autre part avec la nature et le monde phénoménologique des sons. Ce faisant, l'auteur reprend de façon significative le vocabulaire du signe, du référent, du sens, mais avec un projet qui n'est plus celui de la *représentation* classique : il s'agit désormais, dans une perspective philosophique beaucoup plus ambitieuse, d'assouvir un désir fondamental, celui d'un lien organique avec l'univers ; ou encore de trouver par l'œuvre musicale « comme l'ébauche d'un sens qui rende ce monde habitable », le critère de la réussite étant la joie, « dont la conquête est une mission de la musique, et qui ne fait qu'un avec le pouvoir sur soi et sur les choses »[1].

CONCLUSION

Le parcours que nous venons d'effectuer peut donner à penser que les différentes théories sur l'objet de la musique se succèdent selon une chronologie linéaire, qui irait de l'imitation naïve au formalisme radical, avant qu'un brusque retournement ne remette à l'honneur les doctrines du sens voire du sentiment. Les historiens des idées se laissent souvent séduire par ce genre de modèle interprétatif, mais c'est toujours au prix de graves simplifications et d'étranges omissions. Les omissions, ici, sont manifestes mais inévitables, et avouées comme telles : le genre de notre recueil imposait des choix sévères au profit de textes moins connus ou moins accessibles. Quant à la simplification, le fait de proposer un nombre restreint de passages, mais d'une certaine étendue a précisément pour but d'y remédier dans la mesure du possible : un exposé continu

1. F.-B. Mâche, *Musique, mythe, nature*, Paris, Klincksieck, 1991, p. 200 et p. 177.

qui permet à l'auteur de développer ses arguments et de nuancer sa pensée devrait empêcher qu'on réduise ses thèses à quelques formules frappantes mais trompeuses. Ainsi l'imitation musicale n'a-t-elle jamais été réellement *naïve* : ses partisans ont toujours refusé l'imitation stricte (la reproduction à l'identique des bruits, des cris d'animaux…), ou du moins ne lui ont accordé qu'une place très limitée. Le formalisme de son côté n'ignore pas la question du sens, même si la réponse à cette question reste souvent évasive. L'opposition entre ces points de vue est exacerbée par les caricatures que chaque camp fait des affirmations de l'adversaire, et cela aussi devrait être perceptible dans les textes proposés : les positions réellement assumées par les uns et les autres contiennent beaucoup de restrictions, de corrections, parfois ce qui nous semble des contradictions. C'est le « géomètre » Rameau, par exemple, qui écrit qu'il faut « se laisser entraîner par le sentiment qu'elle inspire, cette musique, sans y penser, sans penser en un mot, et pour lors le sentiment deviendra l'organe de notre jugement »[1]. D'Alembert critique vertement l'opéra français, mais admire ses principaux représentants (Lully, Campra, Rameau). Wackenroder exalte le sentiment mais reste attentif aux lois naturelles des sons et aux nombres. B. de Schlœzer plaide pour l'immanence et le sens « spirituel », mais s'attarde longuement sur son retentissement affectif, le sens « psychologique ».

Avec le recul, une autre ligne de partage semble se dessiner aux yeux du lecteur d'aujourd'hui : celle qui sépare le profane du connaisseur, pour reprendre une terminologie hégélienne.

---

1. J.-Ph. Rameau, « Observations sur notre instinct pour la musique, et sur son principe », dans *Musique raisonnée*, p. 171.

Le premier a besoin de l'expression intelligible de représentations et de sentiments, et s'intéresse par suite au contenu ou à la
matière de l'œuvre ; le second connaît les rapports internes des
sons et les lois de la composition, et c'est là qu'il porte son
attention[1]. Une telle distinction inspire manifestement les
analyses de Hanslick, de Stravinski ou de B. de Schlœzer, à
cette différence près que ces derniers considèrent l'attitude
profane comme non esthétique, non véritablement musicale,
tandis que Hegel cherche d'abord à expliquer les préférences
pour deux catégories de musique, celle qui comporte des textes
et la musique purement instrumentale. Plus généralement, on
comprend que cette distinction (et la hiérarchie qui en découle)
apparaisse plutôt chez les professionnels, compositeurs et
autres spécialistes : l'écoute sentimentale et paresseuse, qui se
satisfait des émotions et rêveries déclenchées par l'œuvre, ne
fait aucun cas de l'élaboration intellectuelle, du travail proprement technique de la mise en forme d'où les compositeurs
tirent leur fierté, et qui seul, à leurs yeux, fait de leurs productions des œuvres d'*art*. Mais si cette opposition est récurrente
dans les théories de la musique, et ce dans des contextes
très différents[2], elle ne suffit pas à expliquer les différentes
conceptions de l'*objet* de la musique. À quelques rares
exceptions près, ces conceptions divergentes appartiennent à

1. *Cf.* Hegel, *Cours d'esthétique*, III, trad. fr. J.-P. Lefebvre, V. von
Schenck, Paris, Aubier, 1997, p. 198.
2. Platon conteste les expériences aventureuses des « spécialistes » qui
selon lui compromettent l'intelligibilité de la musique. Rappelant que « Zeus ne
chante ni ne joue lui-même de la cithare », Aristote défend une pratique libérale
de la musique, contre les exercices préparant aux concours professionnels.
Dans la présentation du texte de d'Alembert (*infra*, p. 121) on trouvera une
opposition toute semblable faite par Rameau entre les musiciens et les gens de
lettres. *Cf.* C. Debussy, *Monsieur Croch*e, p. 101.

des « connaisseurs » également compétents, souvent même à des compositeurs dont personne ne conteste ni le métier ni le talent[1] : ce ne sont pas seulement, comme le suggère Hegel, les profanes qui s'intéressent au *sujet* des œuvres, ou, comme le veut Hanslick, des gens sans culture qui plaident pour le sentiment[2]; et des « gens de lettres » comme Diderot ou Chabanon se montrent sensibles à la perception des rapports et aux problèmes de forme.

Au lieu de chercher à expliquer les théories – ce qui revient toujours à les juger – peut-être est-il plus sage de les approfondir, et de décider de les regarder toutes comme également « vraies ». On ne peut par exemple rejeter d'un revers de main le nombre considérable d'œuvres qui appartiennent au genre de la musique descriptive au sens large, et ce n'est pas sans raison que tant de compositeurs ont tenu à proposer des titres, des programmes, des commentaires[3], même si les théories

1. Parmi ceux qu'on a cités précédemment : Monteverdi, Rameau, Wagner, Stravinski, l'École de Vienne, Mâche.

2. Si l'on a pu reprocher à Rousseau (en partie à tort : voir la présentation du texte de l'*Essai*, *infra*, p. 98) de traiter de ces questions en amateur, on ne saurait ranger dans cette catégorie tous les défenseurs du « sentiment » (Hoffmann est un musicien de métier).

3. Le domaine en question est à la fois très vaste et très varié : musique imitative, descriptive, représentative, expressive (voir M. Chion, *Le poème symphonique*, p. 37-40. Toute la première partie de l'ouvrage contient une très claire analyse de la question). À quoi il convient d'ajouter bon nombre de pièces de musique « pure » dont les compositeurs ont indiqué le sens ou la portée expressive (exemple parmi d'autres : la *Fantaisie* pour piano *op.* 17 de R. Schumann, que ce dernier explique à sa fiancée comme étant l'expression des sentiments douloureux liés à leur séparation). – Il n'est pas interdit au demeurant de considérer que programmes et commentaires sont autant d'outils « pédagogiques » permettant au profane d'accéder peu à peu aux subtilités de la forme.

correspondantes offrent quelques faiblesses. Peu de gens songent à nier l'influence de la musique sur les mœurs, sur l'*ethos*, ou affectent d'ignorer son rôle dans l'éducation. Tourner en dérision la prétention de faire de la musique une voie d'accès au divin ou à l'absolu, c'est peut-être s'interdire un mode de compréhension du phénomène musical; et on ne voit pas pourquoi on devrait systématiquement suspecter la sincérité des amateurs émus aux larmes dans un concert, même s'ils ignorent tout des formes de la musique, même s'ils donnent de leur émotion des explications maladroites. Mais il est évident aussi que les arguments en faveur de la musique «pure» pèsent lourd dans ce débat : la méconnaissance radicale des aspects formels et de l'élaboration intellectuelle remet en question la notion même d'œuvre d'art; et on ne peut s'empêcher d'applaudir aux arguments de ceux qui refusent d'assimiler la musique à une drogue. – Si on les étudie avec bienveillance, on s'aperçoit que toutes les théories méritent considération parce qu'elles affrontent une vraie difficulté, *la* difficulté spécifique de la musique : comment rendre compte du *charme* (terme récurrent de Platon à Mâche, au sens courant comme au sens fort[1]) que la musique exerce sur l'auditeur en intégrant l'obstacle de l'indétermination (au moins relative) du phénomène musical. Rien n'assure que ce charme tienne essentiellement à un contenu quel qu'il soit, pas plus en musique que dans les autres arts; mais évacuer totalement la question du contenu, du sens ou de la finalité fait aussitôt

---

1. Il est beaucoup question du charme dans l'ouvrage de V. Jankélévitch, *La musique et l'ineffable* (Paris, A. Colin, 1961, rééd. Le Seuil, 1983), notamment dans la troisième partie intitulée «Le charme et l'alibi». Selon l'auteur, le charme est «le pouvoir spécifique de la musique», pouvoir qui transforme tout auditeur en poète, c'est-à-dire en inspiré (p. 111 et 123).

surgir la menace du vide, en musique plus que dans les autres arts. Entre l'excès de contenu, qui évacue le travail de la forme, et l'absence totale de transcendance, qui nous laisse face à un objet insignifiant, la voie est étroite : d'où le retour incessant des polémiques. Mais, en cette matière, reconnaître que les différents points de vue *valent*, ce n'est pas faire preuve de relativisme. Contrairement à ce qu'affirme un proverbe célèbre, il vaut la peine de disputer des goûts et des couleurs. Le champ esthétique est peut-être le seul où la dispute n'a pas pour fin de faire triompher une vérité, mais d'enrichir la compréhension des œuvres et d'accroître le plaisir.

PLATON
(428/427-347 av. J-C.)

LES LOIS *

Présentation

Les premiers livres des *Lois* contiennent une réflexion
générale sur les conditions de l'excellence d'une législation.
On apprend bientôt (I, 630e) que le but principal du législateur
est la vertu des citoyens, et que cet objectif implique une
tâche éducative. Dès le livre II, l'attention se concentre sur la
première éducation, soit la première acquisition de la vertu.
Étant donné que l'enfant est gouverné par le plaisir et la peine,
cette première éducation consiste à faire en sorte que, avant
l'apparition de la raison, l'enfant ressente ces affections
comme il faut, c'est-à-dire qu'il éprouve du plaisir pour ce qui
est conforme à la vertu et de l'aversion pour son contraire. À
cette fin, les dieux ont heureusement donné aux hommes les
fêtes qui se célèbrent en leur honneur et, pour régler ces fêtes,
les Muses, Apollon et Dionysos; ils leur ont donné en outre le
sens du rythme et de l'harmonie accompagné de plaisir. De là
la pratique des chœurs et ce que nous appelons la musique.

* Traduction de R. Muller,

Celle-ci se voit donc immédiatement assigner une fonction essentielle, puisqu'ainsi la première éducation est l'œuvre des Muses et d'Apollon (II, 654a).

Mais si pour les enfants cette première imprégnation précède le développement de la raison, le philosophe et le législateur ne peuvent se contenter de faire confiance au sens inné du rythme et de l'harmonie : la musique sera donc l'objet d'une réflexion approfondie, qui portera tant sur sa nature et les conditions de son excellence que sur son apprentissage et l'organisation de sa pratique dans la cité. Ce dernier point sera traité plus loin, aux livres VII et VIII, tandis que l'examen du premier se poursuit dans la suite du livre II, d'où est tiré le présent passage.

Une fois mise en évidence la fonction éducative de la musique, les interlocuteurs conviennent qu'il faut s'intéresser à ce qu'est le beau dans cet art (654e). Réponse : sont beaux les hommes vertueux et par suite les représentations de ces hommes (655b). Cette thèse de prime abord peu « esthétique » s'explique en partie par le cadre fixé dès le début, celui d'une législation orientée vers la vertu, mais aussi par le fait qu'en grec le terme *kalon* a d'emblée la double signification du beau moral et du beau artistique, que peut-être les Grecs distinguaient mal. Mais l'intérêt de notre texte et de la théorie platonicienne réside ailleurs : dans le principe de la représentation-imitation énoncé ici en toute clarté, et dans la conscience simultanée des limites de ce principe, particulièrement en musique (voir notre Introduction, p. 11 *sq.*). Imiter musicalement le courage, par exemple, pose d'autres problèmes que la représentation d'un homme ou d'un vivant par la peinture (*cf.* 668d-e). Il faut connaître les originaux, certes, mais aussi avoir une bonne connaissance de la théorie musicale, du détail des harmonies et des rythmes, ainsi que celle, capitale, de la correspondance entre ces éléments et les caractères à imiter.

Cette exigence proprement théorique, qui fait la difficulté particulière de la musique, est alors abordée par Platon (669b *sq.*) sur le mode d'une critique sévère de la musique nouvelle, critique suivie d'une conclusion sur ce que devrait être la bonne pratique. Dans ce dernier moment, l'auteur souligne le caractère exigeant de cette formation, qui s'adresse à des citoyens, notons-le, non à des professionnels, et dépasse même ce qu'on attend des poètes, précisément sur le critère du beau.

Pour éclairer cette discussion, menée avec rigueur mais aussi une certaine lourdeur dans la forme, on pourrait résumer ainsi le fond du problème :

1) le plaisir fait partie de la musique ;

2) mais il faut différencier les cas où il est seul en cause de ceux où il accompagne une pratique ou un art qui ont encore d'autres objectifs, et relèvent donc d'autres critères : la rectitude ou vérité, et l'utilité ;

3) pour la nourriture et l'étude, ces deux derniers critères sont plus ou moins confondus. Pour les arts représentatifs, il faut les distinguer, parce qu'une représentation correcte n'est pas encore pour cela « bonne et belle ». C'est la rectitude qu'on examine alors plus longuement, parce qu'elle requiert la connaissance de l'original *et* celle des techniques propres à l'art considéré. La beauté-moralité relève d'un jugement supplémentaire (669a ; 669b ; 670e).

On notera que tout le passage se réfère à un groupe déterminé de chanteurs. Un peu plus haut, en effet (664b), les interlocuteurs ont admis qu'il fallait constituer trois chœurs : celui des enfants, consacré aux Muses ; celui des citoyens de moins de 30 ans, qui s'adresse à Apollon, et celui de ceux qui ont entre 30 et 60 ans, attribué à Dionysos (après 60 ans, on ne chante plus, on se contente de raconter des fables). Il s'agit ici des citoyens du troisième chœur, les plus sages et les plus persuasifs, mais qui rougissent de chanter en public en raison de leur âge, et qui le feront dans l'intimité de petits groupes.

PLATON

LIVRE II

L'Athénien. — Quel genre d'accent ou de musique[1] feront-ils entendre ? Il est clair, n'est-ce pas, que ce sera à tout le moins un genre qui leur soit approprié ?

Clinias. — Comment le nier ?

L'Athénien. — Quelle musique conviendrait donc à des hommes divins ? Celle des chœurs[2] ?

Clinias. — En tout cas, étranger, ni eux ni nous ne serions capables de chanter un autre chant que celui que nous avons appris dans les chœurs et auquel nous avons été habitués.

L'Athénien. — C'est du moins vraisemblable ; car vous 666e n'avez pas réellement atteint | le chant le plus beau. Votre constitution[3], en effet, est celle d'une armée en campagne, non celle de gens établis dans des villes ; vos jeunes hommes, vous les gardez au vert comme des bandes de poulains paissant en troupeaux. Aucun d'entre vous ne prend le sien en l'arrachant à ses compagnons de pâture, fût-il tout sauvage et furieux, pour le confier à un palefrenier particulier, pour l'élever en l'étrillant et en l'apprivoisant, en lui prodiguant tous les soins

---

1. *Mousa*, « muse », mais aussi « chant ». Dans les *Lois*, Platon emploie plusieurs fois le mot au sens de « musique », au lieu de l'habituel *mousikè*.

2. Pour l'Athénien, les chœurs de chant et de danse sont contemporains des débuts de la musique (654a).

3. Les deux interlocuteurs de l'Athénien sont le Crétois Clinias et le Lacédémonien Mégillos.

qui conviennent à une éducation susceptible d'en faire non seulement un bon | soldat mais un homme capable d'admi- **667a** nistrer une cité et une ville, c'est-à-dire cet homme dont nous avons dit au début qu'il était meilleur guerrier que ceux de Tyrtée parce qu'il estime toujours et partout le courage comme le quatrième élément de la vertu et non le premier, pour les particuliers comme pour la cité dans son ensemble.

Clinias. — Je ne sais comment tu fais, étranger, pour dire une nouvelle fois du mal de nos législateurs.

L'Athénien. — Ce n'est pas, mon bon, de propos délibéré que je le fais, pour autant que je le fasse. Mais avançons, si vous le voulez bien, sur la voie par laquelle le raisonnement nous conduit. Si en effet nous disposons d'une musique plus belle que celle des chœurs | et des théâtres publics, tâchons de **667b** la donner à ceux qui rougissent, disons-nous, de pratiquer cette dernière et cherchent à bénéficier de la musique la plus belle.

Clinias. — Tout à fait.

L'Athénien. — Eh bien ! Ne faut-il pas d'abord que, dans tout ce qui s'accompagne d'un agrément, se présente l'un des cas suivants : ou cet agrément même en constitue à lui seul la préoccupation principale, ou c'est une certaine rectitude, ou en troisième lieu une utilité ? Je prends un exemple : l'aliment, la boisson et la nourriture en général s'accompagnent de l'agré- ment que nous pouvons appeler plaisir; | et ce que nous **667c** appellerions rectitude et utilité, c'est précisément cela même que nous disons être sain, dans les différentes choses qu'on nous apporte à manger ou à boire, qui est en eux ce qui possède la parfaite rectitude.

Clinias. — Oui, absolument.

L'Athénien. — Autre exemple : l'étude est sûrement, elle aussi, suivie de cet élément d'agrément, le plaisir; et la rectitude, l'utilité, le bien et le beau, c'est la vérité qui les produit.

Clinias. — C'est bien cela.

L'Athénien. — Et qu'en est-il pour la production de la
667d ressemblance dans les arts représentatifs ? | S'ils réalisent cette
ressemblance, le fait qu'y naisse par surcroît du plaisir – si
plaisir il y a – ne serait-il pas très légitime de désigner cela
comme leur agrément ?

Clinias. — Oui.

L'Athénien. — Mais la rectitude en la matière, c'est sans
doute, pour le dire de façon générale, l'exacte concordance en
quantité et qualité <avec le modèle> qui la réalisera, plutôt que
le plaisir.

Clinias. — Tu as raison.

L'Athénien. — Par conséquent le plaisir ne serait bon juge
que des réalisations qui n'offrent ni utilité ni vérité ni ressem-
667e blance, | et qui par ailleurs ne causent pas de dommage mais
n'auraient d'autre raison d'être que cet effet qui dans les autres
choses s'ajoute comme accompagnement, à savoir l'agrément, lequel ne se peut mieux nommer que plaisir quand aucun
des autres effets ne s'y ajoute ?

Clinias. — Tu parles là uniquement d'un plaisir inoffensif.

L'Athénien. — Oui, et j'ajoute que ce même plaisir est
aussi jeu quand il n'apporte ni dommage ni utilité dignes d'être
sérieusement pris en compte.

Clinias. — Tu as tout à fait raison.

L'Athénien. — Ne pourrions-nous pas, en conclusion de
ce que nous sommes en train de dire, affirmer qu'aucune
imitation ne doit le moins du monde se juger selon le plaisir et
668a une opinion | sans vérité – ni d'ailleurs aucune concordance :
car ce n'est pas, en tout état de cause, l'opinion qu'on en a ni
l'agrément qu'on y trouve ou non qui peuvent faire que l'égal
soit égal ou que le proportionné soit proportionné, mais avant
tout la vérité et absolument rien d'autre.

Clinias. — Parfaitement.

L'Athénien. — Or, nous affirmons bien que toute musique est art représentatif et imitatif ?

Clinias. — Quoi d'autre ?

L'Athénien. — Donc, lorsqu'on dit que la musique se juge d'après le plaisir, il ne faut en aucun cas accepter cette affirmation, ni le moins du monde rechercher une telle musique | comme si elle était quelque chose de sérieux, à supposer qu'il **668b** en existe une qui le soit : celle qu'il faut rechercher, c'est celle qui atteint la ressemblance par l'imitation du beau [1].

Clinias. — Rien de plus vrai.

L'Athénien. — Et ces gens dont nous parlons, qui sont à la recherche du plus beau chant, doivent également rechercher, semble-t-il, non pas une musique qui soit agréable mais celle qui possède la rectitude ; il y a en effet de la rectitude dans l'imitation, nous l'avons dit, si l'objet imité est reproduit dans sa grandeur et ses qualités.

Clinias. — Comment le nier ?

L'Athénien. — Or en ce qui concerne la musique, il y a une chose du moins sur laquelle tous seront sans doute d'accord, à savoir que toutes les œuvres qui relèvent d'elle sont imitation | et représentation. Cela, n'est-ce pas, tout le monde l'accorde- **668c** rait, les poètes [2] comme les auditeurs et les acteurs ?

Clinias. — Assurément.

---

1. *Ressemblance* est impliqué par « art représentatif et imitatif » dans la réplique précédente ; ce qui s'ajoute ici est la manière de réaliser cette ressemblance : l'imitation d'un modèle beau, par opposition aux modèles qui ne méritent pas d'être imités. Un art qui ne se limite pas au pur plaisir (fin de 667d) doit, pour avoir quelque valeur, être ou utile (les arts techniques) ou « ressemblant » (nous dirions : expressif, ayant un sens ; soit les beaux-arts). Mais imiter ne suffit pas : n'importe quelle représentation, même claire quant à son sens, n'est pas encore belle (*cf.* 670e).

2. Ici et dans la suite, on se souviendra que ces poètes sont en même temps des *compositeurs* (de musique).

L'Athénien. — Dès lors, semble-t-il, pour chaque œuvre, il faut savoir ce qu'elle est au juste, si on ne veut pas commettre d'erreur à son sujet. Car celui qui ignore son essence, ce qu'elle veut dire, et de quoi elle est réellement la représentation, celui-là aura du mal à discerner si le dessein est correctement réalisé ou s'il est manqué.

Clinias. — Il aura du mal, comment le nier ?

668d | L'Athénien. — Et si on ignore cette rectitude, peut-on jamais être capable de discerner si l'œuvre est bonne ou mauvaise[1] ? Mais ce que je dis n'est pas très clair ; ce le sera davantage, peut-être, si je m'exprime de la façon suivante.

Clinias. — Comment ?

L'Athénien. — Dans le domaine de la vue, il existe, n'est-ce pas, des milliers de représentations.

Clinias. — Oui.

L'Athénien. — Qu'arriverait-il si l'on ignorait là aussi ce qu'est chacun des corps représentés par l'imitation ? Pourrait-on jamais savoir ce qui en est reproduit correctement ? Par exemple, l'œuvre contient-elle les proportions du corps et la

668e position des différentes parties ? | quelles sont ces proportions ? les parties sont-elles placées les unes par rapport aux autres dans l'ordre convenable ? y trouve-t-on en outre les bonnes couleurs et les bonnes attitudes ? ou bien au contraire tout cela a-t-il été exécuté n'importe comment ? Est-il croyable qu'on puisse jamais en juger si l'on ignore absolument ce qu'est au juste l'être vivant imité ?

Clinias. — Comment le pourrait-on ?

---

1. Ce qui s'ajoute à la simple rectitude, c'est proprement la beauté, elle-même interprétée dans un sens moral (voir plus haut dans la présentation du texte).

L'Athénien. — Mais que dire dans le cas où nous saurions que la chose peinte ou sculptée est un homme[1], et qu'elle a reçu de l'art toutes les parties, | couleurs et attitudes qui sont les **669a** siennes ? Est-il nécessaire que cette connaissance, dès lors, permette aussi de déterminer sans peine si l'œuvre est belle, ou en quoi, peut-être, elle manque de beauté ?

Clinias. — Dans ce cas, étranger, nous serions quasiment tous, ma foi, juges de la beauté des œuvres !

L'Athénien. — Tu as tout à fait raison. N'est-il pas vrai, par suite, que pour chaque représentation, en peinture comme en musique et partout ailleurs, celui qui veut être un juge sensé doit réunir ces trois conditions : | savoir d'abord ce **669b** qu'est la chose représentée, puis comment on la représente correctement[2], et en troisième lieu comment la réalisation au moyen de mots, de mélodies et de rythmes[3] est bonne[4], quelle que soit la représentation ?

---

1. Le *Critias*, 107 c-d, aborde brièvement cette question (quand on connaît l'original, on est juge exigeant).

2. C'est-à-dire : que signifie *rectitude* en matière de représentation ? Cette rectitude ne peut être un simple décalque, même en peinture (*cf.* notre Introduction, p. 13 avec la référence au *Cratyle*).

3. Ces trois termes désignent pour les Grecs les composantes fondamentales d'une œuvre musicale. Les « mots » (*rhêma*, *logos*) en font partie parce que la musique grecque est ordinairement associée à des textes (hymnes, théâtre, poésie lyrique…) ; la musique purement instrumentale existait néanmoins, sous forme de solos d'aulos, rarement de cithare. *Melos* (« mélodie ») est utilisé tantôt pour l'ensemble des trois (*Rép.*, III, 398d), tantôt, comme ici, pour le deuxième élément, c'est-à-dire la succession des sons de hauteur différente ; ce deuxième élément, Platon le désigne aussi par le terme d'« harmonie », qui renvoie plus précisément à la détermination précise des hauteurs (voir plus loin).

4. Au sens esthétique et moral, comme plus haut ; la conformité ne suffit pas.

Clinias. — Il le semble, du moins.

L'Athénien. — Eh bien ! Ne renonçons pas à éclaircir ce qui fait la difficulté dans le cas de la musique. Étant donné que les œuvres musicales sont célébrées avec plus d'emphase que les autres représentations artistiques, elles sont, de toutes les représentations, celles qui exigent la plus grande circonspection. Car celui qui se trompe sur ce point risque de subir les **669c** plus graves dommages, | en faisant bon accueil aux mauvaises mœurs ; il est en outre très difficile de s'en apercevoir, du fait que les poètes de chez nous sont de piètres poètes comparés aux Muses elles-mêmes. Elles ne se fourvoieraient jamais, elles, au point de donner à des paroles écrites pour des hommes la couleur[1] et la mélodie propres aux femmes ; d'adapter à une mélodie et à des systèmes d'intervalles[2] composés pour des hommes libres des rythmes d'esclaves et de gens sans liberté ; de donner pour accompagnement à des rythmes et à un schéma métrique d'homme libre une mélodie ou des paroles opposées

---

1. La couleur (*chrôma*) est une sorte de nuance mélodique résultant de variations dans la hauteur des sons.

2. Dans les passages musicaux des *Lois*, *schêma* est difficile à traduire. Dans les premiers livres, Platon a généralement en vue les structures rythmiques (*cf.* 660a), qui se rencontrent d'abord dans les mots (l'alternance des syllabes longues et brèves), puis dans toute mélodie et dans la danse. Mais ici *schêma* est exceptionnellement séparé de *rythme*, et l'on est tenté d'y lire le terme technique du vocabulaire de la musique signifiant la structure du *système* (l'échelle structurée des sons). – Certains comprennent : « jeux de scène », ou « pas de danse » ; mais la critique de Platon ne vise pas seulement le théâtre, ni spécifiquement la danse (*cf.* 672e-673b).

Quoi qu'il en soit de la signification exacte des termes techniques de ce passage (669c-670a), il ressort clairement que Platon dénonce 1) des *assemblages* indus (association d'éléments exprimant des caractères différents, puis mélange de sonorités hétérogènes) ; 2) la *séparation* d'éléments qui devraient être réunis ; dans les deux cas, l'imitation et donc la signification sont brouillées.

à ces rythmes ; enfin de réunir parfois en un même ensemble cris d'animaux, | voix humaines, sons d'instruments ainsi que **669d** toutes sortes de bruits, tout cela pour imiter une seule et même chose. Les poètes humains par contre, en entrelaçant étroitement et en mêlant ensemble de manière inconsidérée ce genre d'éléments, provoqueraient le rire de tous ceux dont Orphée dit qu'« ils voient le délicieux plaisir arriver à maturité » ; ceux-là, en effet, voient bien que tout est brouillé. Les poètes, de leur côté, vont jusqu'à séparer de la mélodie le rythme et les schémas métriques, en mettant en vers des paroles sans accompagnement musical, | et inversement en composant **669e** une mélodie et un rythme sans paroles, par le seul le jeu de la cithare et de l'aulos ; dans ce genre de compositions, il est bien difficile, quand on a un rythme ou une harmonie[1] sans paroles, de discerner ce qu'ils veulent dire et à quel modèle ils ressemblent parmi ceux qui méritent d'être imités. Il faut comprendre, au contraire, que tout art de ce genre est plein d'une grossière rusticité : il raffole de vitesse, de pure virtuosité et de cris d'animaux au point de recourir à l'aulos | et à la cithare en **670a** dehors des cas où ils accompagnent la danse et le chant, alors que l'usage purement instrumental de chacun de ces deux instruments ne donne lieu, on peut le dire, qu'à des tours d'adresse dépourvus de toute culture musicale. Voilà ce qu'il y avait à dire sur cette question.

Mais nous n'examinons pas ce que nos hommes de plus de trente ans et ceux qui ont dépassé la cinquantaine doivent

---

1. La musique grecque étant essentiellement monodique, ce terme ne renvoie pas à l'harmonie au sens moderne (les accords par opposition à la mélodie, c'est-à-dire l'aspect vertical résultant de l'émission simultanée de plusieurs sons) ; il s'agit pour les Grecs de la constitution de l'échelle des sons par la détermination précise des intervalles. Ici Platon vise manifestement le deuxième élément mentionné ci-dessus, l'aspect mélodique.

s'abstenir de faire dans leur commerce avec les Muses, mais ce qu'ils doivent un jour cultiver. Or, la conséquence qui résulte dès à présent de ce que nous venons de dire, me semble-t-il, signifie ceci : ceux des cinquantenaires à qui il revient de **670b** chanter doivent être | mieux formés que ne l'exige la musique des chœurs[1]. Car pour les rythmes et les harmonies, ils doivent avoir une sensibilité aiguisée et une bonne connaissance ; sinon, comment reconnaîtra-t-on la rectitude des mélodies, c'est-à-dire comment saura-t-on à quelle mélodie conviennent ou ne conviennent pas l'échelle dorienne[2] et le rythme que le poète y a appliqués – bref, si cela a été ou non fait correctement ?

Clinias. — En aucune manière, c'est évident.

L'Athénien. — C'est une prétention ridicule, en effet, de la part d'une foule nombreuse de croire qu'elle s'y connaît assez pour discerner ce qui est bon et ce qui ne l'est pas en matière d'harmonie et de rythme ; je veux parler de tous ces gens qui ont été dressés à chanter au son de l'aulos et à se **670c** déplacer en rythme, | mais qui ne se rendent pas compte qu'ils accomplissent ces actes sans connaître les particularités de chacun d'entre eux. En fait, est correct tout air possédant les éléments qui conviennent, et fautif celui dont les éléments ne conviennent pas[3].

---

1. *Cf.* 666d et 667a.

2. Une « harmonie » au sens de la note 1, p. 71, donnée ici à titre d'exemple, puisque le texte parle *des* harmonies, avant et après cette mention. Ce que Platon entendait exactement par « dorien » reste controversé chez les spécialistes ; voir par exemple J. Chailley, *La musique grecque antique*, Paris, Les Belles Lettres, 1979, p. 108 *sq.*

3. Il faut sans doute entendre cette convenance aux sens précis analysés plus haut en 668e et 669c *sq.* : qui conviennent pour réaliser une bonne imitation, et qui conviennent entre eux. Comparer *Phèdre*, 268d, à propos de la composition d'une tragédie.

Clinias. — De toute nécessité !

L'Athénien. — Qu'en est-il alors de celui qui ne sait même pas quels éléments un air peut bien contenir ? Pourra-t-il jamais faire ce que nous demandions à l'instant : reconnaître, en quelque air que ce soit, qu'il est correctement composé ?

Clinias. — Quel moyen ?

L'Athénien. — Nous retrouvons donc maintenant, à ce qu'il semble, ceci : pour nos chanteurs, ceux qu'à présent nous convoquons et, si l'on peut dire, | forçons à chanter de bon gré, **670d** il est quasi nécessaire qu'ils reçoivent une formation qui va jusqu'à ce que chacun soit capable de suivre tant les éléments de base des rythmes que les notes des mélodies ; le but étant que, dans l'examen des harmonies et des rythmes, ils soient en mesure de choisir les éléments appropriés qu'il est convenable à des hommes de leur âge et de leur état de chanter, qu'alors ils chantent de cette manière, et qu'en chantant ils éprouvent eux-mêmes dans l'instant des plaisirs innocents et deviennent en même temps pour les jeunes gens | des guides sur la voie **670e** de l'affection que doivent inspirer les mœurs honnêtes. À ce niveau de formation, on peut dire qu'ils se seront rendus maîtres d'une culture plus précise que celle qui s'adresse à la multitude et que celle des poètes eux-mêmes ; le troisième point, en effet, celui de savoir si l'imitation est belle ou non, il n'est nullement nécessaire que le poète en ait la connaissance, tandis que la connaissance de l'harmonie et du rythme est autant dire une nécessité. Mais nos choristes, eux, doivent connaître tous les trois points, pour pouvoir choisir le premier degré de perfection du beau, puis le second, sans quoi jamais ils ne seront capables de mener par leur enchantement les jeunes gens à la vertu.

ARISTOTE
(385/384-322 av. J.-C.)

POLITIQUE*

Présentation

L'extrait suivant est formé des trois derniers chapitres de la *Politique* (dont la fin manque). Comme Platon, Aristote traite de la musique à l'occasion de l'éducation que la cité doit assurer à ses membres. Ce n'est pas le seul point commun, presque toute la doctrine se montre fidèle à l'enseignement de la *République* et des *Lois* : la théorie de l'imitation des caractères « éthiques » par les rythmes et les harmonies ; l'importance de l'éducation musicale pour la moralité des citoyens, d'où découlent à la fois la nécessité d'apprendre et de pratiquer la musique dans l'enfance, et le contrôle exercé par l'autorité politique sur cet apprentissage ; la méfiance, enfin, pour la virtuosité des professionnels. Cette parenté de deux des sources principales de notre tradition philosophique (parenté discrètement reconnue par Aristote, *cf.* 7, 1341 b 28) offre d'ailleurs un avantage : elle permet, par le recoupement de

* Traduction de J. Tricot (Paris, Vrin, 1982), revue par R. Muller.

formulations légèrement divergentes, de bien saisir les bases de la théorie de l'imitation (des affects) qui va pour longtemps marquer la réflexion sur la musique.

L'originalité d'Aristote se remarque surtout à ce qu'il ne s'en tient pas strictement au point de vue de l'éducation. Les questions initiales du chap. 5, sans transgresser le cadre et le vocabulaire platoniciens, laissent néanmoins percer la prise en compte d'une autre attitude, plus « désintéressée » (l'idée d'une musique purement délassante, ou au contraire d'une activité intéressant la culture de l'esprit). Élargit pareillement la perspective, la distinction établie au chapitre 7 (1342 a 1 *sq.*) dans l'usage des harmonies, selon qu'elles servent à l'éducation ou à une écoute qu'on pourrait dire gratuite; et l'auteur va jusqu'à admettre, fût-ce avec réticence, qu'on exécute des musiques vulgaires pour le délassement des gens grossiers... On remarque par ailleurs que, sans vraiment aller plus loin que Platon sur le fond, Aristote propose une intéressante comparaison avec les autres sens pour préciser la nature de l'imitation dans le domaine auditif, et du même coup l'affinité particulière entre les sons et les mouvements de l'âme. Les célèbres remarques sur la *katharsis* (« purgation » ou « purification », chapitre 6, 1341 a 23 et 7, 1341 b 38 *sq.*) se rattachent manifestement à cette thématique, puisqu'elles s'appuient sur cette même affinité pour souligner la singulière capacité que possèdent certains sons (instruments, rythmes) de modifier profondément l'état de l'âme.

ARISTOTE

LIVRE VIII, CHAPITRES 5-7

5 <L'éducation. La musique.>

| Au sujet de la musique nous avons précédemment 1339a11
parcouru certains problèmes au cours de notre discussion,
mais il est bon de les reprendre à présent et de pousser plus
avant, de manière que nos remarques servent en quelque sorte
de préambule aux arguments qu'on pourrait avancer à propos
de la musique. Il n'est pas facile, en effet, de déterminer quelle
est sa nature, ni à quelle fin on doit s'y livrer, si c'est à titre de
jeu et de délassement, comme le sommeil ou l'ivresse (distrac-
tions qui ne sont pas en elles-mêmes au nombre des biens
véritables, mais sont seulement agréables, et, en même temps,
font cesser le souci, suivant le mot d'Euripide[1]; et c'est pour
cette raison que les hommes mettent la musique sur le même
rang, et | font le même usage de toutes ces choses : sommeil, 20
ivresse et musique, en y ajoutant parfois aussi la danse), ou
si on ne doit pas plutôt penser que la musique conduit en
quelque façon à la vertu (en ce qu'elle est capable, tout comme
la gymnastique donne au corps telle ou telle qualité, de
façonner le caractère[2] d'une certaine manière, en accoutumant

1. Euripide, *Les Bacchantes*, 381.
2. Le mot *êthos* et ses dérivés reviennent sans cesse dans ces chapitres, et
leur traduction est délicate. Comme le mot *moral* en français, ils renvoient
tantôt au *caractère* ou à l'état psychique des individus, par opposition à leurs
actions ou aux états du corps, tantôt aux aspects *éthiques* de ce caractère, c'est-
à-dire à la moralité. Il arrive que les deux sens soient confondus, ou indiscer-
nables. La traduction, par suite, propose différents équivalents : *caractère,
disposition, « éthique »* (entre guillemets, parce que le mot français n'a guère
que le deuxième sens), seuls ou associés.

l'homme à pouvoir goûter des plaisirs de bon aloi), ou si enfin elle n'apporte pas une certaine contribution à une vie de loisir noblement menée et à la culture de l'esprit[1] (c'est là une troisième explication à fournir parmi celles que nous avons énumérées). – Qu'ainsi donc l'éducation de la jeunesse ne doive pas avoir le jeu pour objet, cela ne fait pas de doute (car jouer n'est pas étudier, l'étude s'accompagnant toujours d'un effort pénible); il ne sied cependant pas non plus de livrer des

30 enfants | et des sujets d'un âge aussi tendre à une vie de loisir intellectuel (car ce qui est une fin ne convient nullement à un être encore imparfait). Mais peut-être sera-t-on d'avis que les études sérieuses des enfants sont en vue de leur amusement pour le temps où ils seront parvenus à l'âge d'homme et auront atteint leur plein développement. Mais s'il en est ainsi, à quoi bon obliger les enfants à apprendre eux-mêmes, et pourquoi, à l'exemple des rois des Perses ou des Mèdes, ne participeraient-ils pas au plaisir et à l'enseignement de la musique en écoutant d'autres qui se consacrent à cet art? Car ceux qui font de la musique un travail et une profession doivent nécessairement se montrer dans l'exécution bien supérieurs à ceux qui s'y intéressent seulement pendant le temps suffisant pour l'apprendre. Mais si les enfants devaient peiner sur des tâches

40 de ce genre, ils devraient aussi | se livrer à la pratique de l'art culinaire, ce qui est une absurdité. Et la même difficulté continue de se poser, même si on admet que la musique est capable d'améliorer le caractère : pourquoi les enfants

1339b l'apprendraient-ils eux-mêmes? Ne peut-on pas, | en écoutant jouer d'autres, se procurer un plaisir de bon aloi et se rendre

---

1. Deux termes seulement ici en grec : *diagôgê*, « manière de passer le temps » (traduit plus loin par « loisir intellectuel »), et *phronèsis*, « sagesse » ou « intelligence ». On peut y voir un hendiadys : « occupation sage ».

capable de porter des jugements fondés, suivant la pratique des
Spartiates ? Ces derniers, en effet, sans apprendre la musique,
n'en sont pas moins capables de juger correctement, dit-on, si
une mélodie est bonne ou mauvaise. Le même argument
s'applique encore si la musique doit servir à mener une vie
heureuse et digne d'un homme libre : à quoi bon l'apprendre
soi-même, au lieu de jouir de la musique pratiquée par
d'autres ? Il nous est loisible encore de considérer à cet égard
l'opinion que nous nous formons au sujet des dieux : chez les
poètes, Zeus ne chante pas et ne joue pas lui-même de la
cithare. En fait, nous parlons des musiciens de profession
comme de simples manœuvres, et la pratique de l'art musical
nous paraît indigne | d'un homme qui n'aurait pas pour excuse 10
l'ivresse ou le désir de badiner. Mais sans doute est-il bon de
remettre à plus tard l'examen de ces questions.

La première étape de notre enquête, c'est de savoir s'il faut
comprendre la musique dans notre programme d'éducation,
ou si on doit l'en exclure, et, des trois objets que nous avons
mentionnés dans nos discussions précédentes, quel est celui
qu'elle a le pouvoir de réaliser : est-elle un moyen d'éducation
ou d'amusement ou d'une vie de loisir noblement occupée ?

On peut avec vraisemblance la ranger sous tous ces chefs
à la fois, et elle semble bien participer des trois. En effet,
l'amusement est en vue du délassement, et le délassement
est nécessairement agréable (puisque c'est une sorte de cure
de la souffrance causée par les travaux fatigants); et la vie
de loisir noblement menée doit, de l'avis général, inclure
non seulement le beau mais encore le plaisir (car le bonheur
est un composé de ces deux facteurs réunis). | Or la 20
musique, assurons-nous tous, compte parmi les choses les

plus agréables, qu'elle soit simplement instrumentale, ou instrumentale avec chants (comme le dit Musée [1] :

Aux mortels la chose la plus agréable est le chant,

et c'est pourquoi on a raison de l'admettre dans les réunions de société et dans la vie de loisir à titre de facteur de réjouissance), de sorte que ce motif seul suffirait à nous faire reconnaître la nécessité d'une éducation musicale pour les jeunes gens. Les plaisirs innocents, en effet, ne conviennent pas seulement à la fin ultime de la vie, mais encore au délassement; et puisqu'il arrive rarement aux hommes d'être en possession de leur fin, alors que souvent au contraire ils se délassent et se livrent aux amusements non seulement en vue d'une fin ultérieure mais

30 encore | en raison du plaisir lui-même, il peut n'être pas sans utilité pour eux de se reposer quelque temps dans les plaisirs qui naissent de la musique. Seulement, il est arrivé en fait que les hommes fassent des amusements une fin en soi : c'est que, sans doute, la fin renferme aussi un certain agrément (bien que ce ne soit pas n'importe lequel), et en cherchant celui-ci ils prennent l'autre à sa place, du fait que le plaisir possède une certaine similitude avec la fin de leur activité : car de même que la fin n'est pas désirable en vue de quelque bien à venir, les plaisirs dont nous parlons ne sont pas non plus désirables en vue de quelque bien ultérieur, mais à cause d'événements passés tels que le travail et l'effort pénible. Telle est donc vraisemblablement, peut-on croire, la raison pour laquelle les hommes cherchent à atteindre le bonheur par le moyen de ces

40 plaisirs. | Mais en ce qui concerne la pratique de la musique ce n'est pas pour cette raison seulement, mais encore à cause de l'utilité qu'elle présente, semble-t-il, pour notre délassement.

---

1. Poète légendaire qu'on situe au VIᵉ siècle

Néanmoins, nous devons examiner si, en fin de compte, | cette utilité n'est pas un simple accident et si la musique n'est 1340a pas d'une essence trop noble pour se borner à satisfaire le besoin dont nous venons de parler, et si nous devons non seulement prendre notre part d'un plaisir commun à tous dont elle est la source et qui est ressenti par tout le monde (car le plaisir que donne la musique est un plaisir naturel, grâce à quoi la pratique de la musique est chère à tous les âges et à tous les caractères), mais encore voir si en quelque manière elle n'étend pas son influence jusqu'au caractère et à l'âme. Et cette influence serait certaine si nous étions affectés dans notre caractère par son action : or que nos sentiments soient ainsi modifiés, cela est prouvé par bien des faits et notamment par les | mélodies d'Olympos[1], car, de l'avis de tous, elles rendent 10 les âmes enthousiastes, et l'enthousiasme est une affection du caractère « éthique » de l'âme. En outre, de simples sons imitatifs entendus créent toujours des dispositions affectives analogues, et cela indépendamment des rythmes et des mélodies mêmes. Et puisque la musique possède cette qualité accidentelle d'être au nombre des choses agréables et que la vertu a rapport à des sentiments de joie, d'amour et de haine conformes à la droite raison, il n'y a évidemment rien qui soit plus nécessaire à apprendre et à faire entrer dans nos habitudes que de juger avec rectitude et de trouver notre plaisir dans des mœurs vertueuses et de nobles actions. Et, dans les rythmes et les mélodies, il y a des choses qui ressemblent extrêmement à la nature véritable de la colère | et de la douceur, du courage et 20

1. Poète légendaire antérieur à Orphée, instruit par le satyre Marsyas (*cf.* Platon, *Banquet*, 215c). Des airs circulant sous son nom ont été attribués dès l'Antiquité à un (hypothétique) autre Olympos, musicien phrygien du VIIIe-VIIe siècle.

de la modération, avec tous leurs contraires, et des autres dispositions «éthiques» (notre propre expérience le prouve avec évidence, car notre âme est bouleversée quand nous écoutons de tels accents); et l'habitude de ressentir de l'affliction ou de la joie à de telles ressemblances est proche de notre façon de sentir en présence de la vérité des choses (par exemple, si un homme se réjouit de contempler l'image de telle personne uniquement en raison de la beauté du modèle, il s'ensuit nécessairement que la vue de la personne même dont il contemple l'image sera aussi pour lui un plaisir). Or, c'est un fait que les objets sensibles autres que ceux de l'ouïe ne présentent aucune ressemblance avec les dispositions «éthiques», par exemple les | objets du toucher et du goût; les objets de la vue les imitent, mais faiblement (car il y a des formes qui possèdent ce pouvoir, mais sur une petite échelle, et tout le monde ne participe pas à des sensations visuelles de cette espèce. Ajoutons que ces objets ne ressemblent pas aux dispositions «éthiques» elles-mêmes, mais les formes et les couleurs créées par l'artiste sont plutôt des signes de ces dispositions, signes qui sont l'expression corporelle des émotions. Néanmoins, dans la mesure où il existe une différence dans la contemplation de ces signes, les jeunes gens doivent contempler, non pas les œuvres de Pauson, mais celles de Polygnote[1], ou de tout autre peintre ou sculpteur, le cas échéant, qui a représenté de nobles sentiments[2]); en revanche,

---

1. «Polygnote peignait les hommes en plus beau, Pauson en moins beau.» (Aristote, *Poétique*, 2, 1448a5).

2. Litt. : peintre ou sculpteur «éthique». Ce qui signifie d'abord : habile à rendre les caractères, par opposition à ceux qui savent exprimer les actions par exemple (*cf.* Aristote, *Poétique*, 6, 1450a26 *sq.*); mais le présent passage indique vraisemblablement qu'il s'agit aussi d'exprimer des caractères *nobles*.

les mélodies renferment en elles-mêmes des imitations des dispositions « éthiques » (c'est là un fait évident, | car, dès 40 l'origine, les harmonies diffèrent essentiellement l'une de l'autre, de sorte que les auditeurs en sont affectés différemment et ne sont pas dans les mêmes sentiments à l'égard de chacune d'elles : pour certaines, c'est dans une disposition plus triste | et plus grave qu'on les écoute, celle qu'on appelle 1340b mixolydienne par exemple ; pour d'autres, au contraire, c'est dans un état d'esprit plus amollissant, comme pour les harmonies relâchées[1] ; une autre, enfin, plonge l'âme dans un état moyen et lui donne son maximum de stabilité, comme, seule de toutes les harmonies, semble faire la dorienne, tandis que la phrygienne rend les auditeurs enthousiastes. Tous ces points ont été soigneusement traités par les auteurs qui ont étudié à fond cette forme d'éducation[2], car ils apportent en faveur de leurs théories l'appui des faits eux-mêmes). Les mêmes distinctions s'appliquent encore en ce qui concerne les rythmes (certains ont un caractère plus mesuré, et d'autres un caractère agité, et parmi ces derniers, les uns ont des | mouvements plus vulgaires, et les autres des mouvements 10 plus dignes d'un homme libre). Ces considérations montrent clairement que la musique a le pouvoir d'exercer une certaine influence sur le caractère de l'âme, et, si elle est capable de le faire, il est évident qu'on doit diriger les jeunes gens vers cet art et leur donner une éducation musicale. L'enseignement de la musique s'adapte d'ailleurs parfaitement à la nature de la jeunesse : les jeunes gens, en effet, en raison de leur âge, ne

1. Terme technique désignant des harmonies « dont les intervalles s'affaissent à l'appel attractif du mouvement descendant » (J. Chailley), par opposition aux harmonies « tendues » (voir plus loin).

2. Notamment Platon (*République*, III, 398 c *sq.*).

supportent jamais volontiers ce qui n'a aucun agrément, et la musique est par nature au nombre des choses agréables en elles-mêmes. Et il semble y avoir en nous une sorte d'affinité avec les harmonies et les rythmes : c'est ce qui fait qu'un grand nombre de sages prétendent, les uns que l'âme est une harmonie, et les autres qu'elle renferme une harmonie [1].

6 <Musique professionnelle. Les instruments de musique.>

20 | Autre question : les enfants doivent-ils ou non apprendre la musique en chantant et en jouant eux-mêmes ? C'est un problème que nous avons posé antérieurement et que nous devons maintenant trancher. Il n'est pas douteux qu'il existe une différence considérable dans l'acquisition de telle ou telle disposition, selon qu'on a pris personnellement part ou non aux actions qu'elle implique. C'est, en effet, une chose impossible, ou du moins difficile, de devenir bon juge des actions auxquelles on n'a pas soi-même coopéré. Et en même temps aussi, il est bon que les enfants aient quelque chose à faire, et on doit estimer une heureuse invention la crécelle d'Archytas [2] qu'on donne aux enfants en bas âge pour les occuper et les empêcher de rien casser à la maison, car la jeunesse est incapa-
30 ble de se tenir en repos. Une crécelle est donc | une occupation convenable pour de tout jeunes enfants, et l'éducation est une crécelle pour les enfants plus âgés. Qu'ainsi donc il faille donner une éducation musicale d'un caractère tel que la pratique de cet art soit familière aux enfants, cela résulte manifestement de considérations de ce genre.

1. On estime généralement qu'Aristote fait allusion ici aux Pythagoriciens (*cf.* Platon, *Phédon*, 86c), puis à Platon (en *Phéd.*, 93e, c'est la vertu qui est harmonie).
2. Philosophe pythagoricien contemporain de Platon.

La question de savoir ce qui convient et ce qui ne convient pas aux différents âges n'est pas difficile à déterminer, pas plus qu'il n'est difficile de réfuter ceux qui prétendent que la pratique de la musique est chose sordide. Tout d'abord, en effet, puisque pour porter un jugement sur tel ou tel genre d'activité il faut y être versé soi-même, pour cette raison les enfants, tant qu'ils sont jeunes, doivent pratiquer eux-mêmes les activités en question, quitte à y renoncer une fois devenus plus âgés; ils doivent être capables de juger de ce qui est beau et d'y trouver un plaisir de bon aloi, grâce à l'étude à laquelle ils se sont livrés dans leur jeunesse. | D'autre part, en ce qui 40 concerne le reproche, adressé par certains à la musique, de rendre vulgaires ceux qui la pratiquent, il est facile d'y répondre si on examine à la fois jusqu'à quel point cet art doit être pratiqué par des enfants formés par leur éducation à la vertu | du citoyen, quelles mélodies et quels rythmes ils **1341a** emploieront, et en outre quelles espèces d'instruments feront l'objet de leur étude, car même ce dernier point a vraisemblablement son importance. La solution de l'objection réside, en effet, dans la réponse à ces diverses questions, car il peut fort bien se faire que certaines formes de musique entraînent le fâcheux résultat dont on a parlé. On voit donc clairement que l'étude de la musique ne doit pas être un obstacle aux activités qui interviendront dans la suite, ni dégrader le corps et le rendre impropre à l'exercice de la vie militaire et de la vie de citoyen, qu'il s'agisse de la pratique immédiate de ces travaux ou des études qu'on entreprendra plus tard. On parviendra à répondre à ces | exigences à propos de la musique si les élèves 10 ne consacrent pas leurs efforts aux exercices préparant aux compétitions entre professionnels, ni à ces performances sensationnelles et extraordinaires qui sont aujourd'hui de mode dans les concours, et qui des concours ont passé dans l'éducation, mais si, au contraire, ils s'appliquent au genre de musique que nous avons recommandé, et encore est-ce seulement jusqu'au point précis où ils sont capables de trouver leur plaisir dans de belles mélodies et de beaux rythmes et non uniquement dans la musique banale à laquelle sont sensibles même certains animaux, aussi bien qu'une foule d'esclaves et d'enfants.

Ces considérations montrent aussi de quels instruments on doit se servir. Il ne faut introduire dans l'éducation ni aulos[1] ni quelque autre instrument à caractère professionnel, tel que
20 cithare ou tout autre de ce genre, mais | on fera seulement emploi de ces instruments qui formeront de bons auditeurs soit pour l'enseignement musical soit même pour d'autres parties de l'éducation[2]. En outre, l'aulos n'est pas un instrument « éthique »[3], mais il a plutôt un caractère orgiastique, de sorte

1. La traduction habituelle par *flûte* est à la fois inexacte (l'aulos est un instrument à anches, comparable à notre hautbois) et particulièrement mal venue dans ces deux derniers chapitres vu la sévérité des jugements émis à son encontre : pour les modernes, la flûte est associée à une certaine douceur élégiaque, alors que l'instrument grec, comme on voit dans la suite, émet un son perçant associé aux fureurs orgiastiques.

2. Si l'on exclut les deux principales familles d'instruments des Grecs, celle de l'aulos et celle de la cithare, et si l'on refuse en outre les instruments mentionnés un peu plus loin, on se demande ce qui reste. Il faut sans doute aussi rayer de la liste les vents (trompettes droite et courbe, syrinx), qui ont le même *inconvénient* que celui qui est indiqué juste après pour l'aulos, ainsi que les percussions, qui ne permettent pas de réaliser les « harmonies » dont il va être question. Resteraient alors la lyre, ou la petite cithare (distincte de la grande cithare de concert), si elles ne sont pas comprises dans la formule « ou tout autre de ce genre ». Curieusement, les *Problèmes* pseudo-aristotéliciens affirment que l'aulos est plus agréable que la lyre (XIX, 922 a3).

3. Le sens que prend ici l'adjectif *êthikon* est controversé. Aristote ne peut vouloir dire que l'aulos n'a aucun effet sur les mœurs, puisqu'il sert à la purgation. Cette purgation, quelle que soit l'interprétation qu'on en donne, est

qu'on ne doit l'employer que dans ces occasions où le spectacle tend plutôt à la purgation qu'à notre instruction. Ajoutons que l'aulos possède, en fait, un inconvénient en complète opposition avec sa valeur éducative : c'est l'impossibilité de se servir de la parole quand on en joue. Aussi est-ce à bon droit que nos pères en ont interdit l'usage aux jeunes gens et aux hommes libres, quoiqu'ils s'en soient servis tout d'abord. Ayant acquis, en effet, plus de loisir grâce à leurs richesses, et leur âme se portant plus généreusement à la vertu, | exaltés en outre par leurs exploits avant comme après les 30 guerres Médiques, ils s'adonnaient à toutes sortes d'études sans aucun discernement mais toujours en quête de nouvelles connaissances. C'est la raison pour laquelle ils firent entrer l'art de l'aulos dans les programmes d'éducation. À Lacédémone, en effet, on vit un chorège mener lui-même le chœur au son de l'aulos, et à Athènes l'aulos se répandit à tel point que la grande majorité des hommes libres, pour ainsi dire, y étaient versés, comme on peut le constater par la tablette qu'érigea Thrasippe après avoir fait les frais d'un chœur pour

considérée par l'auteur comme une action positive, comparée dans le chap. 7 à une cure médicale ; l'instrument de cette purgation n'est donc pas en soi immoral, « non éthique ». Cette immoralité éventuelle ne semble pas ici l'essentiel : la fin de la phrase (l'allusion à l'instruction, *mathèsis*), tout comme la tripartition des mélodies du chapitre 7 en *éthiques*, *pratiques* (ou actives) et *exaltantes*, invitent à comprendre ici *êthikon* au sens neutre ou descriptif : l'aulos peut être utile pour les deux derniers types de musique, mais est impuissant à *représenter les caractères*, à imiter correctement tel ou tel caractère. – Le mot *orgiastique* peut prêter à confusion : l'*orgie* renvoie d'abord à l'idée de possession divine, d'une âme hors d'elle-même, ce qui explique qu'Aristote puisse dire en 1342 a10 que les chants sacrés produisent un *rétablissement* de l'état normal.

Ecphantide[1]. Mais plus tard on désapprouva l'usage de l'aulos, l'expérience en ayant révélé les dangers, quand les hommes furent capables de mieux discerner ce qui porte et ce qui ne porte pas à la vertu ; pour la même raison, on condamna aussi un grand nombre d'instruments dont on se servait jadis,
40 | tels que pectis, barbitons[2], et les instruments tendant à donner du plaisir aux auditeurs d'artistes de profession, heptagones,
1341b trigones, sambuques[3] et | tous autres requérant une grande dextérité manuelle. Et il y a un fondement rationnel dans la légende rapportée par les Anciens à propos de l'aulos : on raconte qu'Athéna, après avoir inventé l'aulos, le rejeta ; un trait de cette histoire qui n'est pas sans intérêt, c'est que la déesse aurait accompli ce geste de dépit à cause des contorsions que l'aulos imprime au visage ; cependant une raison plus vraisemblable, c'est que la valeur éducative de l'art de l'aulos est de nul effet sur l'intelligence, alors que c'est à Athéna que nous faisons remonter la science et l'art.

Ainsi donc, en fait d'instrumentation et d'exécution
10 musicale, nous rejetons l'éducation professionnelle | (et par professionnelle nous entendons celle qui est orientée vers les compétitions, car, dans cette éducation, l'élève ne cultive pas l'art musical en vue de son propre perfectionnement, mais pour le plaisir des auditeurs, et plaisir de bas étage. C'est pourquoi nous estimons que l'exécution d'une pareille musique est indigne de l'homme libre et qu'elle convient plutôt à

1. Il faut comprendre : d'après la tablette commémorant une victoire du poète comique Ecphantide à un concours, Thrasippe, citoyen d'Athènes et donc homme libre, a joué de l'aulos lors de cette représentation dont il avait fait les frais.

2. Instruments à cordes : le premier est du genre harpe, à 20 cordes ; le second, une sorte de lyre à bras minces et allongés.

3. Instruments à cordes de la famille de la harpe.

des mercenaires; le résultat dès lors est que les exécutants deviennent de vulgaires artisans, puisque le but en vue duquel ils choisissent leur fin n'a rien que de vil. En effet, le spectateur quand il est grossier, déteint d'ordinaire sur le caractère même de la musique, au point que les artistes eux-mêmes qui s'y exercent pour lui plaire, contractent par sa faute un certain mauvais pli, même dans leur corps à cause des mouvements qu'il accomplit).

7 <L'emploi des harmonies.>

Nous devons aussi porter quelque attention à la fois aux harmonies et aux rythmes, | ainsi qu'à leur emploi dans 20 l'éducation. Faut-il se servir de toutes les harmonies et de tous les rythmes, ou convient-il de faire une distinction? Ensuite, à l'égard des personnes qui s'appliquent à cultiver la musique en vue de l'éducation, établirons-nous la même distinction, ou devrons-nous envisager quelque troisième solution (étant donné que nous constatons que la musique a pour facteurs le chant et le rythme, et qu'il ne faut pas oublier de marquer quelle influence chacun d'eux exerce sur l'éducation)? Enfin doit-on préférer, dans la musique, la bonne mélodie plutôt que le bon rythme? Quoi qu'il en soit, estimant qu'en ces matières une foule de points ont été excellemment traités par certains musiciens modernes ainsi que par ces auteurs en provenance des milieux philosophiques qui se trouvent posséder une vaste expérience de l'éducation musicale [1], | nous renverrons à leurs 30 ouvrages, pour la discussion approfondie de chacun de ces points, tous ceux qui désirent obtenir d'eux des renseignements. Mais pour le moment, bornons-nous à des explications

---

1. Platon, entre autres, est sans doute de nouveau visé ici.

d'ordre général, en indiquant seulement les grandes lignes des matières que nous traitons.

Nous acceptons la division des mélodies, proposée par certains auteurs versés dans la philosophie, en mélodies « éthiques »[1], mélodies « actives » et mélodies « exaltantes »[2], et, d'après eux, les harmonies sont naturellement appropriées à chacune de ces mélodies, une harmonie répondant à une sorte de mélodie, et un autre à une autre ; mais nous disons, de notre côté, que la musique doit être pratiquée non pas en vue d'un seul avantage mais de plusieurs (car elle a en vue l'éducation et la purgation, – Qu'entendons-nous par la purgation ? Pour le moment nous prenons ce terme en son sens 40 général mais nous en reparlerons | plus clairement dans notre *Poétique*[3] – en troisième lieu elle sert à la vie de loisir noblement menée[4], et enfin elle est utile à la détente et au délasse-1342a ment après un effort soutenu) : dans ces | conditions, on voit que nous devons nous servir de toutes les harmonies, mais que nous ne devons pas les employer toutes de la même manière : dans l'éducation nous utiliserons les harmonies les plus « éthiques », et quand il s'agira d'écouter la musique exécutée par d'autres nous pourrons admettre les « actives » et les « exaltantes » (car l'émotion qui se présente dans certaines âmes avec énergie, se rencontre en toutes, mais avec des

---

1. Voir *supra*, note 3, p. 86.

2. Litt. : « provoquant l'enthousiasme, la possession divine ». – Cette division évoque les trois objets qu'Aristote lui-même propose pour les arts d'imitation en général dans la *Poét.*, 1, 1447a28.

3. La *Poétique* n'aborde la question que de façon sommaire (6, 1449 b28) ; peut-être cet ouvrage en traitait-il de façon plus complète dans les parties manquantes. En fait, les lignes qui suivent nous en apprennent davantage sur cette notion si souvent commentée.

4. *Diagôgê*, comme *supra*, note 1, p. 78.

degrés différents d'intensité : ainsi, la pitié et la crainte, en y ajoutant l'exaltation divine, car certaines gens sont possédés par cette forme d'agitation ; cependant, sous l'influence des mélodies sacrées, nous voyons ces mêmes personnes, quand elles ont eu recours aux | mélodies qui transportent l'âme hors 10 d'elle-même, remises d'aplomb comme si elles avaient pris un remède et une purgation. C'est à ce même traitement dès lors que doivent être nécessairement soumis à la fois ceux qui sont enclins à la pitié et ceux qui sont enclins à la terreur, et tous les autres qui, d'une façon générale, sont sous l'empire d'une émotion quelconque pour autant qu'il y a en chacun d'eux tendance à de telles émotions, et pour tous il se produit une certaine purgation et un allégement accompagné de plaisir. Or c'est de la même façon aussi que les mélodies purgatrices procurent à l'homme une joie inoffensive). Aussi est-ce par le maniement de telles harmonies et de telles mélodies qu'on doit caractériser ceux qui exécutent de la musique théâtrale dans les compétitions. (Et puisqu'il y a deux classes de spectateurs, l'une comprenant les hommes libres et de bonne éducation, et l'autre, | la classe des gens grossiers, composée d'artisans, 20 d'ouvriers et autres individus de ce genre, il faut aussi mettre à portée de pareilles gens des compétitions et des spectacles en vue de leur délassement ; et, de même que leurs âmes sont faussées et détournées de leur état naturel, ainsi pour les harmonies et les mélodies les échelles tendues et les colorations irrégulières[1] sont aussi des déviations ; mais chaque catégorie de gens trouve son plaisir dans ce qui est approprié à sa nature, et par suite on accordera aux musiciens profession-

---

1. Les harmonies « tendues » sont des échelles dont les intervalles montants s'élargissent ; les « colorations » sont des nuances résultant de légères modifications des intervalles d'une harmonie.

nels, en présence d'un auditoire aussi vulgaire, la liberté de
faire usage d'un genre de musique d'une égale vulgarité). Mais
en ce qui regarde l'éducation, comme nous l'avons dit, on
doit employer parmi les mélodies celles qui ont un caractère
30 « éthique » et les harmonies de même nature. Or telle | est
précisément la dorienne, ainsi que nous l'avons indiqué plus
haut. Mais nous devons aussi accepter toute autre harmonie
pouvant nous être recommandée par ceux qui participent à
la vie philosophique et auxquels les questions d'éducation
musicale sont familières. Mais le Socrate de la *République* a
tort de ne laisser subsister que la phrygienne avec la dorienne,
1342b et cela alors qu'il a rejeté | l'aulos du nombre des instruments :
car la phrygienne exerce parmi les harmonies exactement
la même influence que l'aulos parmi les instruments : l'un et
l'autre sont orgiastiques et passionnels. La poésie en apporte la
preuve : tout transport dionysiaque et toute agitation analogue
trouvent leur traduction dans l'aulos plus que dans tout autre
instrument, et, parmi les harmonies, c'est dans les mélodies
phrygiennes qu'ils reçoivent l'expression qui leur convient.
Le dithyrambe, par exemple, est, de l'avis de tous, de caractère
phrygien, et les connaisseurs en cette matière apportent une
foule d'exemples pour le prouver, et entre autres ce fait que
Philoxène, ayant tenté de composer un dithyrambe, *les*
10 *Mysiens*, dans | l'harmonie dorienne, ne pouvait y arriver, et,
par la pente naturelle des choses, retomba dans la seule
harmonie qui convînt, la phrygienne. Pour en revenir à
l'harmonie dorienne, tout le monde admet qu'elle est la plus
stable et qui exprime le mieux un caractère viril. De plus,
puisque nous donnons toujours notre approbation à ce qui tient
le milieu entre les extrêmes, et que nous déclarons que c'est ce
milieu que nous devons poursuivre et que, d'autre part, la
dorienne occupe cette position naturelle par rapport aux

autres harmonies, il est manifeste que les mélodies doriennes conviennent de préférence à l'éducation des jeunes gens.

Mais il y a deux objets qu'il faut toujours avoir en vue : le possible aussi bien que le convenable. Et, en effet, chaque groupe d'individus doit entreprendre de préférence autant les choses qui rentrent dans ses possibilités que celles qui lui conviennent. | Et même en ce domaine, des déterminations 20 selon les âges peuvent intervenir : par exemple, pour ceux dont les forces ont décliné par l'effet du temps il est difficile de chanter selon les harmonies tendues, mais aux personnes de cet âge la nature elle-même suggère les relâchées. C'est pourquoi certains experts musicaux reprochent justement à Socrate d'avoir désapprouvé l'usage des harmonies relâchées dans l'éducation, sous prétexte que leurs caractères sont ceux de l'ivresse, non pas qu'ils produisent les effets de l'ivresse (car l'ivresse rend plutôt enclin aux fureurs dionysiaques), mais parce qu'ils sont au contraire dépourvus de toute énergie. Par conséquent, ne serait-ce qu'en vue de la période de vie qui doit suivre, celle où l'on commence à prendre de l'âge, il est bon que les jeunes gens s'adonnent aussi aux harmonies de cette dernière espèce, ainsi qu'aux mélodies du même genre. En outre, | on s'attachera à toute autre harmonie similaire 30 convenant à l'âge des enfants, pour la raison qu'il peut présenter à la fois des qualités d'ordre et d'éducation : tel paraît être, par-dessus toutes les autres harmonies, le cas de la lydienne. Il est clair que nous devons nous appuyer sur ces trois normes pour mener à bien l'éducation : à la fois le juste milieu, le possible et le convenable.

JEAN-JACQUES ROUSSEAU
(1712-1778)

ESSAI SUR L'ORIGINE DES LANGUES

Présentation

L'*Essai sur l'origine des langues* n'a été publié qu'en 1781, trois ans après la mort de l'auteur. Ce dernier en avait néanmoins achevé le manuscrit en 1761, ce qui autorise à lui en attribuer la pleine responsabilité. La rédaction a dû commencer une petite dizaine d'années plus tôt, soit à peu près en même temps que celle du second *Discours* (paru en 1755). Ces dates ont leur importance, car c'est à cette époque que Rousseau opère un tournant décisif dans ses jugements musicaux. Dans une lettre de 1745, il prenait encore nettement le parti de l'opéra français, et notamment de Rameau, contre l'opéra italien[1]. Mais à partir de 1752, il défend de plus en plus violemment la thèse adverse et s'en prend régulièrement au

---

1. Manuscrit sans titre et non publié, appelé « Lettre sur l'opéra italien et français » dans l'édition des *Œuvres complètes*, « Bibliothèque de la Pléiade », t. V, 1995, p. 249-257. Deux écrits sur la musique ont précédé cette lettre, mais ils se bornent à exposer et à défendre le nouveau système de notation proposé par Rousseau.

même Rameau. Ce revirement se lit d'abord dans une *Lettre à Grimm* de 1752, mais ce sont deux *Lettres* de 1753 qui ont imposé Rousseau dans ce débat et ravivé la polémique : la *Lettre d'un symphoniste* et surtout la retentissante *Lettre sur la musique française*[1] (la Querelle dite « des Bouffons » qui oppose les deux clans, pour des motifs aussi politiques qu'esthétiques, se situe en 1752). La polémique enfle entre les deux hommes, et Rousseau restera jusqu'à la fin l'adversaire déclaré de la musique française, de l'opéra français plus spécialement[2].

Le sous-titre de l'*Essai* révèle la véritable préoccupation de l'auteur : « Où il est parlé de la mélodie et de l'imitation musicale ». Sur 20 chapitres, les 11 premiers traitent des langues, les suivants, sauf le dernier, de musique ; mais c'est bien celle-ci qui constitue le motif initial et le sujet véritable de la réflexion. Le lien entre les deux apparaît dès le début, et encore ici dans le chap. 12 : par opposition au geste qui vise à la satisfaction des besoins physiques, la voix a affaire aux besoins moraux ; elle a pour fonction d'émouvoir, d'enflammer les passions, et « les premières langues furent chantantes et passionnées » (chap. 2), indistinctement paroles et musique donc. Cette fonction sert de critère à Rousseau dans tous ses écrits : la bonne musique sera toujours celle qui sait émouvoir, toucher. Critère qui figurait déjà dans la Lettre de 1745 (« la musique italienne me plaît souverainement mais elle ne me touche point »), mais dont le point d'application change : alors

---

1. Successivement, *Œuvres complètes*, V, p. 261-274 ; p. 275-285 ; p. 287-328.

2. La dernière œuvre majeure de Rousseau dans le domaine musical, le *Dictionnaire de musique*, paraît en 1767.

que dans un premier temps l'auteur se disait touché par le
« naturel » [1] et la variété de l'opéra français, il relève désormais
que la capacité à toucher repose en réalité sur l'imitation
des accents de la langue, des inflexions de la voix, qui seules
expriment les passions. D'où une double conséquence :
1. la priorité accordée à la mélodie et à l'unité de mélodie [2],
par opposition aux autres moyens de la musique que sont
l'harmonie, la pluralité simultanée des voix ou parties, les
timbres ; 2. la supériorité de la musique italienne, en raison du
caractère naturellement chantant et accentué de la langue
italienne, dont les inflexions servent de modèles aux musiciens ; la langue française ayant peu d'accents et beaucoup de
syllabes muettes, sourdes et nasales, elle pousse les compositeurs à compenser ces handicaps par les artifices de
l'harmonie, la multiplication des parties et la richesse de
l'instrumentation [3].

1. Rousseau aperçoit notamment ce naturel – c'est à peine un paradoxe –
dans le *merveilleux*, lequel autorise le chant mieux que les sujets historiques et
donc plus « réalistes » de l'opéra italien. Il loue aussi, dans l'opéra français, la
force des chœurs, la variété des timbres de l'orchestre, et même l'harmonie. À
la musique italienne, il reconnaît une perfection dans la combinaison des sons,
un brillant dans les voix et instruments, mais ce brillant est artificiel : les airs
sont stéréotypés, interchangeables, et chargés d'une virtuosité destinée à mettre
en valeur les voix et les instruments, le récitatif est monotone.

2. Un long article du *Dictionnaire* lui est consacré : « L'*unité de mélodie*
exige qu'on n'entende jamais deux mélodies à la fois, mais non pas que la
mélodie ne passe jamais d'une partie à l'autre. » Pour toucher, soutenir l'intérêt
et l'attention, il faut que la musique « chante » ; s'il y a plusieurs chants en même
temps, ils se détruisent. L'harmonie doit « concourir » à cette unité, non
multiplier les parties chantantes. Rousseau vise notamment la polyphonie
religieuse et la complexité d'écriture de nombreux passages de Rameau.

3. Le débat sur les mérites comparés des musiques italienne et française
remonte au moins au début du siècle ; témoin la querelle entre F. Raguenet,

Cette doctrine, cohérente et clairement articulée, a entraîné Rousseau à prononcer d'étranges condamnations (toute la musique européenne à l'exception de l'italienne) et à méconnaître totalement la valeur de la musique instrumentale qui se développait au même moment[1]. Les répliques virulentes n'ont pas manqué, on l'a dit, dès la parution de la *Lettre sur la musique française*, et les commentaires malveillants n'ont pas cessé depuis, la plupart mettant en doute la compétence du philosophe ou de l'écrivain en matière musicale. Pour en juger équitablement, il convient de rappeler deux choses. D'abord que Rousseau a été un authentique musicien, à la fois théoricien et compositeur. Son système de notation a rencontré une certaine audience, et des prolongements imprévus jusqu'au XXᵉ siècle[2]; on lui a confié des travaux d'édition et de remaniement d'œuvres d'autrui (Rameau, Pergolèse); et ni sa collaboration à l'*Encyclopédie* ni la rédaction de son propre *Dictionnaire* ne peuvent être considérées comme des travaux d'amateur. Le compositeur, de son côté, ne s'est pas contenté d'écrire le trop fameux *Devin du village* de 1752 : plusieurs opéras ont précédé et suivi le *Devin* (il faut citer au moins les *Muses galantes* de 1745); on doit en outre à Rousseau un nombre non négligeable de cantates, romances et airs divers, sans compter plusieurs pièces religieuses d'une certaine

---

défenseur des Italiens dans son *Parallèle des Italiens et des Français en ce qui regarde la musique et les opéras* paru en 1702, et Lecerf de la Viéville, qui réplique avec sa *Comparaison de la musique Italienne et de la musique Française* en 1704.

1. Voir notre Introduction, p. 20.

2. Pour plus de précisions sur ce point méconnu, voir *Œuvres complètes*, V, p. LXVIII *sq*.

étendue. Le deuxième point relève de l'histoire de l'art : la doctrine de Rousseau a pesé lourd dans la destinée de la musique occidentale[1]. Contemporains et reflets d'une transformation du goût, ses écrits ont en retour grandement contribué à ce changement en donnant à la nouvelle sensibilité une expression forte et durable. L'esthétique de l'opéra classique français ne survit pas à Rameau (mort en 1764), et une simplification de l'écriture musicale, conforme aux vœux de Rousseau, s'impose peu à peu (J.-S. Bach meurt en 1750). Non que la musique s'appauvrisse et se réduise désormais aux mélodies accompagnées ; les compositeurs ne renoncent pas à leur métier, et au vu de la floraison qui a suivi, les prédictions de l'auteur du *Dictionnaire* sur la disparition prochaine de la sonate et de la symphonie[2] nous font sourire. Mais la réception ou le mode d'appréhension de la musique a changé, et après Rousseau on ne *parle* plus de la musique comme avant : « Presque deux siècles de "musique pour le cœur", presque deux siècles d'écoute individualiste et sentimentale... »[3] On regrette seulement que nombre d'héritiers de Rousseau écrivain et philosophe n'aient pas eu aussi la compétence du musicien.

---

1. C. Kintzler, Préface aux *Ecrits sur la musique* de J.-J. Rousseau, Paris, Stock, 1979, p. LIII.

2. *Dictionnaire*, article « Sonate ».

3. C. Kintzler, Préface aux *Ecrits sur la musique* de J.-J. Rousseau. – On trouvera plus loin, dans le texte de Hanslick, une critique sévère de ce type d'écoute (*cf.* p. 219, la note sur Heinse, auteur selon lequel la vraie musique est celle qui ne se remarque pas...).

ROUSSEAU

CHAPITRE XII

Origine de la musique

Avec les premières voix se formèrent les premières articulations ou les premiers sons, selon le genre de la passion qui dictait les uns ou les autres. La colère arrache des cris menaçants que la langue et le palais articulent; mais la voix de la tendresse est plus douce, c'est la glotte qui la modifie, et cette voix devient un son. Seulement les accents en sont plus fréquents ou plus rares, les inflexions plus ou moins aiguës selon le sentiment qui s'y joint. Ainsi la cadence et les sons naissent avec les syllabes, la passion fait parler tous les organes, et pare la voix de tout leur éclat : ainsi les vers, les chants, la parole ont une origine commune. Autour des fontaines dont j'ai parlé les premiers discours furent les premières chansons : les retours périodiques et mesurés du rythme, les inflexions mélodieuses des accents firent naître la poésie et la musique avec la langue, ou plutôt tout cela n'était que la langue même pour ces heureux climats et ces heureux temps où les seuls besoins pressants qui demandaient le concours d'autrui étaient ceux que le cœur faisait naître.

Les premières histoires, les premières harangues, les premières lois furent en vers; la poésie fut trouvée avant la prose, cela devait être, puisque les passions parlèrent avant la raison. Il en fut de même de la musique; il n'y eut point d'abord d'autre musique que la mélodie, ni d'autre mélodie que le son varié de la parole, les accents formaient le chant, les quantités formaient la mesure, et l'on parlait autant par les sons et par le rythme que par les articulations et les voix. Dire et chanter était autrefois la même chose dit Strabon; ce qui

montre, ajoute-t-il, que la poésie est la source de l'éloquence [1].
Il fallait dire que l'une et l'autre eurent la même source et ne
furent d'abord que la même chose. Sur la manière dont se
lièrent les premières sociétés était-il étonnant qu'on mît en
vers les premières histoires et qu'on chantât les premières
lois ? Était-il étonnant que les premiers grammairiens
soumissent leur art à la musique et fussent à la fois professeurs
de l'un et de l'autre [2] ?

Une langue qui n'a que des articulations et des voix n'a
donc que la moitié de sa richesse ; elle rend des idées, il est vrai,
mais pour rendre des sentiments, des images, il lui faut encore
un rythme et des sons, c'est-à-dire une mélodie : voilà ce
qu'avait la langue grecque, et ce qui manque à la nôtre.

Nous sommes toujours dans l'étonnement sur les effets
prodigieux de l'éloquence, de la poésie et de la musique parmi
les Grecs, ces effets ne s'arrangent point dans nos têtes, parce
que nous n'en éprouvons plus de pareils, et tout ce que nous
pouvons gagner sur nous en les voyant si bien attestés est
de faire semblant de les croire par complaisance pour nos

---

1. *Géographie*, I. (Note de Rousseau) [Rousseau se réfère plus précisément
à I, 2, 6].

2. « ... Archytas et Evenus (*Aristoxène* dans la citation de Rousseau) ont
même considéré la grammaire comme subordonnée à la musique, et les mêmes
maîtres ont enseigné les deux disciplines ; nous le savons... également par
Eupolis, qui représente Prodamus enseignant à la fois la musique et les lettres ;
et Maricas, lui, qui n'est autre qu'Hyperbolus, avoue que, de la musique, il ne
sait que les signes. » (Quintilien, *Institution oratoire*, I, 10). (Note de Rousseau)
[Rousseau cite le latin sans le traduire. Nous avons reproduit la trad. de
J. Cousin, Paris, Les Belles Lettres, 1975, I, 10, 17-18 ; le texte latin de cette
édition diffère légèrement de celui de Rousseau. Eupolis est un auteur de
comédies ; *Maricas* est l'une de ses pièces, dirigée contre l'orateur Hyperbolos
(*cf.* Aristophane, *Les Nuées*, 551 *sq.*)].

savants[1]. Burette[2] ayant traduit comme il put en notes de notre musique certains morceaux de musique grecque, eut la simplicité de faire exécuter ces morceaux à l'Académie des Belles-Lettres, et les Académiciens eurent la patience de les écouter. J'admire cette expérience dans un pays dont la musique est indéchiffrable pour toute autre nation. Donnez un monologue d'opéra français à exécuter par tels musiciens étrangers qu'il vous plaira, je vous défie d'y rien reconnaître. Ce sont pourtant ces mêmes Français qui prétendaient juger la mélodie d'une Ode de Pindare mise en musique il y a deux mille ans !

J'ai lu qu'autrefois en Amérique les Indiens voyant l'effet étonnant des armes à feu ramassaient à terre des balles de mousquet ; puis les jetant avec la main en faisant un grand bruit de la bouche, ils étaient tout surpris de n'avoir tué personne. Nos orateurs, nos musiciens, nos savants ressemblent à ces Indiens. Le prodige n'est pas qu'avec notre musique nous ne

---

1. Sans doute il faut faire en toute chose déduction de l'exagération grecque, mais c'est aussi trop donner au préjugé moderne que de pousser ces déductions jusqu'à faire évanouir toutes les différences. « Quand la musique des Grecs, dit l'abbé Terrasson, du temps d'Amphion ou d'Orphée, en était au point où elle est aujourd'hui dans les villes les plus éloignées de la capitale, c'est alors qu'elle suspendait le cours des fleuves, qu'elle attirait les chênes, et qu'elle faisait mouvoir les roches. Aujourd'hui qu'elle est arrivée à un très haut point de perfection, on l'aime beaucoup, on en pénètre même les beautés, mais elle laisse tout à sa place. Il en a été ainsi des vers d'Homère, poète né dans les temps qui se ressentaient encore de l'enfance de l'esprit humain, en comparaison de ceux qui l'ont suivi. On s'est extasié sur ses vers, et l'on se contente aujourd'hui de goûter et d'estimer ceux des bons poètes. » On ne peut nier que l'abbé Terrasson n'eût quelquefois de la philosophie, mais ce n'est sûrement pas dans ce passage qu'il en montre. (Note de Rousseau)

2. Pierre Jean Burette (1665-1747), musicien, médecin et historien de l'Antiquité.

fassions plus ce que faisaient les Grecs avec la leur, il serait, au contraire, qu'avec des instruments si différents on produisît les mêmes effets.

CHAPITRE XIII

De la mélodie

L'homme est modifié par ses sens, personne n'en doute; mais faute de distinguer les modifications nous en confondons les causes; nous donnons trop et trop peu d'empire aux sensations; nous ne voyons pas que souvent elles ne nous affectent point seulement comme sensations mais comme signes ou images, et que leurs effets moraux ont aussi des causes morales. Comme les sentiments qu'excite en nous la peinture ne viennent point des couleurs, l'empire que la musique a sur nos âmes n'est point l'ouvrage des sons. De belles couleurs bien nuancées plaisent à la vue, mais ce plaisir est purement de sensation. C'est le dessin, c'est l'imitation qui donne à ces couleurs de la vie et de l'âme, ce sont les passions qu'elles expriment qui viennent émouvoir les nôtres, ce sont les objets qu'elles représentent qui viennent nous affecter. L'intérêt et le sentiment ne tiennent point aux couleurs; les traits d'un tableau touchant nous touchent encore dans une estampe; ôtez ces traits dans le tableau, les couleurs ne feront plus rien.

La mélodie fait précisément dans la musique ce que fait le dessin dans la peinture; c'est elle qui marque les traits et les figures dont les accords et les sons ne sont que les couleurs; mais dira-t-on la mélodie n'est qu'une succession de sons; sans doute; mais le dessin n'est aussi qu'un arrangement de couleurs. Un orateur se sert d'encre pour tracer ses écrits; est-ce à dire que l'encre soit une liqueur fort éloquente?

Supposez un pays où l'on n'aurait aucune idée du dessin, mais où beaucoup de gens passant leur vie à combiner, mêler, nuer[1] des couleurs croiraient exceller en peinture ; ces gens-là raisonneraient de la nôtre précisément comme nous raisonnons de la musique des Grecs. Quand on leur parlerait de l'émotion que nous causent de beaux tableaux et du charme de s'attendrir devant un sujet pathétique, leurs savants approfondiraient aussitôt la matière, compareraient leurs couleurs aux nôtres, examineraient si notre vert est plus tendre ou notre rouge plus éclatant ; ils chercheraient quels accords de couleurs peuvent faire pleurer, quels autres peuvent mettre en colère. Les Burettes de ce pays-là rassembleraient sur des guenilles quelques lambeaux défigurés de nos tableaux ; puis on se demanderait avec surprise ce qu'il y a de si merveilleux dans ce coloris.

Que si dans quelque nation voisine on commençait à former quelque trait, quelque ébauche de dessin, quelque figure encore imparfaite, tout cela passerait pour du barbouillage, pour une peinture capricieuse et baroque, et l'on s'en tiendrait, pour conserver le goût, à ce beau simple, qui véritablement n'exprime rien, mais qui fait briller de belles nuances, de grandes plaques bien colorées, de longues dégradations de teintes sans aucun trait.

Enfin peut-être à force de progrès on viendrait à l'expérience du prisme. Aussitôt quelque artiste célèbre établirait là-dessus un beau système. Messieurs, leur dirait-il, pour bien philosopher il faut remonter aux causes physiques. Voilà la décomposition de la lumière, voilà toutes les couleurs

---

1. Terme de tapisserie et de peinture : unir harmonieusement les couleurs, nuancer.

primitives, voilà leurs rapports, leurs proportions, voilà les vrais principes du plaisir que vous fait la peinture. Tous ces mots mystérieux de dessin, de représentation, de figure sont une pure charlatanerie des peintres français, qui par leurs imitations pensent donner je ne sais quels mouvements à l'âme, tandis qu'on sait qu'il n'y a que des sensations. On vous dit des merveilles de leurs tableaux, mais voyez mes teintes.

Les peintres français, continuerait-il, ont peut-être observé l'arc-en-ciel; ils ont pu recevoir de la nature quelque goût de nuance et quelque instinct de coloris. Moi, je vous ai montré les grands, les vrais principes de l'art. Que dis-je, de l'art? De tous les arts, Messieurs, de toutes les sciences. L'analyse des couleurs, le calcul des réfractions du prisme vous donnent les seuls rapports exacts qui soient dans la nature, la règle de tous les rapports. Or tout dans l'univers n'est que rapport. On sait donc tout quand on sait peindre, on sait tout quand on sait assortir des couleurs [1].

Que dirions-nous du peintre assez dépourvu de sentiment et de goût pour raisonner de la sorte et borner stupidement au physique de son art le plaisir que nous fait la peinture? Que dirions-nous du musicien qui, plein de préjugés semblables croirait voir dans la seule harmonie la source des grands effets de la musique? Nous enverrions le premier mettre en couleur des boiseries, et nous condamnerions l'autre à faire des opéras français.

Comme donc la peinture n'est pas l'art de combiner des couleurs d'une manière agréable à la vue, la musique n'est pas

---

1. Cette longue comparaison ironique avec une peinture qui ignorerait le dessin et ferait tout reposer sur l'analyse physique de la lumière vise la théorie harmonique de Rameau, fondée sur l'expérience physique du corps sonore (voir plus loin chap. XIV, 3e §).

non plus l'art de combiner des sons d'une manière agréable à l'oreille[1]. S'il n'y avait que cela, l'une et l'autre seraient au nombre des sciences naturelles et non pas des beaux-arts. C'est l'imitation seule qui les élève à ce rang. Or qu'est-ce qui fait de la peinture un art d'imitation ? C'est le dessin. Qu'est-ce qui de la musique en fait un autre ? C'est la mélodie.

CHAPITRE XIV

De l'harmonie

La beauté des sons est de la nature ; leur effet est purement physique, il résulte du concours des diverses particules d'air mises en mouvement par le corps sonore, et par toutes ses aliquotes, peut-être à l'infini ; le tout ensemble donne une sensation agréable : tous les hommes de l'univers prendront plaisir à écouter de beaux sons ; mais si ce plaisir n'est animé par des inflexions mélodieuses qui leur soient familières il ne sera point délicieux, il ne se changera point en volupté. Les plus beaux chants à notre gré toucheront toujours médiocrement une oreille qui n'y sera point accoutumée ; c'est une langue dont il faut avoir le dictionnaire.

L'harmonie proprement dite est dans un cas bien moins favorable encore. N'ayant que des beautés de convention[2],

---

1. Dans l'article « Musique » du *Dictionnaire*, Rousseau reprend pourtant cette définition. Mais tout dépend de la manière dont on entend l'agréable. Plus loin dans le même article, la musique est divisée en *naturelle* et *imitative*, et l'auteur distingue sans surprise les sensations agréables de la première, bornée au physique des sons, des impressions qui vont « jusqu'au cœur » de la seconde.

2. Parce que l'harmonie ne reproduit pas simplement les sons de la nature (sinon elle se réduirait à l'unisson, *cf.* la fin du § suivant) ; elle en renforce certains et donc altère le phénomène naturel, pour produire des beautés

elle ne flatte à nul égard les oreilles qui n'y sont pas exercées, il faut en avoir une longue habitude pour la sentir et pour la goûter. Les oreilles rustiques n'entendent que du bruit dans nos consonances. Quand les proportions naturelles sont altérées[1], il n'est pas étonnant que le plaisir naturel n'existe plus.

Un son porte avec lui tous les sons harmoniques concomitants, dans les rapports de force et d'intervalle qu'ils doivent avoir entre eux pour donner la plus parfaite harmonie de ce même son. Ajoutez-y la tierce ou la quinte ou quelque autre consonance, vous ne l'ajoutez pas, vous la redoublez ; vous laissez le rapport d'intervalle, mais vous altérez celui de force : en renforçant une consonance et non pas les autres vous rompez la proportion. En voulant faire mieux que la nature vous faites plus mal. Vos oreilles et votre goût sont gâtés par un art malentendu. Naturellement il n'y a point d'autre harmonie que l'unisson.

M. Rameau prétend que les dessus[2] d'une certaine simplicité suggèrent naturellement leurs basses et qu'un homme ayant l'oreille juste et non exercée entonnera naturellement cette basse. C'est là un préjugé de musicien, démenti par toute expérience. Non seulement celui qui n'aura jamais entendu ni basse ni harmonie ne trouvera de lui-même ni cette harmonie ni cette basse, mais même elles lui déplairont si on

---

particulières auxquelles il faut être habitué. Cette convention se distingue des « conventions » qui ont produit les langues et donc les inflexions mélodieuses qui leur sont propres : elles aussi exigent la familiarité (ou un « dictionnaire »), mais les langues résultent de l'histoire des peuples, non des artifices du raisonnement.

1. Opération expliquée dans le paragraphe suivant.
2. Partie supérieure d'une composition à plusieurs voix.

les lui fait entendre, et il aimera beaucoup mieux le simple unisson.

Quand on calculerait mille ans les rapports des sons et les lois de l'harmonie, comment fera-t-on jamais de cet art un art d'imitation, où est le principe de cette imitation prétendue, de quoi l'harmonie est-elle signe, et qu'y a-t-il de commun entre des accords et nos passions ?

Qu'on fasse la même question sur la mélodie, la réponse vient d'elle-même, elle est d'avance dans l'esprit des lecteurs. La mélodie en imitant les inflexions de la voix exprime les plaintes, les cris de douleur ou de joie, les menaces, les gémissements ; tous les signes vocaux des passions sont de son ressort. Elle imite les accents des langues, et les tours affectés dans chaque idiome à certains mouvements de l'âme ; elle n'imite pas seulement, elle parle, et son langage inarticulé mais vif, ardent, passionné, a cent fois plus d'énergie que la parole même. Voilà d'où naît la force des imitations musicales ; voilà d'où naît l'empire du chant sur les cœurs sensibles. L'harmonie y peut concourir en certains systèmes en liant la succession des sons par quelques lois de modulation, en rendant les intonations plus justes, en portant à l'oreille un témoignage assuré de cette justesse, en rapprochant et fixant à des intervalles consonants et liés des inflexions inappréciables. Mais en donnant aussi des entraves à la mélodie elle lui ôte l'énergie et l'expression, elle efface l'accent passionné pour y substituer l'intervalle harmonique, elle assujettit à deux seuls modes [1] des chants qui devraient en avoir autant qu'il y a de tons oratoires, elle efface et détruit des multitudes de sons ou d'intervalles qui n'entrent pas dans son système ; en un mot,

---

1. Les modes majeur et mineur.

elle sépare tellement le chant de la parole que ces deux langages se combattent, se contrarient, s'ôtent mutuellement tout caractère de vérité et ne se peuvent réunir sans absurdité dans un sujet pathétique. De là vient que le peuple trouve toujours ridicule qu'on exprime en chant les passions fortes et sérieuses; car il sait que dans nos langues ces passions n'ont point d'inflexions musicales, et que les hommes du nord non plus que les cygnes ne meurent pas en chantant.

La seule harmonie est même insuffisante pour les expressions qui semblent dépendre uniquement d'elle. Le tonnerre, le murmure des eaux, les vents, les orages sont mal rendus par de simples accords. Quoi qu'on fasse, le seul bruit ne dit rien à l'esprit, il faut que les objets parlent pour se faire entendre, il faut toujours dans toute imitation qu'une espèce de discours supplée à la voix de la nature. Le musicien qui veut rendre du bruit par du bruit se trompe; il ne connaît ni le faible ni le fort de son art; il en juge sans goût, sans lumières; apprenez-lui qu'il doit rendre du bruit par du chant, que s'il faisait croasser des grenouilles [1] il faudrait qu'il les fît chanter; car il ne suffit pas qu'il imite, il faut qu'il touche et qu'il plaise, sans quoi sa maussade imitation n'est rien, et ne donnant d'intérêt à personne, elle ne fait nulle impression.

---

1. Allusion au chœur des grenouilles de la comédie lyrique *Platée* (1745) de Rameau. Le passage contient d'autres imitations d'animaux (âne, oiseaux), mais stylisées et « chantantes ».

CHAPITRE XV

Que nos plus vives sensations agissent le plus souvent
par des impressions morales

Tant qu'on ne voudra considérer les sons que par
l'ébranlement qu'ils excitent dans nos nerfs, on n'aura point
les vrais principes de la musique et de son pouvoir sur les
cœurs. Les sons dans la mélodie n'agissent pas seulement sur
nous comme sons, mais comme signes de nos affections, de
nos sentiments; c'est ainsi qu'ils excitent en nous les mouvements qu'ils expriment et dont nous y reconnaissons l'image.
On aperçoit quelque chose de cet effet moral jusque dans les
animaux. L'aboiement d'un chien en attire un autre. Si mon
chat m'entend imiter un miaulement, à l'instant je le vois
attentif, inquiet, agité. S'aperçoit-il que c'est moi qui contre-
fais la voix de son semblable, il se rassied et reste en repos.
Pourquoi cette différence d'impression, puisqu'il n'y en a
point dans l'ébranlement des fibres, et que lui-même y a
d'abord été trompé?

Si le plus grand empire qu'ont sur nous nos sensations
n'est pas dû à des causes morales, pourquoi donc sommes-
nous si sensibles à des impressions qui sont nulles pour des
barbares? pourquoi nos plus touchantes musiques ne sont-
elles qu'un vain bruit à l'oreille d'un Caraïbe? Ses nerfs sont-
ils d'une autre nature que les nôtres, pourquoi ne sont-ils pas
ébranlés de même, ou pourquoi ces mêmes ébranlements
affectent-ils tant les uns et si peu les autres?

On cite en preuve du pouvoir physique des sons la guérison
des piqûres des tarentules. Cet exemple prouve tout le
contraire. Il ne faut ni des sons absolus ni les mêmes airs pour
guérir tous ceux qui sont piqués de cet insecte, il faut à chacun
d'eux des airs d'une mélodie qui lui soit connue et des phrases

qu'il comprenne. Il faut à l'Italien des airs italiens, au Turc il faudrait des airs turcs. Chacun n'est affecté que des accents qui lui sont familiers; ses nerfs ne s'y prêtent qu'autant que son esprit les y dispose : il faut qu'il entende la langue qu'on lui parle pour que ce qu'on lui dit puisse le mettre en mouvement. Les cantates de Bernier[1] ont, dit-on, guéri de la fièvre un musicien français, elles l'auraient donnée à un musicien de toute autre nation.

Dans les autres sens et jusqu'au plus grossier de tous on peut observer les mêmes différences. Qu'un homme ayant la main posée et l'œil fixé sur le même objet[2] le croie successivement animé et inanimé, quoique les sens soient frappés de même, quel changement dans l'impression? La rondeur, la blancheur, la fermeté, la douce chaleur, la résistance élastique, le renflement successif, ne lui donnent plus qu'un toucher doux mais insipide, s'il ne croit sentir un cœur plein de vie palpiter et battre sous tout cela.

Je ne connais qu'un sens aux affections duquel rien de moral ne se mêle. C'est le goût. Aussi la gourmandise n'est-elle jamais le vice dominant que des gens qui ne sentent rien.

Que celui donc qui veut philosopher sur la force des sensations commence par écarter des impressions purement sensuelles les impressions intellectuelles et morales que nous recevons par la voie des sens, mais dont ils ne sont que les causes occasionnelles : qu'il évite l'erreur de donner aux objets sensibles un pouvoir qu'ils n'ont pas ou qu'ils tiennent des affections de l'âme qu'ils nous représentent. Les couleurs

---

1. Nicolas Bernier, musicien français (1665-1734), auteur de nombreuses cantates profanes et de musique religieuse (petits et grands motets).

2. La suite laisse entendre que Rousseau désigne ici l'« objet » amoureux, une femme en l'occurrence.

et les sons peuvent beaucoup comme représentations et signes, peu de choses comme simples objets des sens. Des suites de sons ou d'accords m'amuseront un moment peut-être; mais pour me charmer et m'attendrir il faut que ces suites m'offrent quelque chose qui ne soit ni son ni accord, et qui me vienne émouvoir malgré moi. Les chants mêmes qui ne sont qu'agréables et ne disent rien lassent encore; car ce n'est pas tant l'oreille qui porte le plaisir au cœur que le cœur qui le porte à l'oreille. Je crois qu'en développant mieux ces idées on se fût épargné bien de sots raisonnements sur la musique ancienne. Mais dans ce siècle où l'on s'efforce de matérialiser toutes les opérations de l'âme et d'ôter toute moralité aux sentiments humains, je suis trompé si la nouvelle philosophie ne devient aussi funeste au bon goût qu'à la vertu.

CHAPITRE XVI

Fausse analogie entre les couleurs et les sons

Il n'y a sortes d'absurdités auxquelles les observations physiques n'aient donné lieu dans la considération des beaux-arts. On a trouvé dans l'analyse du son les mêmes rapports que dans celle de la lumière. Aussitôt on a saisi vivement cette analogie sans s'embarrasser de l'expérience et de la raison. L'esprit de système a tout confondu, et faute de savoir peindre aux oreilles on s'est avisé de chanter aux yeux. J'ai vu ce fameux clavecin sur lequel on prétendait faire de la musique avec des couleurs [1]; c'était bien mal connaître les opérations de

---

1. Le clavecin oculaire du jésuite Louis-Bertrand Castel (1688-1757), mentionné aussi par Voltaire et Diderot à diverses reprises. A partir de 1725, le père Castel publie une série d'articles proposant de réaliser un instrument en

la nature et ne pas voir que l'effet des couleurs est dans leur permanence et celui des sons dans leur succession.

Toutes les richesses du coloris s'étalent à la fois sur la face de la terre. Du premier coup d'œil tout est vu; mais plus on regarde et plus on est enchanté. Il ne faut plus qu'admirer et contempler sans cesse.

Il n'en est pas ainsi du son : la nature ne l'analyse point et n'en sépare point les harmoniques; elle les cache, au contraire, sous l'apparence de l'unisson; ou si quelquefois elle les sépare dans le chant modulé de l'homme et dans le ramage de quelques oiseaux, c'est successivement et l'un après l'autre; elle inspire des chants et non des accords, elle dicte de la mélodie et non de l'harmonie. Les couleurs sont la parure des êtres inanimés; toute matière est colorée; mais les sons annoncent le mouvement, la voix annonce un être sensible; il n'y a que des corps animés qui chantent. Ce n'est pas le flûteur automate[1] qui joue de la flûte, c'est le mécanicien qui mesura le vent et fit mouvoir les doigts.

Ainsi chaque sens a son champ qui lui est propre. Le champ de la musique est le temps, celui de la peinture est l'espace. Multiplier les sons entendus à la fois ou développer les couleurs l'une après l'autre, c'est changer leur économie, c'est mettre l'œil à la place de l'oreille, et l'oreille à la place de l'œil.

Vous dites : comme chaque couleur est déterminée par l'angle de réfraction du rayon qui la donne, de même chaque

forme de clavecin, dans lequel chaque note est associée à une couleur (do = bleu, ré = vert, ré# = olive, mi = jaune, etc.), de manière à obtenir des « harmonies » de couleurs qui pourraient donner à un sourd un équivalent de la musique.

1. Allusion à l'un des automates construits par l'ingénieur Jacques de Vaucanson (1709-1782).

son est déterminé par le nombre des vibrations du corps sonore en un temps donné. Or les rapports de ces angles et de ces nombres étant les mêmes, l'analogie est évidente. Soit, mais cette analogie est de raison, non de sensation, et ce n'est pas de cela qu'il s'agit. Premièrement l'angle de réfraction est sensible et mesurable et non pas le nombre de vibrations. Les corps sonores soumis à l'action de l'air changent incessamment de dimensions et de sons. Les couleurs sont durables, les sons s'évanouissent, et l'on n'a jamais de certitude que ceux qui renaissent soient les mêmes que ceux qui se sont éteints. De plus chaque couleur est absolue, indépendante, au lieu que chaque son n'est pour nous que relatif et ne se distingue que par comparaison. Un son n'a par lui-même aucun caractère absolu qui le fasse reconnaître ; il est grave ou aigu, fort ou doux par rapport à un autre ; en lui-même il n'est rien de tout cela. Dans le système harmonique un son quelconque n'est rien non plus naturellement ; il est ni tonique ni dominante, ni harmonique ni fondamental ; parce que toutes ces propriétés ne sont que des rapports, et que le système entier pouvant varier du grave à l'aigu, chaque son change d'ordre et de place dans le système, selon que le système change de degré. Mais les propriétés des couleurs ne consistent point en des rapports. Le jaune est jaune indépendamment du rouge et du bleu, partout il est sensible et reconnaissable, et sitôt qu'on aura fixé l'angle de réfraction qui le donne on sera sûr d'avoir le même jaune dans tous les temps.

Les couleurs ne sont pas dans les corps colorés mais dans la lumière ; pour qu'on voie un objet il faut qu'il soit éclairé. Les sons ont aussi besoin d'un mobile, et pour qu'ils existent, il faut que le corps sonore soit ébranlé. C'est un autre avantage en faveur de la vue ; car la perpétuelle émanation des astres est l'instrument naturel qui agit sur elle, au lieu que la nature seule engendre peu de sons et à moins qu'on n'admette l'harmonie des sphères célestes [1], il faut des êtres vivants pour la produire.

On voit par là que la peinture est plus près de la nature et que la musique tient plus à l'art humain. On sent aussi que l'une intéresse plus que l'autre précisément parce qu'elle rapproche plus l'homme de l'homme et nous donne toujours quelque idée de nos semblables. La peinture est souvent morte et inanimée; elle vous peut transporter au fond d'un désert; mais sitôt que des signes vocaux frappent votre oreille, ils vous annoncent un être semblable à vous, ils sont, pour ainsi dire, les organes de l'âme, et s'ils vous peignent aussi la solitude, ils vous disent que vous n'y êtes pas seul. Les oiseaux sifflent, l'homme seul chante, et l'on ne peut entendre ni chant ni symphonie sans se dire à l'instant: un autre être sensible est ici.

C'est un des grands avantages du musicien de pouvoir peindre les choses qu'on ne saurait entendre, tandis qu'il est impossible au peintre de représenter celles qu'on ne saurait voir, et le plus grand prodige d'un art qui n'agit que par le mouvement est d'en pouvoir former jusqu'à l'image du repos. Le sommeil, le calme de la nuit, la solitude, et le silence même

---

1. Théorie qu'Aristote attribue aux Pythagoriciens : « Selon certains savants, des corps si volumineux devraient nécessairement produire un son par leur déplacement, puisque les corps d'ici-bas en produisent également... (...) Partant de là, et posant aussi qu'en raison des distances, les vitesses ont entre elles les mêmes rapports que les notes d'un accord musical, ils disent qu'est harmonieux le chant produit par les transports circulaires des astres. » (*Du ciel*, II, 9, trad. P. Moraux). Cette théorie a connu une fortune considérable au moins jusqu'au XVIIIe siècle. Les auteurs médiévaux et modernes qui l'évoquent se réfèrent en outre à Platon (*République*, X, 617b) et à Cicéron (le « Songe de Scipion », *République*, VI, 8 *sq.*, spéc. 18); ce dernier texte a fourni le point de départ d'un opéra de même nom du jeune Mozart (KV 126, 1772).

entrent dans les tableaux de la musique. On sait que le bruit peut produire l'effet du silence et le silence l'effet du bruit, comme quand on s'endort à une lecture égale et monotone et qu'on s'éveille à l'instant qu'elle cesse. Mais la musique agit plus intimement sur nous en excitant par un sens des affections semblables à celles qu'on peut exciter par un autre, et comme le rapport ne peut être sensible que l'impression ne soit forte, la peinture, dénuée de cette force, ne peut rendre à la musique les imitations que celle-ci tire d'elle. Que toute la nature soit endormie, celui qui la contemple ne dort pas, et l'art du musicien consiste à substituer à l'image insensible de l'objet celle des mouvements que sa présence excite dans le cœur du contemplateur. Non seulement il agitera la mer, animera les flammes d'un incendie, fera couler les ruisseaux, tomber la pluie et grossir les torrents; mais il peindra l'horreur d'un désert affreux, rembrunira les murs d'une prison souterraine, calmera la tempête, rendra l'air tranquille et serein, et répandra de l'orchestre une fraîcheur nouvelle sur les bocages[1]. Il ne représentera pas directement ces choses, mais il excitera dans l'âme les mêmes sentiments qu'on éprouve en les voyant.

1. Les opéras français, qui servent si souvent de repoussoir à Rousseau après 1752, contiennent nombre d'exemples de tous les tableaux évoqués ici : il y a plusieurs «déserts affreux» chez Lully, une tempête fameuse dans l'*Alcyone* de M. Marais (1706), une sombre prison dans *Dardanus* de Rameau (1739), une éruption volcanique dans les *Indes galantes* (1735) du même; le «Ballet des fleurs» de la 3e Entrée des *Indes* offre à lui seul en raccourci plusieurs de ces scènes.

CHAPITRE XVII

Erreur des musiciens nuisible à leur art

Voyez comment tout nous ramène sans cesse aux effets moraux dont j'ai parlé, et combien les musiciens qui ne considèrent la puissance des sons que par l'action de l'air et l'ébranlement des fibres sont loin de connaître en quoi réside la force de cet art. Plus ils le rapprochent des impressions purement physiques plus ils l'éloignent de son origine, et plus ils lui ôtent aussi de sa primitive énergie. En quittant l'accent oral et s'attachant aux seules institutions harmoniques, la musique devient plus bruyante à l'oreille et moins douce au cœur. Elle a déjà cessé de parler ; bientôt elle ne chantera plus et alors avec tous ses accords et toute son harmonie elle ne fera plus aucun effet sur nous.

CHAPITRE XVII

D'ALEMBERT
(1717-1783)

FRAGMENT SUR LA MUSIQUE EN GÉNÉRAL ET SUR LA NÔTRE EN PARTICULIER

Présentation

D'Alembert a écrit sur la musique en savant et en philosophe. Comme mathématicien et physicien, il a d'abord accueilli favorablement la théorie du corps sonore de Rameau, et il s'est même chargé de la vulgariser dans les *Éléments de musique théorique et pratique suivant les principes de M. Rameau*[1]. Mais son attitude se modifie peu à peu, principalement du fait du musicien. Dès 1754 en effet, ce dernier critique assez vertement les articles musicaux de l'*Encyclopédie*, dus à Rousseau et à d'Alembert, et la polémique s'étend sur plusieurs années. Le dogmatisme de

---

1. Paru d'abord en 1752, réédité en 1762. L'ouvrage fondamental de Rameau, le *Traité de l'harmonie*, date de 1722; son premier opéra ou tragédie lyrique, *Hippolyte et Aricie*, de 1733. Sa grande production dramatique s'étend à peu près jusqu'en 1749, date de *Naïs* et de *Zoroastre* (sa dernière tragédie lyrique, *Les Boréades*, de 1764, année de sa mort, n'a été ni représentée ni même imprimée).

Rameau (qui ne se contente plus d'approfondir les bases mathématiques de l'harmonie, mais veut faire de la musique le fondement et la clé de toutes les connaissances) indispose le mathématicien d'Alembert et le pousse à prendre ses distances. A l'occasion d'une nouvelle édition des *Éléments* en 1762, il ajoute des réflexions qui contiennent encore un habile mélange d'éloge et de blâme[1], mais la rupture est consommée sur ce terrain. La musique de Rameau, cependant, échappe en partie au blâme, et d'Alembert philosophe se montre moins sévère que Rousseau sur le terrain esthétique. Certes, la Querelle des Bouffons, en 1752, l'avait trouvé du côté des partisans des Italiens, mais cet épisode n'a pas été décisif dans leur relation[2]. Comme on voit dans notre texte, d'Alembert se montre sensible à divers aspects de la musique française – qu'il propose de réformer plutôt que de condamner – et il ne se prive pas de louer le talent de Rameau compositeur (§ XII-XIV, ou § XVIII).

La conception de la musique qui se lit dans le *Fragment* appartient au philosophe, non au mathématicien, mais on ne peut ignorer le contexte : sa date[3], d'abord, indique qu'il se situe à l'époque de la Querelle, mais sans qu'on sache si c'est avant, pendant ou après ; son titre ensuite montre que la musique française est bien au cœur du débat, et que

---

1. Les principes du *Traité de l'harmonie* gardent toute leur valeur, ce sont les développements ultérieurs qui apparaissent de plus en plus, aux yeux des spécialistes des sciences, comme une espèce de délire théorique.

2. Rameau n'a pas pris parti ouvertement dans cette Querelle, mais en tant que représentant le plus prestigieux de la musique française, il était évidemment visé. Il était loin de mépriser la bonne musique italienne, et demandait qu'en art on ne s'arrête pas au « goût national ».

3. Voir *infra*, note 2, p. 123.

l'ambiguïté de sa position vis-à-vis de Rameau ne peut manquer de s'y faire sentir. L'intérêt du texte ressort alors davantage : il reflète en effet assez bien les thèses esthétiques de son temps et de son milieu, mais avec des nuances et des réserves qui annoncent les changements à venir. Depuis le début du siècle, « philosophes et gens de lettres » se mettent à écrire sur la musique sans être – à quelques exceptions près – compositeurs, ni même spécialement compétents en la matière [1] ; la musique n'est pour eux qu'un cas particulier dans la théorie des arts, et ils lui appliquent tout naturellement la doctrine généralement admise de l'imitation. Elle doit donc avoir un contenu identifiable (elle est une langue, ou comme une langue), mais comme elle souffre d'indétermination, la musique considérée est d'abord et presque exclusivement vocale, les paroles suppléant alors ce manque ; elle exprime des affects (sentiments, passions), et s'adresse au sentiment de l'auditeur. D'Alembert reprend ces thèses sans les discuter. Il adopte aussi, la chose vaut d'être remarquée, le ton caractéristique de ces auteurs qui, avec beaucoup d'assurance, dictent aux compositeurs ce qu'ils doivent faire, alors même que leur goût est souvent borné et leurs connaissances limitées [2].

Si d'Alembert se distingue néanmoins de ses contemporains, il le doit à un goût plus sûr et un esprit plus méthodique. On remarque en premier lieu qu'il examine de façon plus systématique et plus nuancée les principales

1. Rameau parle avec dédain des philosophes et gens de lettres qui « n'ont peut-être encore écouté que des chansons, même dans un âge avancé. » (cité dans C. Girdlestone, *Jean-Philippe Rameau*, p. 554).

2. Voir *infra*, note 1, p. 125. D'Alembert, bien entendu, connaissait la théorie mathématique de la musique, et mieux que beaucoup : il ne s'agit pas de cela, mais de ses avis esthétiques dispensés dans un style très prescriptif.

questions agitées à son époque. Après une entrée en matière
sur l'origine de la musique, il concentre sa réflexion sur les
problèmes soulevés par l'opéra, dénonçant d'emblée l'imperfection de celui des Français (§ I-IV). Puis il en analyse les
différents éléments : le récitatif[1] (§ VII-XVII), les duos et trios
(§ XVIII), les symphonies et la danse (§ XIX-XXIII). La répar-
tition des sujets est très déséquilibrée, comme on voit, par
l'importance accordée au récitatif. Par comparaison avec les
thèses de Rousseau, l'originalité de d'Alembert apparaît sur
deux points au moins : s'il relève lui aussi le rôle de la langue et
les handicaps de la langue française, il préfère attribuer les
différences de qualité entre les opéras italiens et français au
caractère des deux nations (la paresse française, § VIII);
d'autre part et surtout, les défauts du français n'empêchent pas
les réussites des meilleurs, Lully, Campra et Rameau (§ X-
XIV)[2]. Le deuxième intérêt du texte concerne l'expression
musicale. L'auteur n'analyse pas précisément les raisons des
réussites relatives de l'opéra français, mais il est clair qu'elles
ne résultent pas d'une simple fidélité à la mélodie de la
langue[3] : elles tiennent plutôt à une certaine adéquation entre
le sens des paroles et les moyens musicaux mis en œuvre.
La musique est en effet expressive par elle-même (*cf.* § II, V),
même si le contenu exprimé reste en grande partie

1. Le terme englobe en l'occurrence les *airs* (*cf.* § VII). A la différence
de l'opéra italien du XVIIIe siècle, l'opéra français distingue moins nettement
les deux.

2. Le jugement de d'Alembert manifeste ici une pertinence incontestable :
les exemples cités, notamment ceux empruntés à *Hippolyte* et à *Platée*, sont
plutôt bien choisis, et l'auteur se montre plus équitable que Rousseau.

3. Que d'Alembert puisse louer le trio des Parques de l'*Hippolyte* de
Rameau (§ XVIII) montre en outre qu'il n'adopte pas le dogme cher à Rousseau
de l'unité de mélodie (*supra*, p. 97).

indéterminé; et puisque l'auteur parle à plusieurs reprises de *contresens* dans la musique, il faut bien admettre qu'il y a en elle du sens. Pour la même raison, et bien qu'il reprenne à son compte le fameux « Sonate, que me veux-tu ? », d'Alembert peut se montrer moins sévère envers la musique instrumentale dans le dernier paragraphe [1].

D'ALEMBERT

FRAGMENT SUR LA MUSIQUE EN GÉNÉRAL ET SUR LA NÔTRE EN PARTICULIER [2]

I

La musique paraît un art fort ancien chez les hommes, et doit être née peu après l'établissement des sociétés. C'est une espèce de langage qui tient le milieu entre le langage ordinaire et le langage qui serait uniquement par signes. Il y a beaucoup d'apparence que le chant des oiseaux en a donné la première idée, et que le chant des voix sans parole a été en conséquence

1. Indulgence toute relative, puisqu'on reste dans le cadre de l'opéra. Mais il s'agit bien de « tableaux », qui sont « peints » par les seuls instruments.
2. Ces réflexions ont été écrites vers l'année 1752, ainsi elles ne sont relatives qu'à l'état où notre musique était alors. On peut juger par son état actuel des progrès qu'elle a faits depuis cette époque et on verra que nous avions indiqué ces progrès plus de vingt années auparavant. C'est par cette seule raison qu'on a cru pouvoir imprimer ce morceau, d'ailleurs très imparfait. (Note de d'Alembert.) [Le présent *Fragment* n'a pas été publié du vivant de l'auteur, mais la note qu'on vient de lire indique que d'Alembert en préparait l'impression vers 1773. Le texte a été publié pour la première fois par Ch. Henry dans un volume intitulé *Œuvres et correspondances inédites de d'Alembert*, Paris, 1887 (rééd. Genève, Slatkine Reprints, 1967)].

la première musique. Nous regardons en général le chant des oiseaux comme la marque de leur joie ; il paraît donc que la joie a été le premier sentiment exprimé par la musique. L'idée de la mesure est bientôt venue, non par le chant des oiseaux, qui ne connaissent point la mesure, mais peut-être par le bruit des marteaux que certains ouvriers frappent harmonieusement en cadence.

II

Cette idée de la mesure en a produit deux autres : celle de la danse, qui n'est elle-même qu'une manière plus vive de marquer la cadence avec les pieds, et celle de la poésie. On a senti que la musique, expression de la joie, ou en général de quelque sentiment, le serait encore davantage si on joignait à cette expression des paroles qui en fussent pour ainsi dire la traduction et qui fussent en même temps mesurées comme la musique à laquelle on les joignait, et ce langage mesuré fut la poésie. Ainsi, comme on sait d'ailleurs que les poètes ont précédé les écrivains en prose, il s'ensuit que la musique précède de longtemps ces mêmes écrivains ; quand je parle de la musique, je ne parle pas de l'art de l'écrire ni de la réduire en principes, car cet art a dû être inventé fort tard, parce qu'il demande une assez grande combinaison d'observations et de règles.

III

Les historiens sont comme les commentateurs ; ils disent tout ce qu'on ne leur demande pas, et rien de ce qu'on voudrait savoir. Ils nous débitent sur la musique des anciens bien des faits peut-être fabuleux, et ne nous apprennent pas ce que c'était que cette musique. Nous n'en avons aujourd'hui que des idées assez informes ; il paraît néanmoins que cette musique a subsisté, quoiqu'imparfaitement, dans le Bas-Empire grec, puisque nous avons sur cette science des ouvrages grecs du treizième siècle.

IV

La musique, à la Renaissance des Arts et des Lettres, s'est perfectionnée peu à peu, comme tous les autres arts. L'Italie a été son berceau [1], ainsi que de la peinture, de la sculpture et des sciences. Ce pays, en qui la nature avait fait une espèce d'effort dans les siècles de barbarie et d'ignorance, semble aujourd'hui se reposer, excepté pour la musique, qui est demeurée comme son patrimoine. Tous les étrangers l'ont adoptée, et c'est une espèce de préjugé général en sa faveur; les étrangers ont appris notre langue, s'en servent communément, et ne peuvent souffrir notre musique [2]. On ne peut accuser ce choix de bizarrerie, et les Français même qui vont en Italie, malgré leur penchant pour la musique qu'ils ont entendue dès l'enfance, reviennent presque tous admirateurs passionnés de la musique italienne. Entrons dans quelque détail sur la cause de ces différences.

1. Comme la plupart de ses contemporains, d'Alembert ignorait à peu près tout de la musique médiévale et renaissante, en dehors de certaines pièces de musique religieuse; on ne connaissait guère mieux celle des nations autres que la France et l'Italie (Händel passait pour Italien, ses opéras appartenant en effet au genre de l'opéra italien). – Contrairement à une opinion répandue, c'est plutôt en France qu'il faut chercher l'origine du renouveau de la musique savante européenne, en particulier l'origine de la polyphonie, avec l'École Notre Dame à Paris au XIIe siècle, puis l'*Ars nova* au XIVe siècle (sur ce dernier terme, voir le texte de F.-B. Mâche, note 2, p. 278).

2. Sous cette forme absolue, c'est un autre préjugé, répandu par les adversaires de Lully et de Rameau. J.-S. Bach et Telemann, par exemple, étaient des admirateurs de la musique française.

V

L'opéra est en lui-même un spectacle assez peu naturel. Ce n'est pas, comme quelques-uns le croient, qu'il faille trouver fort étrange qu'un homme meure en chantant, car la musique est susceptible de toutes sortes d'expressions, de celles mêmes qui marquent la tristesse et la langueur. Le préjugé contraire vient de ce qu'on s'est imaginé que la musique était faite uniquement pour exprimer la joie, et que le chant était l'expression de la gaieté; mais, dans le vrai, il n'y a point de sentiment que la musique n'exprime : elle a même cette différence avec les langues qu'elle n'exprime que le sentiment et nullement les choses indifférentes. Or, comme il est nécessaire, dans une tragédie surtout, qu'il y ait au moins quelques scènes un peu froides pour la préparation, pour l'exposition, et peut-être même pour reposer le spectateur, il est clair que ces scènes en musique doivent être froides, languissantes et ennuyeuses. La comédie, et surtout la farce, souffrirait davantage une musique continue; la musique y est d'autant plus propre que c'est une langue de charge [1], et les Italiens l'ont bien senti : c'est singulier qu'ils aient été longtemps les seuls; il l'est encore plus que les Grecs n'aient pas connu ce genre. La farce est d'autant plus propre à la musique qu'elle se donne beaucoup de licences, qu'elle ne demande ni exposition, ni rien de ce qui peut refroidir le spectateur, qu'elle ne consiste guère qu'en scènes isolées.

1. Qui exagère, force le trait.

VI

C'est une grande question de savoir en quoi consistait le chant du théâtre grec. Il y a beaucoup d'apparence que ce chant était assez peu chargé ; je dirais qu'il avait quelque rapport au récitatif italien, si je ne croyais ce récitatif trop chargé encore pour une déclamation sérieuse. Mais il faut avouer au moins que ce chant des Grecs devait être fort différent du chant de nos tragédies en musique. Ce dernier chant paraît être défectueux pour ne rien dire de pis. Entrons dans les preuves.

VII

Le récitatif doit, autant qu'il est possible, se conformer à la déclamation. S'il est permis de s'en écarter un peu, ce ne doit être que dans les monologues, où l'acteur livré à lui-même peut s'éloigner davantage du ton ordinaire de la conversation et c'est ce que les Italiens paraissent avoir bien senti. Dans la plupart de leurs beaux monologues, le chant est un peu plus marqué, et l'orchestre sert pour ainsi dire d'interlocuteur, au lieu que dans le récitatif l'accompagnement est très simple.

Si le récitatif doit se conformer à la déclamation, il doit par conséquent se conformer à la langue et à la prononciation, et c'est ce qu'on ne trouve point dans notre récitatif. Il devrait être une image de la conversation et de la langue ; or, il ne l'est ni de l'une ni de l'autre : il ne ressemble à la conversation que dans une chose, c'est dans le défaut de mesure. Il y a dans notre discours ordinaire deux choses à remarquer, les *e* muets dont notre langue fourmille et la différence des sons plus ou moins forts ou plus ou moins faibles. Les *e* muets dans le discours ordinaire ne sont presque point prononcés et au contraire, dans notre récitatif, nous appuyons souvent sur ces *e* muets ; nous traînons prodigieusement sur certaines syllabes indifférentes et nous sommes une heure à dire ce qui devrait se dire très rapidement. En un mot, notre récitatif est un véritable chant, au lieu qu'il devrait être distingué des airs par quelque autre chose que par la mesure ; il devrait tenir le milieu entre le chant et la prononciation : qu'est-ce en effet que le chant ? C'est une prononciation composée de différents tons, qui varient fréquemment, dont la différence est très sensible et qui tous sont à peu près également soutenus. Qu'est-ce au contraire que le langage ordinaire ? C'est une prononciation composée de sons qui sont à peu près les mêmes, mais qui varient principalement par le degré de force, surtout dans les finales où la voix expire presque toujours à cause des *e* muets ; on n'y parcourt point des intervalles aussi fréquemment différents que dans le chant. D'ailleurs on n'y reste sur aucune syllabe, on s'y appuie seulement sur quelques-unes, mais il ne se fait aucune *tenue* et ces tenues entrent beaucoup dans le caractère du chant, parce qu'elles donnent des sons harmoniques. D'ailleurs s'il y a dans la conversation des intervalles fréquents et différents, la rapidité fait qu'on ne s'en aperçoit pas ; mais ce qui est moins sensible, ce sont les intervalles très petits dont le chant n'est pas susceptible et que nous observons dans la conversation. On prétend que l'échelle des Grecs renfermait jusqu'aux quarts de ton ; c'est une grande question parmi nous que de savoir si ces quarts de ton sont appréciables ; mais supposé que les Grecs eussent en effet de ces quarts de ton, leur déclamation en était bien plus facile à noter d'une manière vraie et les acteurs ne devaient plus avoir que le mérite de l'exécution. Cependant les Italiens, qui ont porté si loin l'exécution de la musique et sur lesquels il paraît qu'elle produit beaucoup d'effet, ne connaissent point ces quarts de ton : ce qui pourrait faire douter que les Grecs les connussent, ou du moins les pratiquassent avec la voix. Ils avaient peut-être en revanche l'art de noter les sons quant à leur degré de force ou de faiblesse; et ce serait un grand avantage pour nous que de pouvoir noter la déclamation de cette sorte. Les grands acteurs de nos théâtres sont souvent forcés d'y suppléer à ce que l'auteur a voulu faire, au lieu que les grands acteurs du théâtre ancien n'avaient peut-être que le mérite de bien rendre ce qu'on leur avait donné tout noté. Cependant ils n'en étaient pas moins estimables, car il est toujours dans les arts un goût dont on ne saurait donner des leçons sans parler.

On peut douter cependant que les anciens eussent l'art de noter la musique du fort au faible, car ils avaient encore plus de notes que nous, et l'*art* devait être chez eux plus difficile encore à apprendre.

VIII

Les Italiens, qui ont senti qu'ils n'avaient ni les quarts de ton, ni les forts et les faibles, ont au moins tiré du récitatif tout le parti possible; ils en ont supprimé toutes les tenues, les finales et les longues cadences[1]; et c'est une chose curieuse de voir jusqu'à quel point ce récitatif, ainsi débité, ressemble à la prononciation ordinaire, quoiqu'il ne fallût que quelques

1. Une cadence est une articulation du discours musical, de type suspensif ou conclusif. Il s'agit d'une formule mélodique ou harmonique, ou plus généralement harmonico-mélodique. À partir de l'époque baroque, les interprètes prirent l'habitude de marquer certaines cadences par des ornements plus ou moins improvisés : l'abandon de la polyphonie pour la mélodie accompagnée par une basse réalisant l'harmonie favorisait cette pratique. La mélodie se prêtait alors au déploiement de la virtuosité de l'artiste, qui en usait parfois de manière abusive; aussi les compositeurs restreignirent-ils par la suite la liberté de l'interprète en écrivant entièrement les lignes mélodiques des cadences. La « cadence de concerto », fondée sur une libre improvisation du soliste, est une survivance de cette pratique.

cadences, quelques finales et un peu plus de lenteur pour le faire ressembler à notre récitatif. Il est singulier que dans une langue comme l'italienne, où toutes les syllabes se prononcent, le récitatif n'appuie sur presque aucune syllabe, excepté dans ces cas où l'expression est nécessaire à la déclamation, et où nous appuierions nous-mêmes; et qu'au contraire dans une langue comme la nôtre, toute remplie de syllabes muettes, dures et sourdes, nous affections dans notre récitatif d'appuyer sur toutes les syllabes, et même de préférence sur les syllabes muettes. Cela vient de notre versification où nous fourmillons d'*e* muets et où par conséquent un *e* muet termine souvent la phrase et doit terminer aussi la phrase musicale. Comme notre nation en général est peu faite pour la musique, nous avons cru devoir nous appliquer à bien marquer les finales et par conséquent nous avons été forcés d'appuyer sur les *e* muets. On donne de grandes louanges à Lulli pour avoir créé notre récitatif, et je ne dis point qu'il n'y ait mis des beautés, parce que c'était un homme de génie, et que quand on a du génie on en met dans un mauvais genre même; mais je ne puis m'empêcher par toutes les raisons que j'ai dites de soutenir que notre récitatif est un mauvais genre. On est étonné qu'un étranger ait si bien connu le génie de notre langue; pour moi il me semble qu'un pareil récitatif n'a pu être inventé que par un étranger. Ce qui m'étonne c'est que ce soit un Italien qui l'ait inventé, car si un Français avait inventé le récitatif italien pour la langue française et le récitatif français pour la langue italienne, j'en serais moins surpris. Mais c'est le génie musical des deux nations et non le caractère de leurs langues qui a fait les deux récitatifs. Le génie des Italiens est vif et prompt, le génie français, lent et paresseux pour la musique. D'ailleurs le récitatif français chanté à l'italienne serait peut-être plus difficile à rendre, et Lulli connaissait assez bien les Français pour ne pas leur donner un récitatif trop différent de leur chant ordinaire, car c'est par paresse que les Français n'aiment pas la nouveauté en musique. Combien de gens disent du mal d'un air par la raison qu'ils ne peuvent pas le chanter, comme s'il n'était pas suffisant que les acteurs de l'opéra le chantassent au lieu d'eux !

IX

C'est en général le défaut de tous les peuples de la terre de n'aimer en fait de musique que celle à laquelle ils sont accoutumés. Musique chantante pour bien des gens n'est autre chose qu'une musique qui ressemble à celles qu'ils ont entendues cent fois.

X

La musique au reste est un art d'habitude ; c'est une langue à laquelle il faut s'accoutumer. Il ne faut pas croire qu'on en saisisse d'abord toute l'expression. Nous n'avons proprement que trois musiciens, dont le récitatif mérite qu'on en parle : Lulli, qui a créé notre récitatif, Campra, qui a suivi Lulli, mais pourtant qui a osé quelquefois et que je distingue ici des autres parce qu'on doit beaucoup à ceux qui osent, et enfin Rameau, qui selon moi, a ouvert aussi dans ce champ quelques routes nouvelles. Le récitatif de Lulli n'a rien d'extrêmement frappant ; mais il touche par la simplicité et la beauté de la mélodie ; c'est le Racine de la musique ; il a comme lui une sorte d'élégance continue ; il s'élève d'ailleurs rarement et n'est pas fort varié ; mais il a créé ce genre, et ce genre est à lui ; il a d'ailleurs l'avantage d'avoir traité le premier un genre qui a des bornes assez étroites et d'avoir pour ainsi dire fixé ces bornes. Il fait assez rarement des contresens ; il attrape en général le sentiment, ne s'arrête point à orner les détails, et quand il le hasarde, il n'y est pas heureux.

XI

Campra[1] est plus inégal, mais aussi plus varié et plus expressif quelquefois. Il se permet des modulations auxquelles Lulli n'aurait jamais pensé ou qu'il n'aurait peut-être pas osé hasarder. Son monologue de *Tancrède* dans la forêt enchantée, celui d'Anchise dans *Hésione* et plusieurs autres morceaux de ses opéras, sont la preuve de ce que j'avance. Si ces deux morceaux pèchent, c'est par l'accompagnement; celui du second morceau est faible et très mesquin, la ritournelle même en est à contre sens; celui du premier est dans la vérité, mais les plaintes n'y forment pas une harmonie assez heureuse; si on joignait au chant de Campra en cet endroit, les plaintes de l'ouverture de *Zoroastre*[2], l'effet à mon avis serait admirable.

XII

On ne sera pas surpris, quand on voudra juger sans prévention, que je mette Rameau au nombre des musiciens français à qui notre récitatif est redevable; je ne parle point de Destouches[3], dont le chant n'a que de la grâce maniérée presque toujours, ni de Mouret[4], qui n'a réussi que dans les airs

---

1. André Campra (1660-1744), auteur de musique religieuse et d'opéras-ballets. *Tancrède* date de 1702, *Hésione* de 1700.

2. Tragédie lyrique de Rameau, représentée en 1749.

3. André-Cardinal Destouches (1672-1749), élève de Campra et auteur notamment de nombreux opéras.

4. Jean-Joseph Mouret (1682-1738), auteur de pièces instrumentales, de musique d'église et de théâtre.

détachés. Mais Rameau ajoute des beautés à notre récitatif; j'ose dire que depuis Lulli, personne n'a fait tant pour cet objet, et il a fallu du courage pour cela. Je prie ceux qui voudront me contredire d'écouter la scène du second acte des *Indes galantes*[1], entre Phani et l'Inca, de voir combien les changements de modulation y sont heureux, combien les différents sentiments y sont exprimés avec vérité et d'une manière neuve. Le «Téméraire, que dites-vous?» me paraît aussi bien en chant que «Tu me rappelleras peut-être dès ce jour», dans *Armide*[2] et on peut les comparer d'autant mieux qu'ils sont presque dans le même genre. Il est le premier qui ait su donner un caractère singulier aux airs de mouvement que nous insérons, assez mal à propos, dans notre récitatif et qui, depuis Lulli, sont tous jetés dans le même moule[3]. L'air «Obéissons sans balancer» du même dialogue, est d'un genre très vrai et très neuf. Il a été trouvé bien mauvais dans les premières représentations, et il n'a été goûté qu'à la seconde reprise. Il suffit, pour bien des gens, qu'un air ait un caractère singulier pour ne leur plaire pas; tout ce qu'on peut leur dire, – car il ne faut pas disputer des goûts, – c'est qu'ils sont bien à plaindre d'être ainsi organisés, et qu'ils ont tort d'avoir raison ou raison d'avoir tort. Il faudrait parcourir tous les opéras de Rameau pour y trouver et pour remarquer de combien de choses

---

1. «Les Incas», seconde Entrée des *Indes galantes*, opéra-ballet de 1735; la phrase citée est à la scène 3.

2. *Armide*, tragédie lyrique de Quinault et Lully, 1686; paroles de la Haine à l'adresse d'Armide, acte III, scène finale. (À partir de son mariage, en 1642, Lully francise son nom et l'écrit désormais avec un *y*)

3. Même expression plus loin, chap. xx. Le premier Rousseau utilise la formule pour blâmer l'*air* de l'opéra italien ([*Lettre sur l'opéra italien et français*], *Œuvres complètes*, V, p. 256).

nouvelles il a enrichi notre récitatif, combien il nous a fourni de tours de chants nouveaux dans une matière déjà épuisée. Voyez dans *Dardanus*[1] au premier monologue, «Du fond de ces tombeaux, que votre voix plaintive»; voyez dans la *Guirlande*[2] plusieurs morceaux de la scène, qui me paraît dans la totalité un chef-d'œuvre de déclamation dans le récitatif français, récitatif que je regarde encore et regarderai toujours comme un mauvais genre.

XIII

Mais celui de tous ses ouvrages où il me paraît avoir le plus excellé, c'est celui de *Platée*[3]. Il y était plus à son aise, n'ayant aucun modèle français, et tout le chant de cet opéra est un chef-d'œuvre; je ne sais pourtant s'il n'aurait pas pu oser encore davantage; il a trop craint de choquer les oreilles françaises par un chant trop éloigné de celui auquel elles étaient accoutumées, et tout hardi qu'il a été, je suis fâché qu'il ne l'ait pas encore été davantage. Néanmoins je l'excuse d'autant plus qu'il faut à l'opéra travailler un peu pour la multitude. Il n'en est pas d'une pièce de théâtre comme d'un autre ouvrage. Dans celui-ci l'auteur est toujours obligé de faire de son mieux, parce que le public revient à la longue quand ce qu'on lui donne est bon, mais un ouvrage de théâtre court risque d'être coulé à fond et de disparaître pour jamais, si l'ouvrage déplaît à trop de spectateurs; il y faut même de quoi plaire à tout le monde. D'ailleurs Rameau a su donner à *Platée* un caractère original qui n'est ni italien ni français, qui tient pour ainsi dire

---

1. Tragédie lyrique dont la première version date de 1739.
2. Opéra-ballet en un acte de 1751.
3. Comédie-ballet jouée pour la première fois en 1745.

de l'un et de l'autre, et il a su jusque dans des morceaux de chant, observer singulièrement la déclamation. Je ne parle point ici de ce que tout le monde connaît ; j'en citerai un auquel on n'a point fait attention : « Quoi, faut-il les attendre encore ? » Avec quelle vérité n'a-t-il pas rendu ces mots : « Mon cœur tout agité est impatienté », et ceux-ci : « De l'importune gravité ! » Quelle distance du chant de *Platée* à celui de *Ragonde*[1] ! Il n'y a dans ce dernier que le premier morceau : « Allons, allons, mes enfants, à l'ouvrage ! » qui soit vraiment comique ; le reste est du chant ordinaire que le musicien a laissé le soin de charger aux acteurs, qui s'en acquittent assez mal. L'ariette de Ragonde : « L'amour chérit nos paisibles bocages, etc. » n'a qu'un caractère noble, c'était l'ariette même de Pirithoüs ; celle de « Jamais la nuit ne fut si noire » est absolument dans le genre noble et elle ne fait point d'effet parce que l'actrice admirable qui la chante fait des efforts pour lui donner ce caractère, dont elle n'est pas susceptible ; au contraire, l'ariette de *Platée* : « Que ce séjour est agréable ! » et qui serait charmante, même dans le genre noble, a cependant un caractère comique frappant. Il en est de même de celle : « A l'aspect de ce nuage », et voilà le chef-d'œuvre de l'art de faire ces ariettes telles que sans avoir un caractère ignoble, elles soient susceptibles d'une expression comique.

XIV

Quoique bien des gens aient décrié *Platée*, il faut cependant que cet opéra nous ait un peu formé les oreilles. Il en

---

1. *Les amours de Ragonde*, titre donné en 1742 à la production posthume d'un opéra-comique de J.-J. Mouret, écrite en 1714. Du même Mouret, *Pirithoüs* est une œuvre dramatique de 1723.

a été comme de beaucoup d'autres opéras, du même auteur,
que l'on a décriés et qui en même temps ont fait tort à l'ouvrage
qui les a suivis. Je me souviens qu'un partisan de l'ancienne
musique, entendant *Tancrède* après *Zoroastre*, que cependant
il n'aimait pas, demandait si la moitié de l'orchestre était
congédiée[1]. Peut-être la *Serva padrona*[2] aurait-elle été moins
goûtée si *Platée* ne nous avait accoutumés à cette musique. La
seule chose qui n'ait fait aucun effet dans ce dernier opéra-
comique italien c'est le récitatif; mais je suis convaincu
qu'étant plus au fait de la langue nous nous y accoutumerions
assez promptement, que nous lui trouverions toute l'expression qu'il a et que nous penserions peut-être à faire usage de ce
genre. Ce n'est pas que le récitatif dût être dans nos tragédies ni
même dans nos ballets nobles, tel qu'il est dans la *Serva
padrona*. Le récitatif des tragédies italiennes est de la même
nature sans être dans le même genre, et il doit y avoir ici la
même différence qu'entre la déclamation de la comédie et
celle de la tragédie. Les Italiens ont encore mieux réussi dans
la musique comique et je n'en suis point surpris; c'est par la
même raison que la comédie est plus facile à jouer que la
tragédie, que celle-ci demande toujours un peu d'apprêt et que
l'illusion y est plus difficile à conserver.

---

1. La richesse de l'orchestre de Rameau fait que, par comparaison, celui
des autres compositeurs paraît maigre.
2. Opéra en deux actes de Pergolèse (1710-1736), représenté à Naples en
1731. Il fut joué une première fois à Paris en 1746, sans grand succès; mais sa
reprise à l'Opéra le 2 août 1752, suivie de la représentation de plusieurs autres
opere buffe italiens, fut le signal de la réaction contre la musique nationale
(Querelle des Bouffons).

XV

Je ne doute pas qu'accoutumés une fois au récitatif italien, nous ne puissions l'introduire dans nos opéras; ou pourrait commencer par le hasarder dans quelques comédies, mais il y aurait ensuite du danger à le transporter dans les tragédies, car nous sommes bien difficiles sur ce qui peut nous donner des plaisirs nouveaux, et l'idée de comique que nous aurions attachée à ce chant nous révolterait d'abord. On pourrait faire succéder un opéra bouffon français à un opéra bouffon italien, donner ensuite une tragédie italienne et puis un opéra français. Nos oreilles auraient peine à s'y faire; mais nous y gagnerions certainement beaucoup. Notre opéra deviendrait une vraie tragédie en une ligne, un ouvrage en règle, et non pas un ouvrage étranglé, châtré, où rien n'est filé, ni préparé : le récitatif n'occuperait guère plus de temps qu'une déclamation ordinaire, et n'ennuierait plus. Nous aurions d'ailleurs sur les Italiens l'avantage de la danse et des chœurs et ces avantages qui rendraient notre genre d'opéra supérieur à ceux des Italiens, paraîtraient alors avec encore plus d'éclat. Je crois même qu'alors on pourrait employer et la danse et les chœurs plus sobrement et les lier plus qu'on ne fait à l'action. Dans l'état où est notre opéra, il est impossible d'y donner de l'intérêt. L'esprit est trop distrait par la musique, par les danses, par les chœurs, pour ne pas perdre de vue à chaque instant le sujet principal; mais quand notre opéra serait devenu une tragédie déclamée, alors il deviendrait plus difficile d'y coudre des divertissements inutiles et postiches. Il faudrait qu'il n'y en eût qu'autant qu'ils seraient nécessaires au sujet et qu'ils ne fissent point perdre de vue l'action principale. L'opéra rentrerait alors davantage dans la nature et l'illusion y serait plus réelle. Dans l'état où il est ce ne sont que de grandes marionnettes pour des enfants décrépits.

XVI

Je ne doute point que le récitatif proposé ne plût à la longue à notre nation; s'il ne plaisait pas d'abord par lui-même, il plairait par les avantages qu'il entraînerait et l'ennui qu'il gagnerait[1]. Il faudrait nous ménager d'abord par de très petites scènes et par beaucoup de divertissements. Enfin, quand on nous aurait accoutumés à trouver de l'expression dans cette manière de chanter, on pourrait nous donner la dose un peu plus forte, et il ne faut pas s'imaginer que ce chant fût ni dût être fort différent de celui de nos bons opéras : il ne différerait de notre récitatif qu'en ce que les cadences, les tenues, en un mot tous les contresens de notre ancienne mélopée auraient disparu. Il resterait uniquement ceux que l'auteur aurait mis. Mais ces contresens seraient alors bien plus faciles à apprécier, parce qu'on pourrait plus aisément comparer le chant avec la déclamation.

XVII

Je parle par expérience. J'ai examiné plusieurs scènes de récitatif; je les ai chantées à l'italienne, en supprimant les longues cadences et les tenues : il en a résulté un chant assez semblable au récitatif italien, et j'ose le dire, qui ne déplairait pas pour peu qu'on voulût s'y prêter. J'en ai fait l'essai devant quelques personnes qui en ont jugé comme moi. Mais ce qui m'a le plus frappé des avantages de cette manière de chanter,

---

1. L'ennui qu'il gagnerait de vitesse, devancerait.

c'est que les contresens y sautent aux yeux. Je crois au moins que ce serait une très bonne méthode pour tous les musiciens d'essayer ainsi leur récitatif. Je les exhorte à ne pas négliger cette idée et je me flatte qu'ils en éprouveront les avantages.

XVIII

Je désirerais que les duos fussent plus en dialogue; on pourrait prendre pour modèles ceux de la *Serva padrona*. Je remarquerai à cette occasion que dans les duos qui vont ensemble, c'est un défaut que de vouloir y mettre trop d'harmonie: la mélodie la plus simple y suffit; le chant à la tierce y est le plus propre, et je ne connais guère de duos qui aient réussi où l'accord ne soit à la tierce. Il y en a un dans *Platée*, dont j'ai toujours regretté l'exécution: c'est celui de Platée et de Cithéron: «Je n'accuse que toi! moi!» Les trios sont plus susceptibles d'harmonie, et je regrette fort celui du trio des Parques, dans *Hippolyte*, qui n'a jamais été exécuté[1]. Je conçois l'effet qu'il doit faire par ce qui m'en a paru sur le papier; mais je voudrais que les trios ne s'employassent jamais que dans de grandes occasions, et surtout dans les sujets nobles ou tristes. Ma raison est que l'harmonie en fait le mérite, et que l'harmonie ne doit point faire le fond des sujets tendres ou gais. Voilà mes principales réflexions sur l'expression musicale du chant, lorsqu'il est accompagné de paroles. Venons maintenant aux symphonies.

---

1. La tragédie lyrique *Hippolyte et Aricie* de Rameau (1733) comporte deux trios des Parques à l'acte II. Le second, particulièrement difficile à exécuter, a dû être supprimé après les premières répétitions et ne fut jamais donné à l'Opéra.

XIX

La musique n'est pas simplement un bruit agréable, quoique beaucoup de personnes semblent se borner à cette idée; c'est une langue ou une espèce de langue faite pour produire quelque sentiment dans l'âme. Mais cette langue est telle, par elle-même, qu'elle ne peut exciter tout au plus qu'un sentiment assez vague, quand elle n'est jointe d'ailleurs à rien. La mesure et la nature des sons et celle des instruments sont les trois moyens principaux dont la musique se sert quand elle n'est pas jointe à des paroles; ainsi la mesure indique en général la gaieté, la lenteur de la mesure, jointe à la gravité des sons, indique quelque chose de majestueux : la flûte est l'instrument de la tendresse, le basson, par ses sons déchirés, est celui de la tristesse ou de l'horreur. De là il suit d'abord que ce qu'on appelle symphonie isolée, comme sonate ou concerto, et qui n'est pas capable d'exciter dans l'âme quelque sentiment, est d'assez mauvaise musique. Il ne faut donc point s'étonner si nos fameux violons, nos grandes exécutions font pour l'ordinaire si peu de plaisir au *concert spirituel*[1]; la musique qu'ils jouent est sans caractère, et le caractère de leur jeu n'est souvent que trop bizarre. Ce n'est point pour assister à des tours de force qu'on va entendre de la musique; c'est un discours qu'on veut écouter. Nos célèbres violons ne sont que des danseurs de corde. Je les compare à un homme qui dirait par cœur rapidement et sans suite les mots d'un dictionnaire.

---

1. Sur le Concert Spirituel, voir notre Introduction, p. 20. Le jugement de d'Alembert tranche avec le succès qu'a connu cette institution, notamment après 1748. En 1752, soit l'année approximative de notre texte, le *Mercure de France* (mai 1752, p. 176) écrit qu'«on y courait en foule, on en sortait enchanté».

Le goût des sonates nous a gâtés, et le plus philosophe de nos écrivains a bien raison de dire : « Sonate, que me veux-tu ? »[1] Une symphonie faite pour être isolée ne saurait donc avoir un caractère trop déterminé, et c'est un grand défaut pour elle, quelque harmonieuse et quelque bien composée qu'elle puisse être d'ailleurs, que de ne pas mettre le spectateur en état de dire : c'est telle chose que le musicien a voulu peindre. Il est fort difficile, je l'avoue, peut-être même impossible, que le sentiment y soit détaillé jusqu'à un certain point, parce que la musique, comme nous l'avons dit ailleurs, est une langue sans voyelles, et qu'il est difficile de dire ce que le musicien a voulu peindre si on n'en est pas prévenu auparavant ; alors on sera en état de juger si le musicien a parfaitement bien peint l'idée qu'il s'est proposée ; aussi je crois qu'en général les symphonies isolées, quand elles ne sont jointes à aucune action, peuvent faire une musique très insignifiante. Il n'en est pas de même quand elles sont jointes avec une action, c'est-à-dire quand elles sont accompagnées d'une danse, ou liées au spectacle d'une tragédie. Le spectateur, alors plus au fait du sujet, est bien plus en état d'appliquer pour ainsi dire la musique à l'action et de voir si l'une est une traduction fidèle de l'autre.

XX

Dans les symphonies faites pour être dansées, il est nécessaire que comme chaque pas exprime une action, chaque note exprime aussi en quelque manière l'action que le pas représente ; et sur cela je ne puis m'empêcher de faire deux observations : la première, c'est que nos danseurs me

1. Voir Introduction, p. 18.

paraissent beaucoup plus occupés de la danse en elle-même que de l'action qu'elle doit représenter ; la plupart me semblent des statues qui marchent, et il n'y a presque aucune de nos danses qui représente quelque chose. La seconde, qui est encore plus importante, c'est que la musique et l'action ne sont presque jamais d'accord. Un des ballets que j'ai vu le mieux dessinés à l'opéra est à l'air de la rose dans l'Acte des fleurs des *Indes galantes* [1]. Il est vrai, si j'ose le dire, que le mérite principal est au musicien qui a su si bien désigner toute l'action par la musique qu'il n'a pas été possible au danseur de s'y tromper ; mais dans d'autres symphonies où il ne paraît pas avoir été moins heureux, je ne vois point qu'on ait suffisamment exprimé son idée. J'en pourrais ici rapporter plusieurs exemples. Il serait à souhaiter que tous les musiciens, en donnant au maître des ballets la musique de leurs danses, eussent soin de mettre presque à chaque mesure ce qu'ils ont prétendu exprimer par leur musique ; il serait bien plutôt à souhaiter qu'ils pussent eux-mêmes composer la danse par la musique, comme il le serait qu'ils fussent tout ensemble musiciens et poètes. Il serait à souhaiter aussi qu'en faisant graver leur partition, ils y joignissent cette espèce de traduction à côté. Ils obtiendraient par là plusieurs avantages : le premier, c'est qu'ils mettraient le public à portée de juger si le danseur a bien rendu leur idée et s'il était possible de la mieux rendre qu'il ne l'a fait. Le second, c'est que le public serait plus à portée de leur rendre justice sur la manière dont eux-mêmes auraient exécuté cette idée, sur l'art qu'ils y auraient mis, sur la difficulté qu'il y avait à vaincre et peut-être sur les effets qu'ils

---

1. Plus exactement : IIIe Entrée (« Les fleurs, Fête persane »), scène 8 « La Fête des fleurs ».

auraient manqués. Le troisième, c'est que les musiciens médiocres ne feraient plus d'opéras, parce qu'ils seraient forcés de donner un caractère à leur musique ou de se taire. On ne peut se dissimuler que les opéras de Lulli, à cet égard, sont étrangement défectueux. Presque aucun de ses airs de violon n'a de caractère décidé, tous sont jetés dans le même moule, aussi les danses qu'on y a adaptées sont presque toujours sans action et sans vie ; ce sont des gens qui dansent pour danser, et nos danseurs y sont tellement accoutumés qu'aujourd'hui même ils ne mettent guère plus d'expression dans des symphonies beaucoup plus expressives. Si un musicien habile entreprenait de refaire presque toutes les symphonies de Lulli, il rendrait à ses opéras un grand service ; cependant quelles clameurs n'aurait-il pas à essuyer, tant nous sommes en garde contre nos plaisirs.

XXI

Les symphonies jointes à la danse ont cet avantage, que tel air qui en lui-même ne serait peut-être pas fort agréable, devient charmant quand il est joint avec la danse. Ainsi l'air des « fous mélancoliques » de *Platée*, joué seul et sans autre circonstance, serait peut-être un plaisir médiocre. Jointe à une danse qui en peigne bien les différents caractères, cette symphonie est un chef-d'œuvre.

XXII

Je passe aux symphonies qui ne sont pas accompagnées de danse ; mais avant d'en venir là, je dirai que les pas de deux ou de trois, ou en général les pantomimes sont ce qui me paraît être plus propre à la danse, parce qu'une pantomime est une espèce de scène, un dialogue que le musicien peut exprimer, car il y a un art de dialoguer avec les instruments. J'en citerai par exemple l'entrée du sacrificateur, du second acte des *Fêtes de l'hymen*[1], où le dialogue est admirable. Les plaintes de la victime, la majesté du sacrifice, tout cela est bien rendu par le musicien; mais tout a échappé aux spectateurs, parce que la danse était mauvaise. On ne saurait croire à quel point les ballets bien adaptés aux symphonies nous rendraient connaisseurs. Nous le deviendrions même sans nous en apercevoir; mais le peu de caractère de nos danses a accoutumé les spectateurs à ne regarder que des pas, à ne point s'occuper de l'action et à ne point écouter l'orchestre. Rameau nous y a forcés et néanmoins depuis lui, il y a encore les trois quarts des spectateurs pour qui l'orchestre ne fait que du bruit, à moins qu'il ne joue des symphonies fort triviales et d'une mesure très marquée. À l'égard des danses exécutées par un seul acteur, je voudrais qu'elles ne consistassent presque jamais à faire paraître un danseur isolé. Je voudrais qu'il eût presque toujours un spectateur muet, par exemple le héros de la pièce ou un autre personnage qui fît action et dialogue pour ainsi dire avec le danseur, comme dans le troisième acte de *Tancrède*, dans l'acte turc de l'*Europe galante*[2], dans les enchantements d'*Amadis*[3], etc., et dans d'autres. Une danse exécutée par un acteur seul est un monologue et il est bien difficile d'entendre ce que ce monologue veut dire s'il n'a quelque objet bien déterminé. Les gestes d'un danseur expriment quand ils s'adressent à quelque chose ou à quelqu'un et non quand ils ne s'adressent à rien.

---

1. Opéra-ballet de Rameau, 1747.
2. Opéra-ballet de Campra, 1697.
3. Tragédie lyrique de Quinault et Lully, 1684.

XXIII

À l'égard des symphonies qui ne sont pas jointes à la danse, voici ce qu'il y faut distinguer : ou elles accompagnent le chant, ou elles coupent le chant, ou elles sont absolument détachées du chant et ont pour objet de peindre quelque chose. Quand elles accompagnent le chant, je voudrais qu'elles ne se bornassent pas à l'harmonie et qu'elles peignissent le sentiment ou qu'on les supprimât. J'aimerais mieux un unisson qui fît corps avec la voix qu'un fatras de parties qui m'accablent et qui me détournent de l'objet principal. Il me semble que les Italiens ont sur ce point bien mieux saisi la nature que nous : leur accompagnement fait souvent unisson avec la voix ; quand il en est différent, il joint son expression à celle du chant et l'embellit. J'ai encore sur ce point une prière à faire à notre orchestre : c'est de savoir adoucir à propos ; il ne connaît que les forts, quelquefois les doux et jamais l'*à-demi-jeu* [1], qui peut néanmoins faire un grand effet quand il est bien placé.

Les accompagnements qui font dialogue avec le chant sont encore plus obligés à la vérité de l'expression, parce que le spectateur n'étant point détourné par un autre objet, les contresens sont plus sensibles. C'est là où l'art du musicien paraît, mais la plupart ne savent autre chose depuis Lulli que de faire de ce genre d'accompagnement une espèce d'écho qui répète le chant et qui, par conséquent, ne dit rien de plus aux spectateurs.

---

1. « Manière de jouer qui tienne le milieu entre le *Fort* et le *Doux* ». (J.-J. Rousseau, *Dictionnaire de musique*). Le reproche de d'Alembert s'applique à l'orchestre de l'Opéra, dont on dit qu'il était composé d'instrumentistes médiocres qui jouaient trop fort.

À l'égard des symphonies qui ne sont pas jointes au chant, mais qui sont uniquement destinées à quelque tableau, je n'ai rien à ajouter sur ce point à ce que j'ai dit dans le *Discours préliminaire de l'Encyclopédie*, et dans mes *Éléments de philosophie* sur la manière de représenter les différents objets par le moyen de la musique[1]. On sent assez comment elle peut peindre une tempête, un bruit, mais qu'on prenne garde comment elle peint un sommeil : c'est en donnant à l'âme la quiétude que le vrai sommeil répand ; qu'on se rappelle le succès de l'ouverture de *Zélindor*[2], c'est le goût léger et pour ainsi dire aérien qui y domine qui a fait ce succès. Cependant on ne peint point réellement l'air ni les sylphes, mais on peut donner à la musique un caractère qui rappelle l'idée d'un sylphe ou d'un corps aérien. Ce caractère consistera dans la mesure vive et légère, dans la douceur des sons, dans le mélange heureux des flûtes et des instruments à vent, dans une symphonie qui paraîtra venir comme d'un nuage. Il en sera à peu près de même si on veut peindre l'aurore ou le lever du soleil[3].

1. Un bref passage du *Discours* (Paris, Vrin, 2000, p. 103-104) recommande de chercher à produire par la musique des émotions semblables à celles qu'excitent les objets qu'on veut peindre. Selon les *Éléments*, c'est parce que la langue fournit nombre d'expressions communes à la vue et à l'ouïe (*brillant, éclatant, haut* et *bas*, etc.) que la musique peut suggérer un tableau par des sons ; l'auteur précise que cela s'applique aussi à la musique purement instrumentale (IXe Éclaircissement, Paris, Belin, 1821, I, p. 243-245).

2. Opéra-ballet en un acte avec prologue, musique de F. Rebel et F. Francœur, 1745.

3. En 1753, sans doute peu après l'époque à laquelle d'Alembert rédige ce texte, Mondonville a tenté cette peinture du soleil levant dans sa pastorale héroïque *Titon et l'Aurore*, d'une manière que Chabanon commente dans son ouvrage (voir *infra*, p. 158).

MICHEL CHABANON
(1730-1792)

DE LA MUSIQUE CONSIDÉRÉE EN ELLE-MÊME ET DANS SES RAPPORTS AVEC LA PAROLE, LES LANGUES, LA POÉSIE ET LE THÉÂTRE

Présentation

Écrivain français né à Saint-Domingue, Michel Paul Guy de Chabanon a publié des pièces de théâtre et des traductions du grec et du latin, mais c'est surtout par ses écrits sur la musique qu'il retient l'attention. Il avait reçu une formation musicale sérieuse (il a été violoniste et compositeur), et possède en conséquence une bonne connaissance de son sujet, à la différence d'autres écrivains du temps ayant écrit sur la musique. Dans son *Éloge de Rameau* (1764) et le présent *De la musique* (1785), il manifeste un goût éclairé et une incontestable capacité d'analyse : partisan chaleureux de Rameau, mais sans aveuglement, il apprécie aussi bien la musique italienne et les opéras de Gluck. Comme théoricien, il développe une doctrine originale de l'expression musicale qui, sans renoncer à l'idée que la musique *parle*, voire *peint*, contient pourtant la contestation la plus nette et la plus lucide de la théorie classique de l'imitation. Selon Chabanon, la musique est

indissolublement mélodie et harmonie, la première étant
néanmoins l'agent déterminant du discours[1]. Cette musique
« qui chante » n'est pas essentiellement imitative, mais représente un contenu de manière indirecte, par le moyen des
rapports qui la constituent et des analogies que ces rapports
permettent. Comme ce qui *chante* renvoie à l'aspect mélodique, la musique n'a pas besoin de paroles, et l'auteur défend
donc aussi bien l'art purement instrumental. En fin de compte,
Chabanon défend la thèse que le plaisir musical trouve sa
source dans l'agrément procuré par les sons, mais de sons
éclairés par la perception des rapports et donc d'un contenu,
même si ce contenu reste en grande partie indéterminé.

    Les premiers chapitres posent les bases de la doctrine.
L'auteur analyse d'abord la nature de la musique (chap. I),
et s'attaque dès le chapitre II à la théorie de l'imitation et à
la prétention d'appliquer à cet art « la proposition d'Aristote
que tous les arts ne sont que l'imitation de la nature. »
Le chapitre IV, intitulé « La musique plaît indépendamment de
toute imitation », s'appuie sur l'exemple des enfants, des
animaux, des sauvages et des hommes du peuple pour conclure
qu'elle agit immédiatement sur nos sens. Mais l'*esprit* humain
« s'immisce au plaisir des sens », cherche des rapports, des
analogies, et en vient ainsi à attribuer à la musique l'imitation
pour fin secondaire ; l'esprit se montre toutefois peu exigeant
sur ce point, et « les moindres analogies, les plus légers
rapports lui suffisent ». Cette ambiguïté explique le début du

---

1. Si l'on se reporte au débat entre Rameau et Rousseau, cette affirmation
semble être une critique de Rameau. Mais ce dernier, tout en défendant la thèse
du caractère fondateur de l'harmonie, avait lui-même souligné l'importance de
la mélodie dans l'expression musicale ; sur ces deux points, Chabanon lui emboîte le pas, et soutient que Rameau est en fait un excellent mélodiste (chap. I).

chapitre v, où l'auteur montre comment la musique imite, alors que depuis le début il soutient qu'elle n'est pas *essentiellement* un art d'imitation. Il parcourt ensuite les différents cas de cette imitation seconde, en soulignant en même temps son caractère approximatif et «imparfait». Dans le chapitre vi, il concède que l'intention de peindre a des avantages (ajouter un intérêt, surtout à destination «des demi-connaisseurs et des ignorants»), mais en évoque aussi les inconvénients. Le chapitre vii enfin aborde la question délicate du rapport entre la mélodie et la langue. Contre un «préjugé» répandu et notamment contre Rousseau, Chabanon défend vivement l'autonomie de la mélodie, en s'appuyant sur des exemples précis et en accumulant les arguments. Arguments qu'on retrouvera désormais, ensemble ou séparément, chez tous les adversaires de la doctrine naïve de l'imitation.

MICHEL CHABANON

CHAPITRE V [1]

De quelle manière la musique produit ses imitations

Nous voici déjà loin du paradoxe que nous paraissions d'abord vouloir soutenir, que la musique manque de moyens propres à l'imitation : en retranchant de cette assertion ce qu'il y avait d'exagéré, nous nous trouvons conduits à l'examen des moyens par lesquels la musique imite. Elle assimile (autant qu'elle peut) ses bruits à d'autres bruits, ses mouvements à

---

1. Nous reproduisons le texte de l'édition de 1785, en modernisant l'orthographe et la ponctuation. Pour le texte complet, on peut se reporter à la réimpression parue à Genève, Slatkine Reprints, 1969.

d'autres mouvements, et les sensations qu'elle procure, à des sentiments qui leur seraient analogues. Cette dernière façon d'imiter fera le sujet d'un autre chapitre [1].

L'imitation musicale n'est sensiblement vraie que lorsqu'elle a des chants pour objet. En musique on imite avec vérité des fanfares guerrières, des airs de chasse, des chants rustiques, etc. Il ne s'agit que de donner à une mélodie le caractère d'une autre mélodie. L'art en cela ne souffre aucune violence. En s'éloignant de là, l'imitation s'affaiblit, en raison de l'insuffisance des moyens que la musique emploie.

S'agit-il de peindre un ruisseau? Le balancement faible et continué de deux notes voisines l'une de l'autre, fait onduler le chant à peu près comme l'eau qui s'écoule. Ce rapport, qui se présente le premier l'esprit, est le seul que l'art ait saisi jusqu'à présent. Et je doute qu'on en découvre jamais de plus frappant. L'intention de peindre un ruisseau rapproche donc nécessairement tous les musiciens qui l'ont et qui l'auront, d'une forme mélodique connue et presque usée. La disposition des notes est comme prévue et donnée d'avance. La mélodie, esclave de cette contrainte, en aura moins de grâce et de nouveauté. D'après ce calcul, l'oreille perd à cette peinture presque tout ce que l'esprit y gagne.

Que l'on joigne à la peinture des ruisseaux, le gazouillement des oiseaux; dans ce cas le musicien imitateur fait soutenir à la voix et aux instruments de longues cadences [2]; il y mêle des roulades, quoiqu'il n'y ait pas un oiseau qui fasse rouler son chant. Cette imitation a le double inconvénient

---

1. Le chapitre x de la première partie.
2. Voir *supra*, note 1, p. 129 au texte de d'Alembert. La cadence est vraisemblablement ici l'ornement correspondant au trille (alternance rapide d'une note et de la note conjointe supérieure).

d'être, d'une part, très imparfaite; de l'autre, d'assujettir le musicien à des formes souvent employées. M. l'Abbé Morellet[1] donne beaucoup d'éloges à l'air italien dont les paroles sont « Se perde l'ussignuolo »[2]. Sans me rappeler distinctement cet air, j'oserais garantir que la partie qui en est la plus agréable, n'est pas celle qui s'efforce d'imiter le chant du rossignol.

Je suppose un compositeur habile nécessité par les paroles à peindre l'onde qui murmure, et l'oiseau qui gazouille; oserait-on le blâmer s'il raisonnait ainsi? « Mon art ne peut rendre avec vérité les effets que mon poète en attend : en m'efforçant d'y atteindre, je cours risque de ressembler à tous ceux qui ont essayé le même tableau. La peinture des eaux, des fleurs, des zéphyrs, de la verdure, n'est jugée si lyrique que parce que la vue d'un site riant et champêtre produit sur nos sens une impression douce, et dispose notre âme à un calme heureux. Si donc, m'abstenant d'imiter ce que je ne puis rendre, j'imaginais seulement une mélodie suave et tranquille, telle qu'on désirerait l'entendre lorsqu'on repose sous un ombrage frais, à la vue des campagnes les plus belles, manquerais-je à mon poète et à mon art? » Pour peu que cet artiste raisonneur fût un homme de génie, qu'il sût exécuter un tel plan, je ne sais pas ce que les partisans de l'imitation auraient à lui reprocher.

L'air se couvre de nuages, les vents sifflent, le tonnerre prolonge ses longs retentissements d'un bout de l'horizon à l'autre… Que la musique est faible pour peindre de tels effets,

---

1. André Morellet, écrivain et traducteur français (1727-1819).
2. Il s'agit peut-être de l'air « Se perde l'usignolo », de l'opéra *Sesostri, re d'Egitto* (1751) de D. Terradellas (1713-1751), compositeur espagnol, auteur d'opéras dans le style italien.

surtout si le musicien s'attache à les détailler, et y met la prétention d'une peinture ressemblante ! Ici une fusée de notes montantes ou descendantes exprimera ou l'éclair, ou l'effort du vent, ou l'éclat du tonnerre ; car il a le choix entre tous ces effets ; le même trait pittoresque leur appartient et leur convient également. Eh ! supprimez tous ces tableaux de détail qui ne peignent rien : peignez en masse. Que le fracas, le tumulte, le désordre de la symphonie peignent le désordre et le bruit de la tempête, et surtout que la mélodie soit telle qu'on ne puisse pas dire : *tout ceci n'est que du bruit sans expression, ni caractère.*

J'assistais un jour sur le boulevard à un concert nocturne ; l'orchestre était nombreux et très bruyant. On exécuta l'ouverture de *Pygmalion*[1]. Le temps était disposé à l'orage. Au *fortissime* de la reprise on entendit un coup de tonnerre. Tout le monde, ainsi que moi, sentit un rapport merveilleux entre la symphonie et le météore qui grondait dans les cieux. Rameau se trouva dans ce moment avoir fait un tableau dont ni lui ni personne n'avait soupçonné l'intention ni la ressemblance. Artistes musiciens, qui réfléchissez sur votre art, cet exemple ne vous apprend-il rien ?

Il est un effet dans la nature que la musique rend avec assez de vérité, c'est le mugissement des vagues en courroux. Beaucoup de basses jouant à l'unisson, et faisant rouler la mélodie comme des flots qui s'élèvent et retombent, forment un bruit semblable à celui d'une mer agitée. Nous avons tous entendu autrefois une symphonie où l'auteur, sans intention pittoresque, avait placé cet unisson. L'effet imitatif en fut si généralement senti que cette symphonie fut appelée « La

1. Acte de ballet de Rameau, créé en 1748.

tempête», quoiqu'il n'y eût rien d'ailleurs qui pût justifier cette dénomination[1]. D'après de tels faits, ne serait-on pas en droit d'appeler la musique *l'art de peindre sans qu'on s'en doute*?

Parlons d'une autre imitation, de celle qui peint à l'un de nos sens ce qui est soumis à un autre sens, comme lorsque le son imite la lumière.

Tout le monde sait l'histoire de l'aveugle-né, à qui l'on présentait un tableau, dans lequel on voyait des hommes, des arbres, des troupeaux. L'aveugle incrédule promenait soigneusement sa main sur toutes les parties de la toile, et n'y trouvant qu'une surface plane, ne pouvait y supposer la représentation de tant d'objets différents. Cet exemple démontre qu'un sens n'est point juge de ce qu'un autre sens éprouve. Aussi n'est-ce pas à l'oreille proprement que l'on peint en musique ce qui frappe les yeux : c'est à l'esprit, qui, placé entre ces deux sens, combine et compare leurs sensations.

Dites au musicien de peindre la lumière prise abstractivement, il confessera l'impuissance de son art. Dites-lui de peindre le lever du jour; il sentira que le contraste des sons clairs et perçants, mis en opposition avec des sons sourds et voilés, peut ressembler au contraste de la lumière et des ténèbres. De ce point de comparaison, il fait son moyen d'imitation : mais que peint-il en effet? non pas le jour et la nuit, mais un contraste seulement, et un contraste quelconque : le premier que l'on voudra imaginer sera tout aussi bien exprimé par la même musique que celui de la lumière et des ombres.

---

1. L'évocation de Chabanon peut faire penser au *Finale* (surnommé «La tempesta») de la Symphonie n° 8 de Haydn, qui date de 1761. Mais d'autres œuvres du XVIIIe siècle portent un titre semblable.

Ne craignons pas de le répéter pour l'instruction des artistes; le musicien qui produit de tels tableaux ne fait rien s'il ne les produit avec des chants[1] heureux. Peindre n'est que le second de ses devoirs; chanter est le premier : s'il n'y satisfait pas, quel sera son mérite? Par le faible de son art, il peint imparfaitement; par le faible de son talent, il manque aux principales fonctions de son art.

Comment la musique peint-elle ce qui frappe les yeux, tandis que la peinture n'essaye même pas de rendre ce qui est du ressort de l'ouïe? La peinture est tenue par essence à imiter, et fidèlement; si elle n'imite pas, elle n'est plus rien. Ne parlant qu'aux yeux, elle ne peut imiter que ce qui frappe la vue. La musique au contraire plaît sans imitation, par les sensations qu'elle procure : les tableaux étant toujours imparfaits, et consistant quelquefois dans une simple et faible analogie avec l'objet qu'elle veut peindre, de tels rapports se multiplient aisément. En un mot, la peinture n'imite que ce qui lui est propre, parce qu'elle doit imiter rigoureusement : la musique peut tout peindre, parce qu'elle peint tout d'une manière imparfaite.

CHAPITRE VI

Quels sont les avantages et les désavantages qui résultent de l'intention de peindre et d'imiter en musique

L'avantage essentiel, et presque unique, de l'imitation jointe à la musique, est d'unir à des situations intéressantes cet art qui leur prête un nouvel intérêt, et qui en reçoit lui-même un

---

1. *Chant* et plus loin *chanter* sont à entendre au sens de *mélodie, composer des mélodies.*

nouveau charme. Ici les exemples instruiront mieux que les raisonnements.

Cette symphonie dont j'ai fait mention tout à l'heure, et qui semblait faire gronder la mer en courroux, entendue au concert, n'a jamais excité que le sourire de l'esprit, étonné d'un effet imitatif qu'il n'attendait pas. Cette symphonie entendue au théâtre, et liée à la situation de la jeune Héro[1], attendant son amant dans la nuit sur les rives de l'Hellespont, deviendrait une scène tragique. C'est ainsi que l'ouverture d'*Iphigénie en Tauride*[2] annonce et commence un spectacle majestueux et terrible. Le spectateur, frappé par tous les sens à la fois, entend et voit la tempête; le trouble et l'intérêt pénètrent dans son âme par toutes les routes qui peuvent y conduire. À l'une des répétitions de cet ouvrage, on proposa de faire taire la machine qui imite le tonnerre afin que la musique fût plus entendue : c'était préférer l'illusion à la vérité même; et les musiciens opinaient pour que cela fût ainsi; mais la vérité du spectacle, et l'intérêt général ont prévalu.

L'ouverture de *Pygmalion*, digne d'être partout applaudie, le serait avec bien plus d'enthousiasme, si elle participait à l'intérêt d'une situation qui lui fût convenablement unie. Le hasard nous a révélé l'analogie de quelques traits de cette ouverture avec les éclats du tonnerre : hé bien! que durant cette symphonie, un malheureux, menacé de la foudre, erre à grands pas sur le théâtre, pour échapper au courroux céleste qui le poursuit, la musique recevra de la situation un intérêt qu'elle

---

1. Allusion à la légende de Léandre et Héro (Ovide, *Héroïdes*, XVIII et XIX); Chabanon pense peut-être à la cantate de Louis Nicolas Clérambault (1676-1749) composée sur ce sujet.

2. Tragédie lyrique en français de C. W. Gluck (1714-1787), créée en 1779. Le premier acte s'ouvre en effet sur une tempête.

lui rendra; et s'animant toutes deux, elles vivront l'une par l'autre.

Transportez la musique hors de la scène, elle gagnera moins à se rendre imitative : à peine, dans quelques airs, dans quelques monologues exécutés au concert, l'intérêt de la situation percera-t-il : dénué de tout ce qui le fonde, le prépare, l'anime et l'échauffe, cet intérêt se refroidit comme le fer embrasé lorsqu'on l'éloigne de la fournaise. Le dirai-je? Hors du théâtre, le seul avantage peut-être de la musique qui a des paroles, sur celle qui n'en a point, c'est que l'une aide la faible intelligence des demi-connaisseurs et des ignorants, en fixant le caractère de chaque morceau, en leur en indiquant le sens, qu'ils ne concevraient pas sans ce secours; tandis que la musi-que purement instrumentale laisse leur esprit en suspens, et dans l'inquiétude sur la signification de ce qu'ils entendent. Plus on a l'oreille exercée, sensible, et douée de l'instinct musical, plus on se passe aisément de paroles, même lorsque la voix chante; nul des symphonistes qui exécutent dans un orchestre de concert, n'entend les paroles que prononce le chanteur; et nul cependant n'est si fortement ému du chant d'un homme habile. Je me persuade que si quelqu'un voulait expliquer à ces musiciens symphonistes ce que le chanteur a voulu dire, ils prendraient leur instrument, et répétant la partie vocale, « voilà ce que le chanteur a dit », répondraient-ils.

Mais comment expliquer cet abus si grand, si général, de vouloir qu'à tout air facile et chantant on ajoute des paroles, fussent-elles petites, maniérées, spiritualisées? fût-ce de froids madrigaux, ou des lieux communs usés jusqu'au dégoût? n'importe, on croit servir la mélodie en la revêtant de ces guipures messéantes : critiquer cet abus, ce serait ne rien faire; il vaut mieux en rechercher la cause, peut-être en est-elle l'excuse.

Nul instrument sans doute ne plaît tant à notre oreille que la voix humaine : c'est celui qu'en général le plus grand nombre préfère ; et l'on n'admet pas que l'organe humain, accoutumé à prononcer les mots, se borne, même en chantant, à ne proférer que des sons : de là naît vraisemblablement notre indulgence pour toutes ces paroles si peu *chantables*, et qu'on se plaît à chanter. Le vide et le ridicule de ces sottises peu lyriques sont comme rachetés par le mérite qu'elles ont d'approprier à la voix humaine ce qui sans elles n'y serait pas propre. Nous faisons grâce aux mots, en faveur de l'instrument qui les prononce. À peine ces chansons sans caractère et sans expression méritent-elles d'être citées comme musique imitative ; c'est au sujet de l'imitation cependant que nous en avons parlé. Nous avons exposé les avantages de l'imitation jointe à la musique ; exposons les inconvénients, malheureusement trop communs, qui résultent de l'intention de peindre et d'imiter par les sons.

Ces inconvénients n'existeraient pas si le but direct de la musique était d'imiter. Tout musicien qui tendrait à l'imitation ferait tendre l'art à sa fin naturelle, et ne courrait aucun risque de s'égarer ; mais l'imitation n'étant que l'accessoire, et non le principal, l'essentiel de l'art, il est à craindre qu'en s'en occupant trop, on ne néglige ce qui était de nécessité première. Nous avons déjà vu combien la peinture de divers effets naturels borne et contraint les procédés de la mélodie ; que l'on n'en doute pas, hors du théâtre (où d'autres arts complètent l'imitation, où l'intérêt de la situation en seconde l'effet), on ne soutiendrait pas longtemps ces tableaux informes, qui ne peignent rien avec autant de vérité que les efforts de la mélodie pour exprimer ce qu'elle ne peut rendre. Que serait-ce qu'un concert où l'on voudrait sans cesse présenter à l'auditeur des tableaux différents, fussent-ils même désignés par des paroles ? Je me trompe fort, ou l'auditeur, lassé de cet optique musical, demanderait qu'on parlât un peu moins à ses yeux, et plus agréablement à ses oreilles. Terminons ce chapitre par quelques exemples qui servent à démontrer que l'imitation dans l'art n'est nécessairement que secondaire.

L'ouverture de *Pygmalion*, composée sans aucune intention pittoresque, devient un tableau par le seul effet de la mélodie. L'ouverture d'*Acanthe et Céphise*[1], où l'on a peint des fusées, un feu d'artifice, des cris de «Vive le Roi», est un morceau sans effet, qui ne peint ni ne chante. L'ouverture de *Naïs*, durant laquelle les Titans escaladent les cieux, ne cherche à peindre ni les rochers qui s'élèvent, ni ceux qui retombent, etc. Elle chante d'une manière âpre et vigoureuse, et le morceau produit de l'effet. Mondonville[2], dans un de ses motets, veut décrire le tour journalier du soleil : il fait chanter deux fois au chœur la gamme complète à deux octaves différentes, en montant et en descendant ; ce qui promène circulairement la mélodie, et la ramène au point d'où elle était partie[3] ; dans *Titon*, le même compositeur, pour peindre le lever de l'aurore, fait procéder graduellement tout son orchestre du grave à l'aigu, et il maintient à la fin les instruments planants dans le haut du diapason. Voilà deux tableaux aussi parfaits, aussi ressemblants que la musique puisse produire : pourquoi ces deux morceaux restent-ils sans effet et sans

1. Pastorale héroïque de Rameau, (1751), de même que *Naïs* (1749) évoquée dans la phrase suivante.

2. Compositeur français (1711-1772), auteur de motets (pièces vocales religieuses), de sonates et d'opéras, dont *Titon et l'Aurore* (1753) cité plus loin. Voir plus haut le texte de d'Alembert, note 3, p. 146.

3. Il s'agit vraisemblablement du motet *Cœli enarrant gloriam Dei* (Psaume 18), plus précisément du récit de basse-taille avec chœur sur le verset 7. Le motet a été donné au Concert Spirituel en 1750, et il fit forte impression.

réputation? Dans le superbe duo de *Sylvain* (production de M. Grétry[1], qui, ainsi que tant d'autres du même auteur, ne le cède, selon nous, à aucun chef-d'œuvre de l'Italie) je vois le même chant appliqué à ces paroles contradictoires l'une à l'autre : « Je crains – j'espère – qu'un juge – qu'un père, etc. »[2]. Les partisans les plus déclarés de l'imitation applaudissent pourtant à ce duo magnifique : tant la mélodie exerce en musique un empire irrésistible; tant la plupart de ceux qui raisonnent sur cet art en ont mal analysé les moyens, et se rendent peu compte des véritables causes de leurs plaisirs.

Une dernière conséquence qu'on ne peut s'empêcher de déduire de ce que nous venons d'avancer, c'est que les ouvrages de M. Gluck, s'ils n'étaient pas remplis d'une mélodie neuve, touchante et variée, n'auraient jamais produit l'effet que nous leur voyons produire.

CHAPITRE VII

Le chant n'est pas une imitation de la parole

La peinture des effets soumis à nos sens s'appelle *imitation*; la peinture de nos sentiments s'appelle *expression*; c'est de celle-là que nous allons parler présentement. Avant tout, nous avons à combattre une erreur assez généralement établie, et de laquelle il naît une foule d'erreurs; c'est que le chant soit une imitation de la parole; ou, pour nous expliquer encore avec plus de clarté, que l'homme qui chante doive

---

1. André Modeste Grétry, compositeur né à Liège (1741-1813); son *Sylvain* date de 1770.

2. Lorsque deux personnages chantent en même temps (duo), mais expriment des idées ou des sentiments différents, voire opposés, il arrive en effet que la musique soit néanmoins identique.

s'efforcer d'imiter celui qui parle. Que l'on nous pardonne si nous nous étendons un peu dans le développement de notre opinion sur ce point; nous avons à lutter contre la force d'un préjugé dont nous croyons la multitude imbue; d'un préjugé que des philosophes et des hommes de génie ont admis et répandu.

Pour que le chant fût une imitation de la parole, il faudrait que dans son institution il lui fût postérieur; mais, qu'on y prenne garde, il l'a nécessairement devancée.

L'usage de la parole suppose une langue établie : mais que ne suppose pas l'établissement d'une langue? Je ne répéterai pas ce que les meilleurs métaphysiciens ont écrit à ce sujet. Je ne marquerai point les degrés lents et successifs, par lesquels l'homme a dû passer, des simples cris du besoin à quelques sons imitatifs, et de ces sons à quelques mots qui leur ressemblassent. Pour l'observer en passant, cette formation des langues, vraisemblable à quelques égards, à quelques autres, manque de vraisemblance. Si toutes les langues étaient dérivées de l'imitation des objets et des effets naturels, elles devraient avoir toutes puisé, dans cette commune origine, des ressemblances et un caractère d'uniformité qu'elles n'ont pas. Dans toutes les langues, les mots qui expriment la mer, un fleuve, un torrent, un ruisseau, le vent, la foudre, etc. devraient être à peu près les mêmes, puisqu'ils auraient tous été institués et choisis pour imiter les mêmes choses. Que l'on compare les mots grecs qui correspondent à ceux que nous venons de citer, on trouvera qu'ils n'ont rien de commun. Revenons à notre sujet. J'admets ce que M. Rousseau de Genève a écrit sur l'origine des langues; *elle est*, dit-il, *si difficile à expliquer, que sans le secours d'une langue établie, on ne conçoit pas comment il a pu s'en établir une* [1]. L'origine du chant ne nous offre point ces difficultés; M. Rousseau lui-même paraît l'avoir senti. Il nous peint l'homme sauvage, isolé dans les bois, *s'appuyant contre un arbre, et s'amusant à souffler dans une mauvaise flûte, sans jamais savoir en tirer un seul ton*. Ce que le sauvage ne saurait faire avec sa flûte, il le fait sans peine avec sa voix : l'organe lui fournit les sons; et l'instinct, dont nous avons reconnu que l'animal, l'enfant et le sauvage sont doués, cet instinct musical lui indique l'ordre dans lequel il doit arranger les sons qu'il profère.

Quand nous supposerions que l'homme n'a chanté qu'après avoir appris à parler (ce qui ne peut s'admettre), encore faudrait-il qu'il eût essayé sa voix, son instinct mélodique, et formé quelques chants, avant de songer à unir le chant et la parole : ainsi, dans tout état de cause, l'un subsiste indépendamment de l'autre, et la musique instrumentale a nécessairement devancé la vocale; car lorsque la voix chante sans paroles, elle n'est plus qu'un instrument. Tous les philosophes, jusqu'à présent, ont regardé le vocal comme antérieur à l'instrumental; parce qu'ils ont regardé la parole comme la mère du chant, idée que nous croyons absolument fausse.

Les procédés de l'une et de l'autre diffèrent entièrement. Le chant n'admet que des intervalles appréciables à l'oreille et au calcul; les intervalles de la parole ne peuvent ni s'apprécier, ni se calculer. Cela est vrai pour les langues anciennes

---

1. *Notes sur l'égalité des conditions*, indique Chabanon en note. Il s'agit manifestement du second *Discours*, bien que Rousseau ne s'exprime pas exactement en ces termes : la première « citation » résume à sa manière le début du développement consacré à l'origine des langues (*Œuvres complètes*, « Bibliothèque de la Pléiade », III, Paris, Gallimard, 1964, p. 146); la deuxième reprend presque littéralement une phrase de la note XVI de Rousseau (*ibid.*, p. 220).

comme pour les modernes. Ouvrez Aristoxène, dans ses *Éléments harmoniques*; voyez le commentaire de Porphyre sur Ptolémée; interrogez tous les musiciens grecs; lisez Cicéron, Quintilien, etc. Tous ont dit: « la parole erre confusément sur des degrés que l'on ne peut estimer; la musique a tous ses intervalles évalués et connus.» Je sais que Denis d'Halicarnasse fixe à l'intervalle de la quinte l'intonation des accents grecs. Nous tâcherons ailleurs d'expliquer ce passage; qu'il nous suffise ici d'annoncer que ce même Denis d'Halicarnasse nous a transmis le chant noté de quelques vers d'Euripide, et qu'il spécifie que ce chant contredit formellement l'intonation prosodique. Ainsi, chez les Grecs mêmes, chez ce peuple dont le langage, nous dit-on, était une musique, le chant différait encore entièrement de la parole. Non seulement l'appréciabilité des intervalles distingue le chant d'un autre langage, mais les trilles ou cadences, les prolations ou roulades[1], les tenues de plusieurs mesures, l'usage des refrains ou rondeaux, le retour des mêmes phrases et dans le mode principal, et dans les modes accessoires, la co-existence harmonique des sons, etc. etc. etc., tous les procédés du chant, enfin, s'éloignent de ceux de la parole, et souvent les contredisent. Ils n'ont de commun que l'organe auquel ils appartiennent.

Quoi! l'accent oratoire bien imité, est, selon quelques philosophes, une des principales sources de l'expression en musique, et Quintilien, dont la langue est, selon eux, si musicale, défend à l'orateur de parler comme l'on chante!

---

1. La prolation ou roulade est une autre sorte d'ornement (voir *supra*, note 2, p. 150): suite rapide de notes conjointes sur une même syllabe, destinée à relier deux notes disjointes.

M. Rousseau recommande à l'artiste musicien d'étudier l'accent grammatical, l'accent oratoire ou passionné, l'accent dialectique, et d'y joindre en suite l'accent musical. Je crains bien que l'artiste qui se dévouerait ces études préliminaires n'eût pas le temps d'arriver jusqu'à celle de son art. Quel est le musicien qui s'est rendu grammairien, orateur, auteur tragique et comique, avant d'adapter ses chants à des paroles ?

Si l'expression musicale est liée à l'expression prosodique de la langue, il ne peut y avoir pour nous de musique expressive sur des paroles latines : car nous ignorons la prosodie des Latins. Que devient dès lors l'expression du *Stabat*[1], ouvrage d'un musicien qui prononçait le latin autrement que nous ? Comment cet Arménien, que M. Rousseau vit dans l'Italie[2], goûta-t-il, dès la première fois, la musique de ce pays, dont il ignorait la langue ?

L'Italie fourmille depuis longtemps de compositeurs célèbres ; elle cite peu d'acteurs d'un talent très distingué. En France, nous excellons dans la déclamation, de l'aveu même des étrangers ; et la première leçon que nous donnons à nos acteurs, c'est de ne pas chanter : comment conseillerions-nous à nos musiciens d'imiter nos acteurs ? Cela implique contradiction.

Que dirons-nous de la musique instrumentale ? Ce système lui ôte toute expression, puisque l'instrument n'a rien de

---

1. Vraisemblablement celui de Pergolèse, compositeur italien, auteur de la *Serva padrona* dont il a été question dans le texte de d'Alembert (§ XIV, p. 136 et la note).

2. Épisode évoqué par Rousseau dans sa *Lettre sur la musique française* (*Œuvres complètes*, V, 1995, p. 301).

commun avec la langue. Quoi! la ritournelle[1] du *Stabat* est sans expression! Quoi! des tambourins, des allemandes n'ont pas l'expression de la gaieté!

La partie la moins musicale de la musique est le simple récitatif, qui tend à se rapprocher de la parole. C'est là que le chant dépouille tous les agréments mélodiques, cadences, ports de voix, petites notes suspendues, longues tenues; enfin, il n'y a pas jusqu'à la mesure qui, dans le récitatif de dialogue, devient incertaine et flottante. Malgré ce dépouillement du chant, réduit seulement à des intonations fixes et musicales, par cette seule propriété, le récitatif diffère essentiellement de la parole; il comporte partout une basse, et la parole n'en comporte jamais.

Voulez-vous concevoir mieux encore combien est faux le principe *que le mérite du chant est de ressembler au discours*? voyez combien M. Rousseau s'est embarrassé, et même égaré, en voulant l'établir. «Ce qu'on cherche à rendre par la mélodie, dit-il, c'est le ton dont s'expriment les sentiments qu'on veut représenter : et l'on doit bien se garder d'imiter en cela la déclamation théâtrale, qui n'est elle-même qu'une imitation, mais la voix de la nature parlant sans affectation et sans art. »

Qu'est-ce à dire? Comment! un musicien qui veut mettre en musique les plus beaux airs de Métastase[2], ne doit pas imiter la déclamation qu'y mettrait un excellent acteur, mais le ton simple et familier de la conversation! Mais les paroles de

1. Passage purement instrumental qui alterne avec les parties chantées. Les tambourins et les allemandes sont aussi ordinairement des pièces instrumentales.
2. Écrivain italien (1698-1782), auteur d'œuvres dramatiques dont beaucoup ont été mises en musique.

ces airs ne sont pas susceptibles d'un ton simple et familier : comme il est impossible que, dans une conversation ordinaire, personne jamais profère *d'impromptu* des vers tels que ceux de Métastase, il n'y a point de ton simple et familier qui puisse s'appliquer à ces vers : ne le cherchez pas ; ce ton n'existe point. Qu'est-ce que la belle et parfaite déclamation ? C'est le ton le plus vrai que l'on puisse (suivant les genres différents) donner au discours que l'on prononce. Si le style est soigné, recherché, élégant, élevé, sublime, la déclamation doit en prendre le niveau, et s'éloigner elle-même du ton familier et populaire. Si donc la musique des opéras devait imiter la parole, ce serait à la déclamation de ces opéras qu'elle devrait se conformer. Dans ce cas, chaque tragédie de Métastase n'eût pas été mise en musique de vingt façons différentes ; car je ne pense pas qu'il y ait vingt façons de déclamer la même chose. Prenez l'air d'Alceste, « Je n'ai jamais chéri la vie »[1] ; prenez celui de *Roland*, « Je vivrai, si c'est votre envie »[2] ; donnez-les à déclamer à l'acteur le plus intelligent et le plus sensible, vous reconnaîtrez si les procédés de sa voix se rapprochent de ceux des deux compositeurs.

1. Air de la tragédie lyrique *Alceste* de Gluck, dans la version française de 1776 (acte II, sc. 3).
2. Tragédie lyrique de Lully, 1685 (air de Médor, acte II, sc. 4).

WILHELM HEINRICH WACKENRODER
(1773-1798)

**FANTAISIES SUR L'ART
PAR UN RELIGIEUX AMI DE L'ART**

Présentation

Le nom de Wackenroder surprendra sans doute le lecteur français, qui n'a guère l'occasion d'entendre parler de lui. Il a pourtant exercé une grande influence sur les romantiques allemands, malgré la brièveté de sa vie et la rareté de ses écrits[1]. Né à Berlin, forcé par son père à étudier le droit, et trop soumis pour s'opposer à lui, le jeune Wackenroder est resté tiraillé entre ses études et un tempérament qui le poussait à se consacrer aux arts. Il s'est beaucoup intéressé à la peinture, et rêvait d'être compositeur; à cette fin, il a d'ailleurs bénéficié des leçons ou des conseils de maîtres célèbres, comme Zelter et peut-être Forkel[2]. Ses idées en font un représentant typique

---

1. W. H. Wackenroder, *Fantaisies sur l'art*, introd., trad. J. Boyer, Paris, Aubier-Montaigne, 1945, p. 63-67.

2. Zelter (1758-1832) est connu notamment pour avoir été un des maîtres de Mendelssohn, à qui il a transmis son admiration pour J.-S. Bach. Forkel (1749-1818) est le premier biographe du même J.-S. Bach.

d'un courant de pensée appelé à connaître un grand succès au siècle suivant : « Sainteté de l'art, confusion du sentiment artistique et du sentiment religieux, confusion des sensations, valeur de la musique comme expression de l'infini. » [1] Sa manière d'écrire est à l'avenant : style exalté, surchargé, peu rigoureux en apparence. On ne peut cependant réduire Wackenroder à cette figure de rêveur sentimental. Sa formation universitaire et ses études musicales ont développé en lui des capacités d'analyse et de raisonnement dont il saura tirer parti dans sa réflexion sur la musique. Il oppose lui-même les deux manières de jouir de la musique qui sont les siennes : l'une, « la vraie » précise-t-il, part de l'observation attentive des sons pour aboutir à un abandon passif de l'âme au flot des émotions ; l'autre est une activité de l'esprit suscitée par la musique, où l'émotion est remplacée par les pensées ; c'est dans ce deuxième état, ajoute-t-il, qu'il peut le mieux réfléchir à la musique en théoricien de l'art [2]. Ces dispositions font que ses écrits sur la musique – pour ne rien dire ici de ses essais sur la peinture – contiennent bon nombre de remarques lucides et d'une incontestable pertinence, qui en tout cas, à en juger par leur retentissement, venaient à leur heure.

Les rares œuvres de Wackenroder ont été publiées par son condisciple et ami, l'écrivain L. Tieck : un premier ensemble en 1797, sous le titre *Effusions sentimentales d'un religieux ami de l'art* ; un deuxième recueil parut en 1799, augmenté de textes de Tieck et intitulé *Fantaisies sur l'art pour les amis de*

---

1. J. Boyer, introd. à sa traduction des *Fantaisies sur l'art*, p. 63. Comparer ce que Hanslick rapporte de Bettina von Arnim, *infra*, p. 224.

2. Lettre du 5 mai 1792 (*Sämtliche Werke und Briefe*, éd. par S. Vietta et R. Littlejohns, Heidelberg, Carl Winter-Universitätsverlag, 1991, II, p. 29).

l'art; en 1814, enfin, Tieck donna une édition « définitive » des œuvres de son ami, les *Fantaisies sur l'art par un religieux ami de l'art*, ne contenant cette fois que les essais de Wackenroder. Celui qu'on va lire figure dans les recueils de 1799 et de 1814. Le titre annonce une étude de l'« essence » et de la « psychologie » de la musique, mais cette étude n'est pas menée à partir de concepts esthétiques ou d'un système des arts ; elle se présente sous la forme de réflexions s'appuyant sur l'expérience personnelle de l'auteur, sur ce que cette expérience nous apprend quant au sens et aux effets de la musique. Peu de termes techniques, aucun exemple musical, mais une défense enthousiaste de la puissance exceptionnelle de l'art des sons, de sa capacité à nous transporter dans un autre monde ; le tout dans un style emphatique, abondant, chargé de métaphores et d'alliances de mots contradictoires, très représentatif d'un état d'esprit répandu à la fin du XVIIIe et au début du XIXe siècle.

Sans subdivisons explicites, le texte se compose d'une succession de paragraphes inégaux, dans lesquels on peut distinguer trois moments :

1. L'origine et le fondement de la musique (§ 1-11) : l'alliance originaire du son et des émotions forme comme une matière, à laquelle on a peu à peu imposé un système fondé sur les nombres ; ce système contraste avec le pouvoir émotionnel, mais il est lui aussi fondé en nature ; cette dualité entre une matière dépositaire d'un pouvoir « céleste » et le mécanisme qui l'informe est source de confusion, du côté des auditeurs, des compositeurs eux-mêmes, et des théoriciens qui veulent réduire l'essence de la musique en concepts.

2. Le sens véritable de la musique (§ 12-27) : ce sens repose sur l'étroite affinité entre les vibrations du cœur et les

mouvements du flot musical. Ces mouvements ont la particularité, à partir de leur indétermination initiale, de pouvoir suggérer à l'imagination l'infinie variété des affects (affects détaillés dans les § 21-26).

3. Le suprême triomphe de la musique, celui des pièces symphoniques. Moment étonnant, où l'auteur décrit de façon saisissante le monde de passions que nous offrent des symphonies qui ne sont pas encore écrites[1]. Ce moment prolonge en fait la réflexion du moment précédent en présentant les différents affects comme se suivant dans un parcours émotionnel total. Il accentue en même temps ce qui n'était que suggéré auparavant, à savoir les aspects d'excès, de transgression, de sacrilège voire de folie. Et le texte se termine par une question inattendue : après une nouvelle allusion au monde céleste, l'auteur en vient à se demander si l'âme musicale n'aspire pas plutôt à une félicité terrestre.

Le dernier paragraphe contient la réponse attendue, en même temps qu'un ultime rappel de l'impuissance du langage devant la musique.

1. Wackenroder a-t-il connu les trois dernières symphonies de Mozart, écrites en 1788 mais dont on ne sait ni où ni quand elles ont été jouées ? Aurait-il entendu les dernières « grandes » symphonies de Haydn ? Quant à Beethoven, sa première symphonie date de 1800, soit deux ans après la mort de Wackenroder.

W. H. WACKENRODER

L'Essence intime et propre de la musique
et la psychologie de la musique instrumentale
d'aujourd'hui [1]

(1) Le son ou la sonorité (*der Schall oder Ton*[2]) était primitivement une matière brute dans laquelle les peuples sauvages s'efforçaient d'exprimer leurs émotions (*Affekten*[3]) les plus informes. Quand leur être intérieur était ébranlé, ils ébranlaient également l'air environnant par des cris et des battements de tambour, afin de mettre le monde extérieur en accord avec l'effervescence intérieure de leur esprit. Mais après que la nature, dans sa débordante activité, a dispersé pendant des siècles en une proliférante ramure aux ramilles toujours plus fines les forces de l'âme humaine primitivement réunies par coalescence, il s'est constitué, dans les siècles plus récents, un système ingénieux à partir des sons également ; on

---

1. Titre original : *Das eigenthümliche innere Wesen der Tonkunst, und die Seelenlehre der heutigen Instrumentalmusik*. Pour le texte allemand, on peut se reporter à l'édition de J. Boyer (*supra*, note 1, p. 167), ou à l'édition critique de S. Vietta et R. Littlejohns : W. H. Wackenroder, *Sämtliche Werke und Briefe*, I, p. 216-223. Nous avons conservé les paragraphes du texte allemand, mais légèrement modifié la ponctuation. Pour faciliter les références, nous avons numéroté ces paragraphes.

2. En dehors du § 1, l'auteur emploie régulièrement *Ton* là où nous traduisons par *son*.

3. L'élément affectif ou sensible joue un rôle déterminant dans tout le texte. Pour le désigner, Wackenroder emploie *Affekt, Empfindung* ou *Gefühl* (et les mots dérivés), sans qu'on puisse établir de distinction rigoureuse entre ces notions ; en la matière, les distinctions conceptuelles rigoureuses sont de toute manière récusées, comme on le voit plus loin. Selon les cas, les termes français *passion, émotion* et *sentiment* nous paraissent pouvoir rendre aussi fidèlement que possible les intentions de l'auteur.

a par suite obtenu dans cette matière aussi, comme dans les arts des formes et des couleurs, une image et un témoignage sensibles du bel affinement et de l'harmonieux perfectionnement de l'esprit de l'homme d'aujourd'hui. Le rayon de lumière unicolore du son (*Schall*) s'est fragmenté en un feu d'artifice étincelant et multicolore où scintillent toutes les couleurs de l'arc-en-ciel; mais cela n'aurait pas été possible si antérieurement plusieurs sages n'étaient descendus dans la caverne oraculaire de la science la plus secrète, où la nature elle-même, la mère universelle, leur a révélé les lois fondamentales du son[1]. De ces mystérieux abîmes, ils rapportèrent à la lumière du jour la nouvelle doctrine écrite avec des nombres chargés d'un sens profond; puis ils composèrent un ordre stable et empreint de sagesse constitué d'une grande quantité de sons individuels, ordre qui est la source où les maîtres vont puiser les modes sonores (*Tonarten*) les plus divers.

(2) L'énergie physique, qui est de par son origine inhérente au son, a pu acquérir par ce savant système une diversité raffinée.

(3) Mais le caractère obscur et indescriptible qui se cache dans l'effet produit par le son, et qui n'existe dans aucun autre art, a gagné grâce à ce système une signification merveilleuse. Entre les rapports mathématiques particuliers des sons et les fibres particulières du cœur humain s'est révélée une inexplicable sympathie, qui a fait que la musique[2] est devenue

---

1. Le caractère naturel de ces lois est essentiel pour la théorie qui va être exposée. Les critiques adressées plus loin (§ 5 et la suite) à certains «esprits spéculateurs» ne visent pas les aspects scientifiques de la musique en eux-mêmes, mais l'impuissance de ceux qui s'en contentent.

2. Comme on voit dans le titre, «musique» traduit *Tonkunst* ou *Musik*, employés à peu près à part égale (sept et six occurrences). *Tonkunst* signifie littéralement «art des sons».

un mécanisme (*Maschinenwerk*) riche et malléable pour décrire les sentiments humains.

(4) C'est ainsi que s'est constituée l'essence propre de la musique d'aujourd'hui, qui, dans sa perfection actuelle, est l'art le plus jeune de tous. Aucun autre art n'est capable de fondre de façon aussi mystérieuse ces qualités de profondeur, d'énergie physique et de signification obscure et fantastique[1]. Cette fusion remarquable et étroite de qualités apparemment contradictoires fait toute la fierté de son excellence, même si cette dernière a provoqué bon nombre d'étranges confusions dans l'exercice et la jouissance de cet art, ainsi que beaucoup de sottes querelles entre des esprits qui ne pourront jamais se comprendre.

(5) Les profondeurs scientifiques de la musique ont attiré un certain nombre de ces esprits spéculateurs, sévères et tranchants dans tout ce qu'ils entreprennent, qui ne recherchent pas le beau par un amour franc et pur ni pour lui-même, mais ne l'estiment que pour le hasard en vertu duquel on pouvait lui adjoindre des forces singulières et peu communes. Au lieu de souhaiter au beau la bienvenue comme à un ami, sur tous les chemins où il vient amicalement vers nous, ils considèrent leur art davantage comme un ennemi inquiétant; ils cherchent à le combattre dans la plus dangereuse des embuscades, et finissent par se glorifier de leur propre force. Grâce à ces savants, le mécanisme intérieur de la musique, semblable à un ingénieux métier à tisser les étoffes, a été porté à un point de perfection étonnant, alors que souvent leurs œuvres d'art prises une à une doivent uniquement être considérées, comme

---

1. Sans doute une des premières apparitions d'une notion que les romantiques vont imposer.

on le ferait en peinture, comme d'excellentes études anatomiques et des poses académiques difficiles.

(6) C'est un triste spectacle que celui de ce talent fécond fourvoyé dans une âme gauche et un esprit sec. Dans un cœur qui lui est étranger, le sentiment du fantastique, mal armé pour s'exprimer par les sons, se languit alors dans son aspiration à la fusion – tandis que la création, qui veut épuiser toutes les possibilités, semble se plaire à organiser de mélancoliques tentatives avec de tels jeux douloureux de la nature.

(7) Ainsi la musique est le seul art qui dispose d'une matière première qui serait déjà en elle-même à ce point porteuse d'esprit céleste. Sa matière sonore, avec sa richesse ordonnée d'accords, vient au-devant des mains qui lui donneront forme, et elle exprime déjà de beaux sentiments, quand bien même nous ne ferions que l'effleurer avec simplicité. C'est ce qui explique que maints morceaux de musique, dont les sons furent disposés par leurs maîtres comme des nombres pour un calcul ou des pièces pour une mosaïque, simplement avec régularité mais de façon réfléchie et dans un moment de bonheur – lorsqu'ils sont exécutés par des instruments, expriment une poésie magnifique et chargée de sentiments quand bien même le maître n'aurait été que peu attentif au fait que, dans sa savante composition, le génie magiquement enfermé dans le royaume des sons battrait si magnifiquement ses ailes pour des esprits initiés [1].

(8) À l'inverse, certains esprits, non incultes pourtant mais nés sous une mauvaise étoile, murés intérieurement et impossibles à émouvoir, pénètrent avec leurs gros sabots dans

---

1. Sans rompre absolument avec les théories antérieures, cette idée d'une magie qui va au-delà des moyens consciemment mis en œuvre par le compositeur mérite d'être relevée.

le domaine des sons et les arrachent des emplacements qui leur sont propres, de sorte que l'on ne perçoit dans leurs œuvres que les cris douloureux et plaintifs du génie martyrisé.

(9) Mais quand la nature, dans sa bonté, réunit dans une même enveloppe les dispositions artistiques [1] distinctes, quand le sentiment de l'auditeur s'est enflammé encore plus ardemment dans le cœur du très savant maître de l'art et que celui-ci fait fondre la science profonde dans ces flammes, alors il en résulte une œuvre d'une suavité inexprimable, dans laquelle le sentiment et la science sont aussi intimement et aussi fortement liés que la pierre et la couleur dans un émail.

(10) De ceux qui considèrent la musique et tous les arts uniquement comme des institutions destinées à procurer à leurs organes de prosaïques béotiens ce qu'il faut nécessairement de nourriture sensible – alors pourtant que la sensibilité ne doit être regardée que comme le langage le plus puissant, le plus pénétrant et le plus humain dans lequel le sublime, le noble et le beau peuvent s'adresser à nous – de ces âmes stériles il n'y a pas lieu de parler. Elles devraient, si elles en étaient capables, vénérer cette sainteté profondément racinée et immuable qui appartient en propre à cet art avant tous les autres, au point que dans ses œuvres la loi d'airain du système, l'éclat original de l'accord parfait, ne saurait être ni détruite ni profanée même par les mains les plus viles. Bien plus : cet art est totalement incapable d'exprimer ce qui dans l'âme humaine est abject, bas et vil, mais de lui-même il ne peut donner que des mélodies simples et vives, auxquelles il faut

1. Litt. : les âmes artistiques (*Kunstseelen*). Il s'agit vraisemblablement, d'après la suite de la phrase, du sentiment enflammé de l'auditeur d'un côté, et de l'autre du talent (technique) du maître : la perfection de la musique exige la réunion des deux.

d'abord que les pensées terre à terre s'accrochent pour leur
prêter de la bassesse.

(11) Et si à présent les ratiocineurs posent la question : où
donc peut-on trouver le point central de cet art, où se cachent
son sens propre et l'âme qui assure la cohésion de toutes ses
diverses manifestations ? je ne peux ni le leur expliquer ni leur
apporter de preuves. Celui qui veut découvrir avec la baguette
magique de l'entendement investigateur ce qui ne peut être
ressenti que de l'intérieur de notre être, celui-là ne découvrira
jamais que des pensées sur le sentiment et non le sentiment lui-
même. De toute éternité, un abîme hostile s'est installé entre le
cœur sensible et les investigations de la recherche, et le cœur
est une entité divine autonome et close que la raison ne peut ni
violer ni analyser. – Tout comme chaque œuvre d'art ne peut
être saisie et comprise intérieurement que par le même
sentiment qui l'a créée, ainsi le sentiment ne peut absolument
être saisi et compris que par le sentiment : les peintres ensei-
gnent de même que chaque couleur prise individuellement ne
peut faire connaître sa véritable essence que si elle est éclairée
par une lumière de même couleur. – Celui qui sape les choses
les plus belles et les plus divines du royaume de l'esprit avec
son *pourquoi* ? et sa quête éternelle de la fin et de la cause,
celui-là ne se préoccupe nullement, en réalité, de la beauté et
du caractère divin des choses mêmes, mais seulement des
concepts, qui sont les délimitations et les enveloppes des
choses grâce auxquelles il organise son algèbre. Mais, pour
parler hardiment, celui que depuis son enfance l'élan de son
cœur entraîne avec force à travers la mer des pensées, tout droit
tel un intrépide nageur, vers le château enchanté de l'art, celui-
là écarte courageusement de sa poitrine les pensées comme
des vagues qui le gênent, et pénètre au saint du sanctuaire,
pleinement conscient des mystères qui fondent sur lui.

(12) Ainsi je m'enhardis à exprimer du plus profond de mon être le sens véritable de la musique, et je déclare :

(13) Quand toutes les vibrations intimes des fibres de notre cœur – celles, frémissantes, qui expriment la joie, celles, violentes du ravissement, les palpitations fiévreuses de l'extase dévorante – quand, toutes, par un cri font éclater le langage des mots, qui est le tombeau de la fureur intime du cœur, alors elles surgissent sous un ciel étranger, au milieu des vibrations de harpes pleines de grâces, comme si elles entraient dans l'au-delà avec une beauté transfigurée [1], et elles célèbrent sous la forme d'anges leur résurrection.

(14) Des centaines et des centaines d'œuvres musicales parlent le langage de la gaîté et du plaisir, mais un génie différent chante en chacune d'elles, et à chacune de leurs mélodies répondent les vibrations d'autres fibres de notre cœur. – Que recherchent-ils, ces ratiocineurs timorés et sceptiques qui veulent absolument que l'on puisse expliquer avec des mots chacune de ces centaines et centaines d'œuvres musicales, et qui ne peuvent se résigner à ce qu'il n'y ait pas pour chacune un sens exprimable, comme il y en a pour une peinture [2] ? S'efforcent-ils de mesurer le langage le plus riche à l'aune du plus pauvre, et à résoudre en mots ce qui méprise les mots ? Ou n'ont-ils jamais éprouvé de sentiments sans mots ?

---

1. « Ciel étranger », « beauté transfigurée » : les vibrations du cœur ne se retrouvent pas simplement telles quelles dans la musique, elles acquièrent une autre nature.

2. La comparaison avec la peinture, traditionnelle au XVIIIᵉ siècle, est utilisée non plus pour affirmer que la musique a bien, au même titre qu'elle, un contenu exprimable en mots, mais pour souligner que le sens propre de la musique excède le pouvoir d'expression des mots. Et si l'on peut encore parler du « langage » de la musique (phrase suivante), ce langage est d'une tout autre richesse.

N'ont-ils rempli le vide de leur cœur qu'avec des descriptions de sentiments ? N'ont-ils jamais appréhendé dans leur être intérieur le chant muet, la mascarade des esprits invisibles ? Ou bien ne croient-ils pas aux contes ?

(15) Je vais recourir à l'image d'un fleuve qui coule. Aucun art humain n'est capable, avec des mots, de décrire pour l'œil l'écoulement d'un fleuve au cours changeant, avec ses mille vagues plates et hérissées, croulantes et écumantes ; le langage ne peut que misérablement compter et nommer les changements, il ne peut pas nous rendre visibles les transformations continues des gouttes d'eau. Il en va de même pour le fleuve mystérieux qui coule au fond de l'âme humaine. Le langage compte, nomme, décrit ses transformations, mais en recourant à une matière étrangère : la musique nous donne le cours du fleuve lui-même. Elle met résolument la main sur les cordes de la harpe mystérieuse, fait sonner dans le monde obscur certains signes magiques obscurs selon un ordre de succession déterminé – et les cordes de notre cœur se mettent à résonner, et nous comprenons leur sonorité.

(16) Dans le miroir des sons le cœur humain apprend à se connaître lui-même ; c'est par les sons que nous apprenons à sentir le sentiment. Ils donnent une conscience vivante à un grand nombre d'esprits rêvant dans les recoins cachés de l'âme, et enrichissent notre être intime avec de tout nouveaux esprits enchanteurs du sentiment.

(17) Et tous ces affects résonnants sont régis et dirigés par l'aride système scientifique des nombres, semblable en cela aux étranges et puissantes formules magiques d'un redoutable vieil enchanteur. Oui, le système produit, de façon remarquable, certaines tournures et transformations merveilleusement nouvelles des émotions, ce qui fait que l'âme s'étonne de sa propre essence, tout comme il arrive que

le langage des mots reflète des pensées nouvelles à partir des expressions et des signes des pensées, et dirige et régente les ballets de la raison dans ses évolutions.

(18) Aucun art ne décrit les émotions avec autant de sens artistique, de hardiesse et de poésie, ce qui précisément fait dire aux âmes froides : de façon aussi contrainte. Donner corps, pour en faire des masses compactes et variées, aux sentiments qui dans la vie réelle se perdent et errent de-ci de-là, constitue l'essence de toute poésie[1] ; elle sépare ce qui est réuni, et réunit solidement ce qui est séparé, et dans les limites plus étroites et plus précises <ainsi définies> roulent des vagues plus élevées, plus rebelles. Et où donc les limites et les sauts sont-ils plus précis, où les vagues s'élèvent-elles plus haut que dans la musique ?

(19) Mais dans ces vagues ne s'écoulent en fait que l'essence pure et informe, l'allure et la couleur, et avant tout aussi les mille changements d'état des émotions ; l'art idéal et d'une pureté angélique ne sait, dans son innocence, ni d'où proviennent ni où vont ses élans, elle ne connaît pas la relation entre ses sentiments et la réalité du monde.

(20) Pourtant, bien qu'il soit innocent, grâce au charme puissant de sa forte emprise sur les sens, l'art idéal soulève les merveilleuses et foisonnantes cohortes de l'imagination qui peuplent les sons d'images magiques et transforment les élans informes en figures déterminées d'affects humains, lesquels, semblables aux images illusoires d'une fantasmagorie magique, défilent sous nos sens :

---

1. Wackenroder rapproche abusivement *dicht* (compact) et *Dichtung* (poésie) : malgré les apparences, les deux mots ont une racine différente (germanique pour le premier, latine pour le second).

(21) nous voyons alors la gaîté sautillante, dansante, au souffle court, qui transforme chaque gouttelette de son existence en une joie parfaite ;

(22) la douce satisfaction, solide comme le roc, qui file son existence tout entière à partir d'une conception du monde harmonieuse et limitée, qui applique à toutes les situations de la vie ses pieuses convictions, ne modifie jamais le mouvement, lisse tout ce qui est rugueux, et qui dans toutes les transitions estompe la couleur ;

(23) la joie virile et jubilante, qui tantôt parcourt en tous sens le labyrinthe entier des sons, à l'instar du sang chaud et rapide qui coule dans les veines au rythme du cœur, et tantôt, avec une noble fierté, avec entrain et impétuosité, s'élève dans les airs comme en triomphe ;

(24) la douce langueur nostalgique de l'amour, l'éternelle alternance de la nostalgie qui monte et retombe, tandis que l'âme, après s'être délicatement glissée à travers des tons voisins, s'élance soudain avec une hardiesse contenue vers le haut et de nouveau retombe – se contorsionne d'un désir insatisfait à l'autre avec une voluptueuse mauvaise humeur, se repose volontiers sur des accords à la fois doux et douloureux, aspire sans cesse à la résolution et finit par se résoudre dans les larmes ;

(25) la douleur profonde, qui tantôt se traîne comme dans des chaînes, tantôt gémit en hoquetant, tantôt se répand en longues plaintes, parcourt toutes les variétés de la douleur, façonne avec amour sa propre souffrance et n'entrevoit que rarement au travers des sombres nuages de faibles lueurs d'espérance ;

(26) la pétulante, légère et joyeuse fantaisie, semblable à un tourbillon qui fait échouer tous les sentiments graves, et dans le joyeux remous joue avec leurs débris – ou à un démon

grotesque qui raille tout sublime humain et toute douleur
humaine en les singeant avec ses bouffonneries, et se singe lui-
même avec ses pitreries – ou à un esprit des airs au vol mal
assuré qui arrache toutes les plantes du ferme sol terrestre, les
parsème dans l'infini de l'air et aimerait volatiliser le globe
terrestre tout entier.

(27) Mais qui peut toutes les compter et les nommer, les
fantasmagories aériennes que les sons font galoper à travers
notre imagination comme des ombres changeantes ?

(28) Et pourtant je ne peux m'empêcher de faire encore
l'éloge du dernier et suprême triomphe des instruments <de
musique> : je veux parler de ces grandes et divines pièces
symphoniques (créées par des esprits inspirés), dans lesquelles
ce n'est pas une unique émotion qui est dessinée, mais où se
déverse tout un monde, tout un drame de passions (*Affekten*)
humaines. Je vais présenter en termes généraux ce qui s'offre à
mes sens.

(29) Avec une joie légère et badine, l'âme sonore s'élève
de sa caverne oraculaire – semblable à l'innocence de l'enfance qui esquisse quelques pas lascifs de la danse de la vie,
qui, sans le savoir, se moque du monde entier et se borne à
répondre par un sourire à sa propre sérénité intérieure. – Mais
bientôt les images qui l'entourent gagnent en consistance, elle
teste sa force en affrontant un sentiment plus puissant, elle se
risque soudain à plonger dans les flots écumants, se faufile de
la crête au creux des vagues et culbute tous les sentiments avec
un ravissement ardent. – Mais hélas ! Elle se précipite témérai-
rement dans des labyrinthes plus sauvages, recherche avec une
insolence résolument forcée les effrois de l'affliction, les
tourments amers de la douleur, afin d'étancher la soif de sa
force vitale ; et au coup de la trompette surgissent de toutes
parts, avec la puissance d'un violent orage qui éclate, toutes les

épouvantables frayeurs du monde, toutes les bandes armées du malheur, et elles roulent les unes par-dessus les autres en formes grimaçantes, terribles, effroyables, comme une montagne devenue vivante. Au milieu des tourbillons du désespoir, l'âme, courageusement, veut prendre de la hauteur et arracher de haute lutte la félicité qui lui rendra sa fierté – et toujours elle est vaincue par ces armées redoutables. – Soudain, cette force d'une folle témérité se brise, les figures de l'effroi ont disparu d'une manière effrayante; et voici que s'avance, souvenir douloureux, l'innocence primitive et lointaine, tel un enfant voilé sautillant mélancoliquement, et elle se retourne pour lancer un appel qui reste sans réponse – l'imagination brasse pêle-mêle toutes sortes d'images, fragmentées comme dans un cauchemar, et avec quelques légers soupirs tout ce monde de sons et de vie, comme un mirage éblouissant, se désagrège dans le néant invisible.

(30) Puis, si je reste encore longuement sur ma chaise, dans le silence et l'obscurité, tendant l'oreille, j'ai comme l'impression d'avoir eu une vision de toutes les diverses passions humaines : c'était comme si, sans prendre forme, elles célébraient ensemble une fête, pour leur propre plaisir, par une danse pantomimique étrange et presque folle; comme si, cédant à un effrayant caprice (*Willkür*), semblables aux déesses enchanteresses, inconnues et énigmatiques, du destin, elles se livraient dans la plus grande confusion à des danses insolentes et sacrilèges.

(31) Ce caprice délirant, par lequel dans l'âme humaine se réconcilient, souvent avec une soudaine poignée de mains, la joie et la douleur, la nature et la nécessité, l'innocence et la sauvagerie, la plaisanterie et l'effroi – quel art représente sur sa scène ces mystères de l'âme en les revêtant d'une signification aussi obscure, aussi mystérieuse, aussi saisissante ?

(32) Oui, à chaque instant, en entendant les mêmes sons, notre cœur balance : l'âme sonore méprise-t-elle hardiment toutes les vanités du monde et aspire-t-elle, avec une noble fierté, à monter au ciel ? Ou bien méprise-t-elle tous les cieux et tous les dieux, pour ne se précipiter, dans un élan de désir impudent, qu'au-devant d'une unique félicité terrestre ? Et c'est précisément cette innocence sacrilège, cette obscurité redoutable et équivoque propre aux oracles, qui fait de la musique une véritable divinité pour les cœurs humains.

(33) Mais pourquoi donc, fou que je suis, m'efforcer de fondre les paroles en sons ? Ce n'est jamais comme je le ressens. Venez, vous les sons, avancez, et arrachez-moi à cette douloureuse aspiration terrestre pour les paroles, que vos milliers de rayons m'enveloppent dans vos nuées éclatantes, élevez-moi et emportez-moi dans l'antique étreinte du ciel de l'universel amour !

E.T.A. HOFFMANN
(1776-1822)

KREISLERIANA

Présentation

Quand E.T.A.[1] Hoffmann parle de musique, il le fait en connaissance de cause. Il a en effet été musicien avant d'entamer la carrière littéraire qui a fait de lui un représentant majeur du romantisme allemand, et il a continué à l'être ensuite. Il a non seulement composé de la musique de chambre et d'autres œuvres d'envergure (parmi lesquelles il faut mentionner au moins l'opéra *Ondine*), mais il a en outre occupé des fonctions de chef d'orchestre et de directeur de la musique à Bamberg, Leipzig et Dresde ; il a vécu un temps de leçons de musique, et a collaboré comme critique à une importante revue musicale. Le texte qui nous intéresse trouve précisément son origine dans cette dernière activité.

---

1. À l'origine, E.T.W., pour *Ernst, Theodor, Wilhelm*, initiales qu'on trouve parfois sur ses ouvrages. Mais il a lui-même changé son troisième prénom en *Amadeus* en hommage à Mozart.

Dans l'œuvre littéraire de Hoffmann, le texte retenu ici et intitulé « La musique instrumentale de Beethoven » constitue la quatrième pièce de la première série des *Kreisleriana*, elles-mêmes insérées dans le premier volume des *Fantaisies à la manière de Callot*, parues en 1814-1815 (une deuxième série de *Kreisleriana* figure dans le quatrième et dernier volume). Ces *Kreisleriana* se présentent comme une succession de courts chapitres relativement indépendants, qui nous livrent les réflexions du chef d'orchestre (ou maître de chapelle) Johannes Kreisler, personnage imaginaire dans lequel on reconnaît sans peine Hoffmann lui-même. Notre texte est en réalité le résultat d'un remaniement de deux recensions d'œuvres de Beethoven[1], parues dans la revue *Allgemeine Musikalische Zeitung* de Leipzig en 1810 et 1813, et respectivement consacrées à la *Cinquième Symphonie* et aux deux *Trios* op. 70. Cette origine circonstancielle n'ôte rien à son intérêt : si Beethoven y occupe la plus grande place, c'est aussi parce que ce compositeur incarne aux yeux de Hoffmann l'essence même de la musique romantique, c'est-à-dire de la musique à son état de perfection. L'auteur ne pouvait trouver meilleure occasion de livrer au lecteur le fond de sa conception de l'art musical en général, et ce sous une forme plus condensée que dans les nombreuses prises de position qui parsèment l'ensemble de l'œuvre littéraire et notamment les *Kreisleriana*. Plus condensée, et plus accessible : en remaniant ses deux articles, Hoffmann a abrégé et simplifié

---

1. Il s'agit bien d'analyse critique des partitions (parties séparées et réductions pour piano), non de comptes rendus de concerts. Pour une comparaison avec notre texte, on peut se reporter à la traduction française de ces articles dans E.T.A. Hoffmann, *Ecrits sur la musique*, trad. B. Hébert et A. Montandon, Lausanne, L'Âge d'Homme, 1985, p. 38-51 et 101-121.

les analyses techniques pour les adapter à un public moins spécialisé que celui de la revue. On décèlera ici et là des traces de cette origine hybride, dans la composition d'ensemble par exemple, ou encore dans quelques obscurités d'expression, fruit d'une simplification partielle (et donc ambiguë) du langage technique; mais le propos n'en souffre pas pour l'essentiel, et la pensée de Hoffmann se laisse clairement percevoir.

L'organisation de l'ensemble est facile à résumer. L'analyse des deux œuvres de Beethoven occupe le centre de l'article. La précède une sorte d'introduction sur l'essence de la musique et du romantisme musical, illustrée par les trois maîtres qui les incarnent: Haydn, Mozart et surtout Beethoven. L'examen des Trios se prolonge ensuite en une série de réflexions sur le piano et les compositions qui lui sont destinées. En conclusion, l'auteur revient sur Beethoven et les exigences particulières de l'interprétation de ses compositions pour piano.

Sur la question qui fait l'objet de ce livre, ce texte offre l'avantage de présenter en quelques pages l'essentiel de la conception dominante à ce moment de l'histoire – conception dont la fortune s'étend d'ailleurs bien au-delà. La musique, selon Kreisler-Hoffmann, a pour objet l'infini, «royaume inconnu» étranger à notre monde, en quoi elle répond à une aspiration (*Sehnsucht*) ineffable et infinie de l'âme humaine. Ce royaume est dit aussi «spirituel» ou royaume des esprits, en un sens d'abord assez général, comme ce qui transcende notre expérience sensible. Mais cet univers n'est pas seulement étranger à notre monde, il se révèle de surcroît étrange, inquiétant, peuplé de visions ou apparitions (*Erscheinungen*) d'êtres fantastiques propres à susciter l'effroi. De là on passe bientôt, du côté des «objets» évoqués comme de celui des sentiments suscités, à ces alliances paradoxales qui sont une des caractéristiques du romantisme : la nuit et la lumière, les ombres et les éclairs, l'horreur et l'aspiration infinie, la souffrance et la joie…

Une première conséquence (énoncée en fait dès le début) est que l'essence de la musique ne se manifeste dans sa pureté que dans les genres purement instrumentaux. En effet, tout ce qui dans les autres genres vient comme un ajout (textes des chants, programmes des pièces descriptives, personnages et action dramatique des opéras) exprime toujours des objets ou des sentiments *définis*, et confinés au monde *sensible*, deux traits qui contredisent directement l'essence de cet art. Mais les genres impurs ne sont pas condamnés pour autant[1] : par la magie qui lui est propre, la vraie musique transfigure ce à quoi elle est associée, et élève l'âme des impressions de la vie quotidienne au royaume des esprits. Une deuxième conséquence apparaît en filigrane dans cette définition de la musique : aux mentions répétées de l'infini et des esprits s'ajoutent en effet plusieurs autres termes (la puissance magique, l'extase, le sanctuaire, l'initié…) dont la connotation religieuse est encore plus explicite – bien que sans référence à un culte particulier[2] – de sorte qu'on n'est guère surpris, à la fin, de voir l'auteur parler de la *sainte* musique. On remarque enfin que, malgré les piques lancées aux « géomètres » et aux « grammairiens », Hoffmann ne succombe pas à l'illusion de la « soi-disant méthode du génie », où l'inspiration suffirait à tout : même si les analyses techniques ont été volontairement réduites,

1. Hoffmann a lui-même écrit beaucoup d'opéras, des Messes, voire de la musique à programme.
2. Les prêtres d'Isis (p. 201) exceptés, mais il s'agit plutôt d'une métaphore.

l'auteur ne perd pas de vue, dans son examen des œuvres et dans son éloge des compositeurs, l'importance du *travail* de la composition, de la réflexion (*Besonnenheit*), se plaisant notamment à souligner la *maîtrise* dont fait preuve Beethoven, incontestablement *génial* pourtant. Cet aspect ne doit pas être sous-estimé dans l'appréciation de la théorie romantique [1].

E. T. A. HOFFMANN

LA MUSIQUE INSTRUMENTALE DE BEETHOVEN [2]

Quand on parle de la musique comme d'un art qui se suffit à lui-même, ne devrait-on pas toujours avoir en vue la seule musique instrumentale, elle qui, repoussant avec dédain toute aide, toute addition d'un autre art (la poésie), exprime dans sa pureté l'essence propre de cet art qu'on ne saisit bien qu'en elle? – C'est le plus romantique de tous les arts ; on pourrait presque dire le seul véritablement romantique, car l'infini seul est son objet. – La lyre d'Orphée a ouvert les portes des enfers ; la musique ouvre à l'homme un royaume inconnu, un monde qui n'a rien de commun avec le monde extérieur des sens qui

---

1. Remarque semblable ci-dessus à propos de Wackenroder. – On trouvera un commentaire plus développé de notre texte dans E. Dufour, *Qu'est-ce que la musique?*, Paris, Vrin, 2005, p. 87-102.

2. Traduction de Henri de Curzon (dans : E.T.W. Hoffmann, *Fantaisies dans la manière de Callot*, Paris, 1891), revue et modifiée. Il existe une édition allemande récente publiée par H. Steinecke, G. Allroggen et W. Segebrecht : E.T.A. Hoffmann, *Fantasiestücke in Callot's Manier*, dans *Sämtliche Werke*, vol. 2/1, Frankfurt-am-Main, Deutscher Klassiker Verlag, 1993. La disposition en paragraphes et la ponctuation ont été très légèrement modifiées.

l'entoure, et dans lequel il abandonne tous les sentiments *définis* pour se livrer à une aspiration (*Sehnsucht*) ineffable.

Avez-vous bien pressenti seulement cette essence propre, ô vous, pauvres compositeurs de musique instrumentale qui vous torturez à grand-peine à dépeindre des sentiments (*Empfindungen*) définis, que dis-je? ... des événements? – Mais comment a-t-il pu seulement vous venir à l'esprit de traiter plastiquement un art diamétralement opposé à la plastique? Vos levers de soleil, vos tempêtes, vos *Bataille des trois empereurs*[1], etc. ont été en réalité de ridicules égarements, et sont punis d'une façon bien méritée par un complet oubli.

Dans le chant, où la poésie donne à entendre, par des paroles, des passions (*Affekte*) déterminées, la magique puissance de la musique agit comme le merveilleux élixir de sagesse, dont quelques gouttes rendent toute boisson plus précieuse et plus exquise. Chaque passion (*Leidenschaft*) – amour, haine, colère, désespoir, etc. – telle que l'opéra nous la présente, la musique la revêt de la pourpre brillante du romantisme, et même les impressions que nous ressentons dans la vie nous emportent, de cette vie, dans le royaume de l'infini.

Si forte est la magie de la musique! et en devenant sans cesse plus puissante, cette magie a dû briser chacun des liens qui attachait la musique à un autre art.

---

1. En français dans le texte. Allusion à la bataille d'Austerlitz, qui a donné lieu à plusieurs œuvres de musique descriptive (dont une ouverture pour orchestre de 1806, due au compositeur français L. E. Jadin, 1768-1853). Il est piquant de noter que Hoffmann a lui-même composé en 1814 une *Fantaisie pour pianoforte* sur la bataille de Leipzig de 1813.

Certes, ce n'est pas seulement grâce à la facilité des moyens d'expression (perfectionnement des instruments, virtuosité plus grande de l'artiste), mais grâce à la plus profonde et plus intime connaissance de l'essence propre de la musique que les compositeurs de génie ont élevé la musique instrumentale à la hauteur qu'elle atteint aujourd'hui.

Mozart et Haydn, les créateurs de la musique instrumentale moderne, ont été les premiers à nous montrer l'art dans la plénitude de sa gloire ; mais celui qui le contempla d'un amour intense et le saisit dans le plus intime de son essence, c'est... Beethoven ! Les compositions instrumentales des trois maîtres respirent un égal esprit romantique, qui repose dans la même compréhension intime de l'essence propre de l'art ; le caractère de leurs compositions diffère cependant d'une façon remarquable.

L'expression d'une âme sereine d'enfant domine dans les œuvres de Haydn. Ses symphonies nous conduisent dans d'immenses bocages verdoyants, au milieu d'une foule joyeuse et bigarrée de gens heureux. Des rondes de jeunes gens et de jeunes filles défilent devant nos yeux ; des enfants rieurs s'épient derrière les arbres, derrière les buissons de roses, se taquinent et se jettent des fleurs. C'est une vie pleine d'amour, de félicité, comme avant le péché, dans une éternelle jeunesse ; ni douleur, ni souffrance, mais seulement un doux et mélancolique désir aspirant à la figure aimée qui, au loin, flotte dans l'éclat du soleil couchant, sans s'approcher, sans s'évanouir ; et tant qu'elle est là, il ne fait pas nuit, car elle est elle-même le soleil couchant qui illumine monts et bocages.

C'est dans les abîmes du royaume des esprits que nous conduit Mozart. Une peur nous saisit, mais comme elle est sans tourment, elle est plutôt pressentiment [1] de l'infini. L'amour et la mélancolie résonnent dans les gracieuses voix des esprits ; la nuit se dissout dans un brillant éclat de pourpre, et émus d'un désir ineffable, nous nous élançons vers ces figures qui nous attirent amicalement dans leurs rangs et flottent parmi les nuages dans l'éternelle ronde des sphères (voir la symphonie de Mozart en mi-bémol majeur, connue sous le nom de « Chant du cygne » [2]).

C'est ainsi que la musique instrumentale de Beethoven nous ouvre le royaume du prodigieux et de l'incommensurable. D'éclatants rayons sillonnent l'épaisse nuit de ce royaume, et nous découvrons des ombres gigantesques, qui montent et descendent, et qui nous enserrent de plus en plus étroitement ; elles *nous* anéantissent, mais non la souffrance de l'aspiration infinie dans laquelle fléchit et disparaît chacune des voluptés qui jaillissent en sons exultant de joie. Et c'est seulement dans cette souffrance, qui, absorbant en soi amour, espérance, joie (sans les détruire toutefois), veut faire éclater notre sein dans un accord parfait de toutes les passions

---

1. Hoffmann se sert à plusieurs reprises dans ce texte du mot « pressentiment » (*Ahndung*, en l'occurrence équivalent de *Ahnung*) pour parler d'un accès au suprasensible qui se distingue de la saisie rationnelle. Quelques années auparavant, en 1796, Kant avait dénoncé l'usage de ce terme pris précisément en ce sens, et utilisé par certains pour promouvoir une manière de philosopher sous l'influence d'un prétendu sentiment (*Gefühl*) supérieur (« D'un ton grand seigneur adopté naguère en philosophie », dans *Première Introduction à la Critique de la faculté de juger*, Paris, Vrin, 1975, p. 99 *sq.*). Kant évoque dans le même texte l'Isis voilée des Egyptiens, symbole d'une vérité qu'on ne peut que *pressentir*, cette Isis qu'on retrouve un peu plus loin ici chez Hoffmann.

2. Symphonie n° 39, KV 543 (1788). On ignore d'où lui vient ce nom, assez peu approprié (Mozart a encore composé deux autres symphonies après celle-là) et abandonné depuis.

(*Leidenschaften*), que nous continuons à vivre, que nous sommes des voyants ravis en extase ! ...

Le goût romantique est rare ; plus rare encore le talent romantique : c'est pourquoi il en est si peu qui aient le pouvoir de faire résonner cette lyre dont le son ouvre le royaume merveilleux du Romantisme.

Haydn saisit romantiquement ce qu'il y a d'humain dans la vie humaine ; il est plus *commensurable*, plus compréhensible pour le grand nombre.

Mozart s'empare plutôt du surhumain, du merveilleux qui habite l'intime de notre esprit.

La musique de Beethoven fait jouer les ressorts de la peur, de l'horreur, de l'effroi, de la souffrance, et excite tout justement cette aspiration infinie qui est l'essence du romantisme. Il est par conséquent un pur compositeur romantique ; et ne se peut-il pas que de là vienne qu'il réussisse moins dans la musique vocale, laquelle n'admet pas ce caractère de désir indéterminé, mais ne représente comme ressenties dans le royaume de l'infini que des passions (*Affekte*) déterminées par des mots ?

Le puissant génie de Beethoven accable la plèbe des musiciens ; c'est en vain qu'elle prétend s'insurger contre lui. – Mais les juges avisés, jetant autour d'eux des regards pleins de hauteur, nous assurent qu'on peut les croire sur parole, comme des hommes de haute intelligence et de vue profonde, et déclarent que ce bon Beethoven est certainement doté d'une très riche et très vive imagination, mais qu'il ne sait pas y mettre un frein ! Selon eux, il ne serait pas du tout question ici de choix et de formation des idées, mais Beethoven jetterait tout à l'aventure, selon la soi-disant méthode du génie, comme le lui suggère sur le moment son imagination dans le feu du travail. Mais que dire si c'est à *votre* faible regard qu'échappe l'intime et profonde cohésion de chacune des compositions de Beethoven ? Si *vous* seuls êtes cause que vous ne comprenez pas la langue du maître, parfaitement intelligible pour l'initié ? Si pour vous enfin la porte du sanctuaire le plus secret demeure fermée ? – A dire vrai, le maître (qu'il faut, du point de vue de la réflexion, placer tout à côté de Haydn et de Mozart) sépare son moi du royaume intérieur des sons, et y commande en maître souverain. Des géomètres de l'esthétique ont souvent crié contre l'absence complète d'unité et de cohésion intimes dans Shakespeare ; tandis qu'un regard plus profond voit en lui un bel arbre dont les feuilles, les fleurs et les fruits poussent et croissent à partir d'une graine unique. C'est ainsi seulement que s'épanouit, par une très profonde pénétration de la musique instrumentale de Beethoven, la haute réflexion qui est inséparable du vrai génie et que nourrit l'étude de l'art.

Quelle œuvre instrumentale de Beethoven confirme plus hautement tout ceci, que la magnifique (au-delà de toutes proportions), que la profonde symphonie en ut mineur[1] ! Comme cette prodigieuse composition conduit irrésistiblement l'auditeur, par une intensification sans cesse croissante, dans le royaume des esprits de l'infini ! Rien de plus simple que ce motif principal du premier *allegro*[2], qui ne consiste qu'en deux mesures, et n'indique même pas à l'auditeur, dans ce début à l'unisson, le ton du morceau. Ce caractère d'aspiration inquiète, agitée, que porte en elle cette phrase, le mélodieux second thème le met encore plus en lumière ! ... Il semble que la poitrine, serrée et angoissée par le pressentiment

---

1. Il s'agit de la *Cinquième symphonie*, exécutée pour la première fois le 22 décembre 1808.

2. *Allegro con brio*, premier des quatre mouvements de la symphonie.

de l'immense, de l'anéantissement qui menace, veuille en des sons déchirants se donner violemment de l'air; mais bientôt une aimable image, toute brillante, surgit et illumine cette nuit profonde et effrayante (voyez le gracieux thème en sol majeur, effleuré d'abord par le cor, en mi-bémol majeur)...

Quelle simplicité – il faut le dire encore – dans le thème que le maître a posé comme fondement à tout l'ensemble! Mais de quelle merveilleuse manière se rangent autour de lui, grâce à leur juste proportion rythmique, toutes les phrases secondaires et intermédiaires, au point qu'elles ne servent qu'à épanouir toujours davantage le caractère de l'*allegro* que le thème principal ne faisait qu'indiquer. Toutes ces phrases sont courtes; presque toutes consistent en deux ou trois mesures, et encore sont-elles divisées en une continuelle alternance des instruments à vent et des instruments à cordes. On pourrait craindre que de pareils éléments il ne puisse sortir que quelque chose de morcelé, d'insaisissable, et au lieu de cela c'est justement cette ordonnance de l'ensemble, ainsi que la continuelle et successive répétition des phrases et des accords isolés, qui élèvent jusqu'au plus haut sommet le sentiment d'une aspiration ineffable. En faisant totalement abstraction du fait que le traitement contrapuntique témoigne d'une étude approfondie de l'art, ce sont bien ces phrases incidentes, ces continuelles allusions au thème principal qui mettent en évidence combien le grand maître a, dans son esprit, saisi et médité l'ensemble avec tous ses traits passionnés.

Ne résonne-t-il pas comme la suave voix d'un esprit qui remplit notre cœur d'espoir et de consolation, le gracieux thème de l'*andante con moto* en la-bémol majeur[1]? Mais ici

---

1. Deuxième mouvement.

encore arrive le spectre effrayant qui dans l'*allegro* s'emparait de l'âme et l'emplissait d'angoisse, menaçant à tout moment de crever la nuée d'orage où il disparaissait; et devant ses éclairs s'envolent au plus vite les aimables images qui nous entouraient.

Que dire du menuet[1]? Écoutez les originales modulations, les conclusions dans l'accord majeur de la dominante, que la basse reprend comme tonique du thème suivant en mineur[2] – et le thème lui-même, qui s'élargit sans cesse de quelques mesures! Ne vous saisit-elle pas de nouveau, cette aspiration inquiète et indicible, ce pressentiment du merveilleux royaume des esprits où le maître commande? Mais voici que brille, comme un éblouissant rayon de soleil, le superbe thème du mouvement final[3], au milieu de la joie exultante de l'orchestre tout entier... Quels extraordinaires dessins de contrepoint s'enlacent et se combinent ici de nouveau avec l'ensemble!

Tout cela, pour plus d'un, peut bien s'écouler devant lui comme le mugissement d'une géniale rhapsodie; mais tout auditeur intelligent sera à coup sûr profondément et intimement saisi en son âme d'un sentiment qui n'est autre que l'aspiration ineffable et pleine de pressentiment dont nous parlions; jusqu'à l'accord final et même encore dans les moments suivants, il ne pourra sortir du merveilleux royaume des

---

1. Le troisième mouvement, habituellement un menuet, est simplement intitulé *Allegro* par Beethoven.
2. La phrase correspondante de l'article originel dit : « ... dont le ton fondamental est repris par la basse comme tonique du thème suivant en mineur. »
3. Le quatrième et dernier mouvement, intitulé *Allegro*.

esprits où souffrance et plaisir, exprimés en sons, le tiennent enchaîné.

L'ordonnance interne des phrases, leur développement, leur instrumentation, la manière dont elles sont rangées les unes par rapport aux autres, tout travaille en vue d'un but unique; mais c'est principalement la profonde affinité des thèmes entre eux qui produit cette unité qui seule peut retenir l'auditeur en un sentiment (*Stimmung*) unique. Souvent cette affinité-là devient manifeste à l'auditeur quand il la reconnaît dans le rapport qu'il y a entre deux phrases, ou quand il découvre la basse fondamentale commune à ces deux phrases différentes; mais il est une affinité plus profonde, qui ne se révèle pas de cette façon, qui ne s'exprime souvent que d'esprit à esprit, et c'est justement celle-là qui règne sous les phrases des deux *allegros* et du menuet, et qui proclame magnifiquement le génie réfléchi du maître [1].

Combien profondément se sont gravées aussi dans mon âme, ô noble maître, tes superbes compositions de piano! Que tout ce qui n'est pas de toi me paraît maintenant insipide et insignifiant, fût-ce de l'ingénieux Mozart ou du puissant génie Sébastien Bach! Avec quelle joie n'ai-je pas reçu ton *op.* 70, tes deux magnifiques trios [2]! Car je savais bien qu'après un peu d'exercice je pourrais bientôt les écouter dans leur splendeur. Et j'en suis arrivé ce soir au point où – semblable à un homme qui se promène dans le labyrinthe d'un parc fantastique où

---

1. On notera que, dans une lettre qu'il lui adresse le 23 mars 1820, Beethoven salue favorablement le commentaire de Hoffmann; voir E.T.A. Hoffmann, *Sämtliche Werke*, Frankfurt-am-Main, Deutscher Klassiker Verlag, vol. 1, 2003, p. 1271.
2. Trios pour piano, violon et violoncelle, publiés en 1809.

s'enchevêtrent toute sorte d'arbres rares, de plantes et de fleurs
merveilleuses, et qui s'y enfonce toujours plus profondément
– je ne parviens plus à sortir des prodigieux détours et entrelacs
de tes trios! Les charmantes voix de sirènes de tes phrases,
toutes brillantes d'une variété aux mille couleurs, me fascinent
et m'entraînent toujours plus profond. La spirituelle dame
qui m'a joué aujourd'hui si parfaitement, *à moi*, le maître
de chapelle Kreisler en personne et spécialement en mon
honneur, le trio n° 1 (je suis encore assis là, à son piano, à
écrire), m'a fait voir bien clairement à quel point il ne faut
attacher son attention qu'à ce que l'*esprit* produit, et tenir tout
le reste pour mauvais!

Je viens justement de rejouer de mémoire sur le piano
quelques frappantes modulations de ces deux trios... Il est
bien vrai que le piano (le *piano-forte*)[1] reste un instrument plus
utile pour l'harmonie que pour la mélodie. La plus délicate
expression dont il soit capable ne donne pas à la mélodie cette
vie toute mobile dans ses mille et mille nuances que l'archet du
violoniste, le souffle du joueur d'instrument à vent sont si
bien en mesure d'évoquer. C'est en vain que le pianiste lutte
contre la difficulté insurmontable que le mécanisme lui oppose
en frappant les cordes pour les faire vibrer et résonner. En
revanche (la harpe mise à part, dont les ressources sont dans
tous les cas bien plus limitées), il n'est vraiment aucun instrument qui, aussi bien que le piano, saisisse en ses riches accords
le royaume de l'harmonie, et étale pour le connaisseur ses
trésors sous les formes et les figures les plus merveilleuses.
L'imagination du maître a-t-elle embrassé tout un tableau
sonore, avec des groupes riches, des lumières vives et de

---

1. La précision entre parenthèses est de l'auteur.

profonds dégradés, il peut, sur le piano, lui donner vie de manière à le faire sortir, tout paré de couleurs et d'éclat, de son monde intérieur.

La partition d'orchestre, ce véritable livre magique musical, qui conserve dans ses signes toutes les merveilles de l'art des sons et le chœur mystérieux des instruments les plus divers, prend vie au piano sous les mains du maître, et un morceau de la partition bien exécuté de cette façon, avec toutes les parties, pourrait être comparé à la gravure réussie réalisée d'après un grand tableau. Par suite pour l'improvisation, pour le déchiffrage d'une partition, pour des sonates en solo, des accords, etc., le piano est supérieurement approprié ; de même les trios, quatuors, quintettes, etc., où entrent en jeu les instruments à cordes habituels, appartiennent totalement au domaine des compositions pour piano pour cette simple raison que, s'ils sont composés selon les règles de l'art (c'est-à-dire réellement à quatre ou cinq parties, etc.), tout y dépend de l'élaboration harmonique, qui exclut par soi que des instruments isolés se détachent dans des traits brillants.

Je nourris une véritable aversion pour tout ce qui s'appelle proprement concerto pour piano. (Ceux de Mozart et de Beethoven ne sont pas tant des concertos que des symphonies avec piano obligé.) Le soliste doit y faire valoir sa virtuosité dans des traits et dans l'expression de la mélodie ; mais le meilleur pianiste sur le plus bel instrument s'évertue en vain à atteindre ce que le violoniste, par exemple, obtient sans grande peine. Tout solo, après le *tutti* complet des instruments à cordes et à vent, sonne lourd et terne, et l'on s'extasie devant l'agilité des doigts, etc., sans que rien ne parle au cœur (*Gemüt*).

Mais comme le maître a donc bien saisi l'esprit le plus caractéristique de l'instrument, et avec quel soin il a su s'y conformer ! Un thème mélodique simple mais fécond, apte à recevoir les variations contrapuntiques, les diminutions, etc. les plus diverses, est au fondement de chaque phrase ; tous les autres thèmes et figures secondaires sont intimement apparentés à l'idée principale, en sorte que tout s'enlace et s'ordonne par l'entremise de tous les instruments pour réaliser la plus parfaite unité. Voilà pour la structure de l'ensemble ; mais dans cet édifice réalisé avec art alternent en une fuite incessante les images les plus merveilleuses, où se côtoient et se pénètrent joie et souffrance, mélancolie et ravissement. D'étranges figures entament une danse aérienne, et tantôt disparaissent en un foyer de lumière, tantôt s'éparpillent en étincelles et en éclairs, se chassant et se poursuivant en groupes infiniment variés. Et au milieu de tout ce royaume des esprits qui s'est ouvert à elle, l'âme écoute, en extase, cette langue inconnue, et comprend les pressentiments les plus secrets qui l'ont saisie.

Seul a réellement pénétré dans les mystères de l'harmonie le compositeur qui par elle a pu agir sur l'âme (*Gemüt*) des hommes. Pour lui, les proportions mathématiques qui ne sont pour le grammairien sans génie que des problèmes de calcul figés et sans vie deviennent des préparations magiques dont il fait surgir un monde enchanté.

Malgré la douceur qui règne particulièrement dans le premier trio, même en y comprenant le mélancolique *largo*[1], le génie de Beethoven demeure grave et solennel. Tout se passe comme si, aux yeux du maître, on ne pouvait jamais parler de choses profondes et mystérieuses – même quand

---

1. Le deuxième mouvement, *Largo assai ed espressivo*, a valu à ce trio n° 1 de l'*opus* 70 le surnom de « Trio des esprits ».

l'esprit intimement familiarisé avec elles se sent joyeusement et gaiement exalté – avec des paroles ordinaires, mais seulement avec des mots soutenus et nobles; la danse des prêtres d'Isis ne peut être qu'un hymne exultant de joie.

La musique instrumentale, là où elle doit agir comme musique pure et ne pas servir quelque but dramatique déterminé, doit éviter toute espèce de plaisanterie insipide, de lazzi frivoles. Le sentiment (*Gemüt*) profond – pour rendre les pressentiments de cette allégresse qui est plus noble et plus belle que celle de notre monde étriqué, qui est venue d'une contrée inconnue embraser notre cœur d'une vie intérieure pleine de délices – cherche une expression plus haute que celle que peuvent fournir les mots ordinaires, propres au plaisir terrestre borné. Ce sérieux de toute la musique instrumentale et pianistique de Beethoven bannit déjà tous les traits casse-cou de gammes montantes et descendantes des deux mains, tous les sauts étranges, les *capriccios* ridicules, les notes accrochées en l'air cinq ou six lignes au-dessus de la portée, toutes choses dont sont remplies les compositions de piano à la dernière mode.

S'il s'agit de la simple vélocité des doigts, les compositions pour piano du maître ne présentent aucune difficulté particulière, car les rares traits, triolets, etc., tout pianiste exercé doit les avoir dans les doigts; et pourtant leur exécution est en un sens vraiment difficile. Plus d'un prétendu virtuose rejette les morceaux de piano du maître, et à ce reproche : « très difficile ! » il ajoute encore : « et très ingrat ! » Pour ce qui regarde la difficulté, tout d'abord, l'exécution juste et aisée d'une composition de Beethoven n'exige rien de moins que ceci : qu'on la comprenne, cette exécution, qu'on pénètre profondément dans son essence, que, conscient d'appartenir soi-même au cercle des initiés, on ose hardiment

entrer dans le cercle des magiques apparitions qu'évoque son
charme tout-puissant. Celui qui ne sent pas en lui-même cette
initiation, celui qui ne considère la sainte musique que comme
un jeu, pour servir de passe-temps dans les heures vacantes,
pour l'agrément éphémère d'oreilles émoussées ou pour faire
parade de son talent : qu'il n'y touche pas !

Seul, du reste, un pareil individu pensera à formuler le
second reproche : « et parfaitement ingrat ! » L'artiste authentique ne vit que dans l'œuvre, et c'est après l'avoir comprise
selon l'esprit (*Sinne*) du maître qu'il l'interprète. Il se refuse à
faire valoir de quelque manière que ce soit sa propre personnalité ; toute sa pensée et tous ses efforts ne tendent que vers ce
but : donner vie, en faisant miroiter leurs mille couleurs, à
toutes les images et apparitions magnifiques et gracieuses à la
fois que le maître, par son pouvoir magique, a enfermées
en son œuvre, de sorte qu'elles enlacent l'être humain en
des cercles étincelants de lumière, et qu'en enflammant son
imagination et son sentiment (*Gemüt*) le plus intime, elles
l'emportent à tire-d'aile dans ce lointain royaume des esprits
qu'est le royaume des sons.

EDUARD HANSLICK
(1825-1904)

DU BEAU DANS LA MUSIQUE

Présentation

Critique musical autrichien, Eduard Hanslick est l'auteur
d'un des textes où se manifeste le plus clairement la réaction
anti-romantique, au nom d'une esthétique qu'on qualifie
de formaliste (voir Introduction, p. 37)[1]. Le chapitre v de son
ouvrage, malgré ses redites et quelques longueurs (notamment
sur la musique des Anciens), a l'avantage d'offrir une synthèse de ses thèses principales, formulées de façon relativement précise. L'auteur y oppose abruptement deux manières
d'appréhender la musique : celle du grand nombre et celle de
l'auditeur « musical ». La première se caractérise globalement
par le fait d'attribuer à la musique le pouvoir d'exprimer
et de produire des sentiments. Cette attitude a plusieurs
causes : une écoute passive ; une réceptivité limitée à ce que
Hanslick appelle l'*élémentaire*, c'est-à-dire les composantes
élémentaires d'une œuvre, le son et le mouvement ; enfin une

1. *Vom Musikalisch-Schönen*, Leipzig, 1854, réimpression Darmstadt,
Wissenschaftliche Buchgesellschaft, 1991.

saisie « abstraite » de ces composantes, qui ne retient que leur caractère général et ne différencie pas les morceaux analogues. L'appréhension de la musique se distingue ainsi, chez ce même public « naïf », de celle des autres arts : dans ces derniers, il perçoit les éléments sensibles (formes, couleurs, volumes) au détriment du contenu spirituel ; dans la musique, il ne saisit pas les éléments sensibles, justement, mais seulement une sorte d'idée abstraite réduite au sentiment – le paradoxe étant que cette abstraction résulte en réalité de l'action physique des sons sur la physiologie de l'auditeur.

L'attitude musicale s'oppose point par point à la précédente : elle est active (qualifiée de véritable travail) ; elle concentre l'attention sur la manière exacte dont les « éléments » s'organisent ; elle saisit ainsi les pièces musicales dans leurs particularités concrètes. Le développement de cette opposition conduit l'auteur à éclaircir deux aspects de la théorie esthétique qui intéressent de près la controverse entre « formalistes » et « romantiques ». Les premiers sont en effet accusés par leurs adversaires de vider l'art, la musique en l'occurrence, de tout contenu substantiel, et par suite de réduire la perception esthétique à un travail intellectuel dépourvu de tout élément affectif, émotionnel. Or, si Hanslick récuse la dichotomie fond-forme quand la seconde n'est qu'un vêtement étranger, un moyen accessoire de donner carrière à un fond d'ordre affectif, il n'évacue pas le contenu : le vrai fond est dans la manière particulière dont la forme est organisée par l'art, c'est-à-dire par un esprit conscient, car cette organisation seule donne à l'œuvre son contenu spirituel. En s'intéressant à ce contenu-là, l'appréhension esthétique est *contemplation* ; elle implique un travail de l'esprit, qui non seulement n'exclut pas l'émotion, mais produit une intense jouissance d'ordre supérieur.

Ces thèses forment le cœur de la doctrine; elles sont éclairées par quelques développements complémentaires, dont le plus long est consacré aux effets moraux de la musique et notamment à leur signification dans l'Antiquité. Les allusions aux romantiques fournissent l'occasion de relever une fois de plus ce qu'a de paradoxal une conception qui exalte la musique pour ce qui n'est pas spécifiquement musical (la « poésie », la beauté, à propos de Bettina von Arnim), et qui en vient à donner le premier rang à celle qui se fait oublier (voir la note sur Heinse).

EDUARD HANSLICK

CHAPITRE V

La réception esthétique de la musique opposée à la réception pathologique [1]

Rien n'a tant entravé le développement scientifique de l'esthétique musicale que la valeur exagérée qu'on a accordée aux effets de la musique sur le sentiment (*die Gefühle*).

---

1. Le texte a connu plusieurs rééditions et remaniements; les modifications portent notamment sur les exemples musicaux, mais l'auteur affirme qu'elles ne changent rien au fond. Nous avons préféré traduire celui-ci dans l'état qui était le sien en 1854, à une époque encore proche du premier romantisme, où Hanslick ne visait pas prioritairement Liszt ou Wagner, qu'il attaquera par la suite : la plupart des poèmes symphoniques de Liszt et des drames de Wagner sont postérieurs à cette date (Wagner n'avait donné, de ses œuvres majeures, que le *Vaisseau fantôme*, *Tannhäuser* et *Lohengrin*). – La traduction de Ch. Bannelier (Paris, 1893, rééd. Phénix, 2005) dont nous nous inspirons a été faite, elle, sur la 8ᵉ édition allemande de 1891; cette traduction a été reprise dans une version corrigée et complétée par G. Pucher, par l'éditeur Christian Bourgois, en 1986.

Plus ces effets étaient frappants, plus on les estimait haut, en tant que manifestations du beau musical. Nous avons vu, au contraire, que c'est précisément aux plus énergiques impressions causées par la musique que se mêle la plus grande somme d'excitation corporelle chez l'auditeur; et quant à la musique elle-même, cette violente action sur le système nerveux a tout aussi peu à voir avec son aspect artistique, qui assurément émane de l'esprit (*Geist*) et s'adresse à lui; elle relève bien davantage de son matériel, doté par la nature de cette impénétrable «affinité élective» d'ordre physiologique. Ce sont les parties élémentaires de la musique, le son (*Klang*) et le mouvement, qui s'emparent des sentiments sans défense de tant d'amateurs de musique, et les emprisonnent dans des chaînes – qu'ils font cliqueter avec beaucoup de complaisance. Loin de nous l'idée de vouloir diminuer les droits du sentiment sur la musique! Mais ce sentiment, qui en réalité se conjugue plus ou moins avec la contemplation pure (*reine Anschauung*), ne peut avoir de valeur artistique que s'il conserve la conscience de son origine esthétique, c'est-à-dire de la jouissance (*Freude*) d'un genre précis de beauté propre à l'art. Si cette conscience fait défaut, s'il n'y a point de libre contemplation de ce beau artistique, et si l'âme (*Gemüt*) ne se sent influencée que par le pouvoir physique des sons, l'art peut d'autant moins prendre à son compte une telle impression que celle-ci est plus forte. Le nombre de ceux qui écoutent ou plutôt sentent ainsi la musique est considérable. Subissant passivement l'action de la partie élémentaire de la musique, ils entrent dans une excitation vague qui dépend des sens et en même temps les dépasse, et ne reçoit de détermination que du caractère général de l'œuvre. Leur attitude envers la musique n'est pas contemplative, mais pathologique: c'est un crépuscule persistant, un état sentimental, exalté, une sorte d'anxiété dans un néant sonore. Faisons entendre à l'auditeur sentimental plusieurs morceaux de même caractère, d'une gaieté bruyante par exemple : il restera dans le même cycle d'impressions. Son sentiment ne s'assimile que ce qui fait l'analogie de ces morceaux, c'est-à-dire le mouvement composé de joie et de bruit; la partie originale et artistiquement personnelle de chacun échappe tout à fait à sa compréhension. C'est exactement le contraire chez l'auditeur « musical »; la forme artistique spéciale d'une composition, ce qui donne à l'œuvre un cachet d'individualité au milieu d'une douzaine de morceaux d'effet semblable, occupe si puissamment son attention qu'il remarque à peine la similitude ou la différence de l'expression sentimentale. La réception isolée par l'auditeur d'un contenu abstrait de sentiment, au lieu du phénomène artistique concret, est très caractéristique de la première de ces deux façons de comprendre la musique; on ne lui trouverait guère d'analogie que dans la vive lumière qui, inondant un paysage, impressionne parfois l'œil au point qu'on est incapable de se rendre compte de ce qu'elle éclaire. Écouter ainsi, c'est aspirer la sensation globale, non motivée, d'un seul coup, et d'autant plus pénétrante [1].

1. Le duc amoureux, dans *La nuit des rois* (*Twelfh Night*) de Shakespeare, est une poétique personnification de cette manière d'écouter la musique. Il dit :
If music be the food of love, play on. [...]
O, it came o'er my ear like the sweet south
That breathe upon a bank of violets
Stealing and giving odour.

(« Si la musique est l'aliment de l'amour, continue à jouer.... Ah! elle est arrivée à mon oreille comme le doux vent du sud qui souffle sur un champ de violettes et glisse chargé d'une suave odeur »).
Plus loin, au 2e acte, il s'écrie :
Give me some music...

Enfoncés dans leur fauteuil et plongés dans un demi-sommeil, ces amateurs se laissent porter, bercer par les vibrations des sons, au lieu de les considérer en face et avec fermeté. La progression et la décroissance des sons, tantôt bondissants d'allégresse, tantôt frémissants et craintifs, leur procurent une sensation indéfinie qu'ils sont assez innocents pour croire purement spirituelle. Ils constituent le public le plus facile à contenter et celui qui réunit le mieux tout ce qu'il faut pour discréditer la musique. Le caractère esthétique de la jouissance spirituelle ne peut se révéler à leur manière d'écouter; un fin cigare, un plat friand, un bain tiède leur produisent un effet analogue, sans qu'ils s'en doutent, à celui d'une symphonie. L'attitude nonchalante et vide de pensée des uns, l'extase folle des autres, ont la même origine : le plaisir (*Lust*) pris aux aspects élémentaires de la musique. Les temps modernes ont d'ailleurs fait une découverte magnifique qui, pour des auditeurs ne cherchant dans la musique qu'un condensé de sentiment sans aucune activité intellectuelle, surpasse de loin cet art : nous voulons parler de l'éther. C'est un fait que l'état narcotique produit par l'éther nous procure une ivresse euphorique, qui enfle et imprègne tout l'organisme d'un rêve doucereux – cela sans la vulgarité de la consommation du vin, qui n'est d'ailleurs pas non plus dépourvue d'effet musical[1].

Methought it did relieve my passion much.
(« Donnez-moi un peu de musique… Il m'a semblé qu'elle calmait beaucoup mes ardeurs »). (Note de Hanslick)

1. Le paragraphe suivant est en fait une note dans notre édition de référence. Vu son importance et sa longueur, il a paru préférable de l'intégrer au texte.

Cette manière d'écouter la musique n'est pas identique à la joie qu'éprouve le public naïf à l'appréhension de la partie purement sensible d'un art quelconque, alors que le contenu idéal n'est reconnu que par l'intelligence cultivée. Pour une pièce musicale, ce que nous blâmons comme non artistique dans la manière de l'appréhender, ce n'est pas qu'elle s'exerce sur cette partie sensible, sur la riche variété de la succession des sons pris en eux-mêmes, mais sur l'idée abstraite d'ensemble ressentie sous forme de sentiment. Nous voyons clairement par là la position très spéciale que prend dans la musique le contenu (*Gehalt*) spirituel par rapport aux catégories de *forme* et de *fond* (*Inhalt*). On s'est habitué, en effet, à considérer le sentiment qui anime une œuvre musicale comme le fond, l'idée, le contenu spirituel même de cette œuvre, et à ne voir dans les suites déterminées de sons artistiquement travaillées que la simple forme, l'image, le revêtement sensible de cet élément suprasensible. Mais c'est précisément la partie spécifiquement musicale qui constitue la création de l'esprit artistique, c'est elle que l'esprit qui contemple saisit par son intelligence et avec laquelle il s'unit. C'est là, dans ces organisations sonores concrètes, que réside le contenu spirituel de la composition, et non dans la vague impression d'ensemble d'un sentiment qu'on en abstrait. La forme pure (l'organisation sonore), par opposition au prétendu fond que serait le sentiment, est le vrai *fond* de la musique, elle est la musique même; le sentiment provoqué en nous ne peut s'appeler ni fond ni forme, il n'est qu'un effet, qu'une résultante. De même, ce qu'on prétend être la partie matérielle de l'art et moyen de la représentation, c'est précisément cela qui a été façonné par l'esprit, tandis que ce qu'on prend pour l'objet représenté, l'effet produit sur le sentiment, est inhérent à la matière du son, et est régi pour une bonne moitié par des lois physiologiques.

Pour ceux qui ont une telle conception, les œuvres musicales descendent au rang de produits de la nature, dont la jouissance peut nous ravir, mais non nous obliger à penser, à remonter jusqu'à un esprit créateur et conscient de sa création. On s'imprègne très bien aussi, les yeux fermés et rêvant, du doux parfum des fleurs d'acacia. Les œuvres de l'esprit humain interdisent absolument cette façon de voir, à moins qu'on ne consente à les reléguer parmi les stimulants sensibles produits par la nature.

C'est à quoi la musique est exposée plus que les autres arts ; du moins, sa partie matérielle se prête à être l'objet d'une jouissance à laquelle l'esprit n'a aucune part. Déjà, tandis que les produits des autres arts demeurent, sa nature à elle, essentiellement temporaire, fugitive, la rapproche significativement de l'acte de l'absorption corporelle.

On peut très bien humer un air, mais non un tableau, une église, un drame. Aussi n'y a-t-il pas d'art qu'on emploie davantage à un service accessoire. Les meilleures compositions peuvent être jouées comme musique de table, pour faciliter la digestion des faisans. Il n'y a pas d'art plus obsédant et en même temps plus accommodant : il faut se résigner à *entendre* l'orgue de Barbarie le plus pitoyable posté près de notre maison, mais rien ne nous oblige à *écouter* même une symphonie de Mendelssohn.

Des considérations qui précèdent il est facile de déduire la valeur exacte de ce qu'on appelle les « effets moraux » de la musique, qui ont été prônés avec tant de complaisance par les anciens auteurs comme pendants aux effets « physiques », dont il a été question plus haut. Ce n'est pas, tant s'en faut, dans sa beauté que nos amateurs jouissent de la musique ; son influence agit sur eux comme celle d'une force brute de la nature, pouvant pousser l'être qui l'éprouve à des actes inconscients ; aussi sommes-nous ici à l'exact opposé de toute considération esthétique. Au reste, nous n'en sommes plus à ignorer maintenant le lien étroit qui unit ces prétendus effets « moraux » aux effets physiques.

Le créancier pressant que son débiteur émeut en lui faisant de la musique, au point d'obtenir la remise complète de sa dette [1], est poussé à la générosité exactement de la même façon qu'un autre se sent entraîné irrésistiblement à la danse, en entendant tout à coup un motif de valse. Le premier cède davantage au pouvoir de l'harmonie et de la mélodie, éléments musicaux plus spirituels, le second au rythme, élément plus physique. Mais ni l'un ni l'autre n'agissent spontanément, ni sous l'empire de l'élévation intellectuelle ou de la beauté morale ; tous deux obéissent à une excitation nerveuse. La musique leur délie les pieds ou le cœur, comme le vin délie la langue. De pareilles victoires ne témoignent que de la faiblesse du vaincu.

Éprouver des émotions (*Affekte*) non motivées, sans but et vides, sous l'action d'une puissance qui n'est d'aucune manière en rapport avec notre volonté et notre pensée, est indigne de l'esprit humain. Quand des hommes se laissent dominer par la partie élémentaire d'un art au point de n'être plus maîtres de ce qu'ils font, il nous semble que ce n'est pas là une gloire pour l'art, et bien moins encore pour eux-mêmes.

La musique ne possède pas la précision des idées, mais sa puissance sur les sentiments fait qu'on peut jouir d'elle comme

1. Ce prodige a été accompli plusieurs fois, nous raconte A. Burgh (*Anecdotes on Music*, 1814), notamment par le chanteur napolitain Palma. (Note de Hanslick)

si elle l'avait. Voilà le vrai point de départ des plus anciennes attaques contre cet art, qu'on a accusé d'énerver, d'amollir et d'engourdir.

Ce reproche est parfaitement fondé lorsqu'on fait de la musique un moyen de provoquer des « émotions indéterminées »[1], une nourriture du sentiment en lui-même. Beethoven disait que la musique devait, pour l'auditeur, « faire jaillir des flammes de l'esprit » (*Feuer aus dem Geiste schlagen*[2]). On aura remarqué qu'il dit : « devait ». Mais on se demandera si des flammes, même allumées et entretenues par la musique, ne gênent et n'empêchent pas la force de la volonté et la faculté de penser de se développer.

En tout cas, cette accusation portée contre l'influence de la musique nous paraît plus digne que l'exagération avec laquelle on l'exalte. De même que les effets physiques de la musique sont en raison directe de l'excitation maladive du système nerveux sur lequel ils ont prise, de même l'intensité des effets moraux des sons croît avec le défaut de culture de l'esprit et du caractère. Moins la résistance opposée par l'éducation est grande, plus l'impact d'une telle force a de puissance. C'est sur les sauvages, comme on sait, que la musique produit l'effet le plus puissant.

Mais tout cela n'effraie pas nos moralistes de la musique. Ils aiment assez à rapporter, dès le début de leurs théories, de nombreux exemples prouvant que « les animaux eux-mêmes »

---

1. *Unbestimmter Affekte*. Dès le chap. II, Hanslick s'en prend aux théoriciens qui, embarrassés par le manque de précision de la musique, maintiennent qu'elle exprime des sentiments, mais que ceux-ci sont « indéfinis » (*Unbestimmte Gefühle*, p. 24). Voir par exemple le texte de Hoffmann.

2. De l'expression *Feuer aus einem Stein schlagen* : faire jaillir du feu d'un caillou, battre le briquet.

sont sensibles à la musique. Oui, l'appel de la trompette anime le cheval et l'excite au combat, le violon amène facilement l'ours à des essais chorégraphiques, la délicate araignée[1] et le lourd éléphant se balancent, chacun à sa façon, en écoutant les sons qui leur sont agréables. Est-il donc si flatteur d'être féru de musique en pareille compagnie ?

Après les curiosités du règne animal viennent les merveilles humaines. Celles qu'on cite généralement ont pour type l'anecdote relative à Alexandre le Grand, qui entrait en fureur lorsque Timothée jouait de la lyre et se calmait ensuite quand Antigénide jouait[2]. On raconte aussi qu'un souverain moins connu, Éric le Bon, roi de Danemark, voulant se convaincre du pouvoir si vanté de la musique, appela un célèbre virtuose pour jouer devant lui et sa cour, après avoir eu la précaution de faire enlever toutes les armes. L'artiste provoqua d'abord, par le choix de ses modulations, une profonde tristesse chez tous les auditeurs ; puis il les amena à un état plein d'enjouement, et, progressivement, les excita jusqu'au délire. Le roi lui-même enfonça la porte de la salle voisine, saisit son épée, et tua quatre de ses courtisans. «Et c'était

1. Il est intéressant de noter qu'on n'a pu jusqu'ici découvrir chez l'araignée un organe de l'ouïe. Comme beaucoup d'autres animaux, elle ressent les sons uniquement comme vibrations. (Note de Hanslick)

2. «Chantait», écrit Hanslick. Il y a sans doute confusion ici entre plusieurs anecdotes et plusieurs personnages (le passage a été modifié dans les éditions ultérieures). Le dictionnaire de la *Souda* (sous *Timothéos*) rapporte qu'Alexandre entra en fureur et se précipita sur ses armes en entendant Timothée jouer de l'aulos. Plutarque (*De la fortune d'Alexandre*, II, 335a) rapporte au contraire qu'Alexandre fut pris de fureur guerrière un jour qu'Antigénidas jouait sur l'aulos l'air «Des chars». Timothée de Milet était un poète et un joueur de cithare ; lui et Antigénidas de Thèbes, un joueur d'aulos de talent, étaient en fait antérieurs à Alexandre, mais il y eut un autre Timothée, joueur d'aulos et contemporain d'Alexandre.

toujours "le *bon* Éric" »! (Albert Krantz, *Chronica Daniae*,
lib. V, cap. 3)[1].

Si de pareils « effets moraux » de la musique étaient encore
à l'ordre du jour, l'indignation nous rendrait totalement incapables, à notre avis, de nous expliquer raisonnablement sur
cette puissance maléfique qui, telle une souveraine bénéficiant
de l'exterritorialité, contraint et trouble l'esprit de l'homme
sans s'inquiéter de ses pensées et de ses résolutions.

Cependant, comme les plus célèbres de ces trophées
musicaux remontent à la plus haute antiquité, il ne sera pas
hors de propos de considérer la chose à son point de départ
historique.

On ne peut absolument pas douter que la musique n'ait eu,
chez les peuples anciens, une influence bien plus immédiate
que chez nous ; aux premières étapes de la civilisation, l'humanité était beaucoup plus près des parties élémentaires de toutes
choses et s'y abandonnait bien plus qu'elle n'a fait dans la suite
des siècles, lorsque la conscience et le libre arbitre sont entrés
en possession de leurs droits. L'état particulier de la musique
dans l'antiquité romaine et grecque favorisa notablement
cette réceptivité naturelle. La musique, alors, n'était pas un art
dans le sens que nous attachons à ce mot. Le son et le rythme
agissaient quasiment de façon isolée et en toute indépendance,
et leurs mises en œuvre rudimentaires tenaient la place des
formes riches et intelligentes qui constituent l'art musical
d'aujourd'hui. De tout ce qu'on sait de la musique de ce temps,
on peut conclure avec certitude à son influence purement
sensuelle, mais d'une sensualité aussi raffinée que possible,
dans les limites que comportait la technique de l'époque. S'il y

1. Historien allemand, vers 1450-1517.

avait eu dans l'antiquité classique un art musical tel que nous l'entendons, il n'aurait pas plus été perdu, pour le développement dans les âges suivants, que la poésie, la sculpture et l'architecture. La prédilection des Grecs pour l'étude approfondie des relations tonales poussées jusqu'à la plus extrême subtilité relève uniquement de la science [1] et n'a rien à faire ici.

L'absence d'harmonie, les bornes étroites entre lesquelles se mouvait la mélodie, limitée à l'expression du récitatif, enfin l'impuissance du système tonal à conquérir par le développement un ensemble de formes vraiment musicales, tout cela empêchait la musique d'être comprise pleinement comme un *art* des sons au sens esthétique : aussi ne l'employait-on presque jamais seule, mais combinée avec la poésie, la danse et la mimique, c'est-à-dire comme complément des autres arts. Elle n'avait pas d'autre destination que de créer une animation par ses pulsations rythmiques et la variété de ses nuances sonores, et finalement de commenter les paroles et les sentiments à la façon de la déclamation, mais avec une intensité plus grande. La musique agissait donc exclusivement par ses éléments sensoriels et symboliques. Restreinte à ces deux facteurs, elle a dû, en se concentrant tout entière en eux, les porter à un haut degré d'efficacité et surtout de raffinement. L'art moderne n'a que faire d'un matériel mélodique raffiné jusqu'à l'emploi du quart du ton et du « genre enharmonique », non plus que de la caractéristique spéciale des tonalités et de leur adaptation rigoureuse au langage parlé ou chanté.

Ces rapports sonores si subtils des Anciens étaient d'ailleurs, dans les limites qui étaient les leurs, sentis bien plus

---

1. Il s'agit ici des aspects mathématiques et acoustiques de la musique, non de la « science » esthétique que l'auteur veut promouvoir (*cf.* la dernière phrase du chapitre).

vivement par les auditeurs. Les oreilles grecques étaient exercées à percevoir des intervalles beaucoup plus petits que nos oreilles à nous, éduquées dans le tempérament égal[1]; de même l'âme de ces peuples était infiniment plus accessible aux modifications provoquées par la musique que nous ne le sommes, elle les recherchait bien plus que nous, pour qui le plaisir éprouvé aux formes artistiques de la musique est surtout contemplatif et paralyse une partie notable de l'influence élémentaire qu'elles exercent. C'est en la considérant ainsi que nous pouvons sans doute comprendre que la musique a exercé dans l'antiquité une influence plus grande.

On peut pareillement s'expliquer une partie – assez modeste, à la vérité – des anecdotes racontées par les historiens sur les effets spécifiques des divers *modes* (*Tonarten*)[2] chez les anciens. On y voit plus clair quand on les rapporte à la stricte classification qui réservait chacun de ces modes à une fin déterminée, lesquels étaient ainsi conservés dans leur pureté. Le mode dorien convenait aux sujets sérieux et notamment religieux ; le phrygien enflammait le courage des armées ; le lydien exprimait tristesse et mélancolie, et l'éolien s'employait pour chanter gaiement le vin et l'amour. Par suite de cette stricte délimitation sciemment établie entre quatre modes principaux assignés à quatre classes d'états affectifs (*Seelenzuständen*), et de l'application constante du même

1. L'expression allemande employée ici, *schwebende Temperatur* (littéralement : « tempérament avec battements »), renvoie aux petites variations de fréquence appliquées aux notes pour obtenir sur les instruments à sons fixes douze demi-tons égaux, en sacrifiant du même coup la « pureté » des consonances, qui laissent entendre des battements.

2. Sur les « modes » (mieux nommés « harmonies ») des Grecs, voir l'Introduction, p. 14, ainsi que les textes de Platon (*cf.* 669e) et d'Aristote (chap. VII).

mode aux poésies dont le sens lui était approprié, l'oreille et l'esprit (*Gemüt*) devaient, involontairement mais de façon nette, contracter l'habitude d'entrer dans le sentiment correspondant au mode de la musique qu'on jouait. Établie sur la base d'une éducation aussi étroite, la musique était réduite au rôle d'accompagnatrice indispensable et obéissante de tous les arts, de moyen pédagogique, politique, etc.; elle était tout sauf un art indépendant. S'il suffisait de quelques accents phrygiens pour donner du cœur aux soldats devant l'ennemi, d'une mélodie en mode dorien pour assurer la fidélité d'une femme dont l'époux était absent, la perte du système modal grec peut être fâcheuse pour les généraux et les maris, mais les théoriciens de l'esthétique n'ont point à le regretter.

Nous opposons à ces émotions pathologiques la contemplation pure et consciente de l'œuvre musicale, la seule vraie manière d'écouter, la seule artistique, hors de laquelle nous sommes obligés de ranger dans une même catégorie la passion (*Affekt*) brutale du sauvage et la passion exaltée du mélomane enthousiaste. On jouit du beau, on n'en souffre pas, et c'est bien ce que dit l'expression *jouissance* artistique. Il est vrai que les personnes sentimentales crient à l'hérésie à l'égard de la toute-puissance de la musique lorsqu'ils voient quelqu'un se détourner des orages et des émeutes du cœur qu'ils trouvent, eux, dans tout morceau de musique et auxquels ils se livrent de bonne foi. Celui-là est froid, insensible, c'est un pur cérébral. C'est possible. Mais ils sont nobles et forts les effets qu'on ressent en suivant de près l'esprit créateur, en présence du monde d'éléments nouveaux qu'il ouvre devant nous, les combinant de toutes les façons imaginables, les édifiant l'un sur l'autre puis les renversant, faisant naître une nouvelle construction et la détruisant, régnant enfin en souverain sur un empire qui ennoblit l'oreille et en fait l'outil sensoriel le plus fin et le plus cultivé. Il n'est pas vrai que la représentation prétendue d'une passion (*Leidenschaft*) nous entraîne dans une communauté de souffrance. L'esprit calme et joyeux, dans une jouissance sans passion (*affektlos*) mais du plus profond de nous-même, nous voyons l'œuvre d'art passer devant nous, nous la reconnaissons et célébrons ce que Schelling appelle si bien « la noble sérénité (*Gleichgültigkeit*) du beau »[1]. Cette joie intérieure qu'accompagne un esprit éveillé est la manière d'écouter la musique la plus digne, la plus salutaire, et la moins facile aussi.

Le facteur le plus important dans le processus psychique qui accompagne la compréhension d'une œuvre musicale et en fait un plaisir est le plus souvent négligé : c'est la satisfaction spirituelle qu'éprouve l'auditeur à suivre continuellement les intentions du compositeur, à les anticiper, à se trouver tantôt confirmé, tantôt agréablement trompé dans ses conjectures. Ces mouvements intellectuels de va-et-vient, cet échange continu entre celui qui donne et celui qui reçoit, s'accomplissent, bien entendu, inconsciemment et avec la rapidité de l'éclair. Une telle musique, qui suscite cette poursuite intellectuelle (*geistig*) et la récompense – poursuite qu'on pourrait proprement appeler la « réflexion de l'imagination » – peut seule offrir une pleine jouissance artistique. Sans activité de l'esprit il n'existe absolument pas de plaisir esthétique. La forme d'activité de l'esprit dont nous parlons est celle qui convient le mieux à la musique parce que ses productions ne se présentent pas devant nous tout d'une pièce et immuables,

---

1. *Ueber das Verhältniss der bildenden Künste zur Natur* (« Du rapport entre les arts plastiques et la nature »). (Note de Hanslick) [Voir F. W. J. von Schelling, *Ausgewählte Schriften*, Frankfurt-am-main, Suhrkamp, vol. II, 1985, p. 597].

mais se déroulent progressivement à notre oreille, et par conséquent réclament de l'auditeur, non pas une contemplation alternant arbitrairement attention prolongée et interruption, mais un accompagnement inlassable dans la plus grande vigilance. Lorsque cet accompagnement s'applique à certaines compositions compliquées, il peut devenir un véritable travail de l'esprit. Ce travail, il se trouve que beaucoup d'individus et certaines nations ne l'entreprennent que très difficilement. La prépondérance uniforme d'une seule partie mélodique, chez les Italiens, a sa raison dans l'éloignement naturel de ce peuple pour l'effort intellectuel persistant, alors que l'homme du Nord aime à démêler les entrelacements artistiques d'un tissu harmonique et contrapuntique. C'est pourquoi le plaisir est plus facile aux auditeurs dont l'esprit est peu actif ; ces toqués de musique peuvent consommer sans sourciller des quantités de musique qui feraient reculer les esprits artistes.

L'élément spirituel nécessairement présent dans toute jouissance artistique est actif à des degrés bien divers chez les auditeurs d'une même œuvre ; il peut être à son minimum dans les natures sensuelles ou sentimentales, et devenir l'élément décisif dans celles où l'intelligence prédomine. Pour trouver le véritable « juste milieu », il faut, à notre avis, incliner un peu de ce dernier côté. Pour se procurer l'ivresse, il suffit d'être faible, mais il y a un *art* de l'écoute [1].

---

1. Il était bien dans le tempérament exalté et déréglé de W. Heinse de dédaigner le beau proprement musical pour les vagues impressions du sentiment. Il va jusqu'à dire, dans son roman musical *Hildegarde de Hohenthal* : « La vraie musique… marche toujours vers ce but : faire pénétrer dans l'âme de l'auditeur le sens des paroles et du sentiment (*Empfindung*), et d'une manière si facile et si agréable, qu'on ne la remarque pas (la musique).

L'exagération sentimentale est surtout le fait de ces auditeurs dont la culture ne va pas jusqu'à la compréhension artistique du beau musical. Le non-spécialiste est celui qui sent le plus la musique, l'artiste cultivé celui qui sent le moins. Plus le moment esthétique est important chez l'auditeur (de même que dans l'œuvre), plus il nivelle l'influence des simples éléments. C'est pourquoi le vénérable axiome des théoriciens : « Une musique sombre éveille en nous la tristesse, une musique joyeuse nous porte à la gaieté », pris absolument, est loin d'être exact. Si tout *Requiem* vide de sens, toute bruyante marche funèbre, tout adagio gémissant devait avoir le pouvoir de nous rendre tristes, qui voudrait supporter l'existence dans ces conditions ? Mais qu'une œuvre musicale nous regarde en face avec les yeux clairs de la beauté, nous sommes remplis d'une joie profonde, la composition eût-elle pour sujet toutes les douleurs du siècle. La plus tapageuse exultation d'un *finale*

Une telle musique dure éternellement ; elle est à ce point naturelle *qu'on ne la remarque pas*, et que seul est transmis le sens des paroles. »

Tout au contraire, la musique n'est goûtée esthétiquement que lorsqu'on la « remarque » pleinement, qu'on lui prête toute son attention, et qu'on prend directement conscience de chacune de ses beautés. Heinse, à qui nous ne saurions refuser notre admiration pour le génie avec lequel il a fouillé la nature, a été estimé bien au-dessus de sa valeur en ce qui concerne la poésie, et surtout la musique. Dans la pénurie où nous sommes de bons travaux sur la musique, on s'est habitué à le traiter et à le citer comme un remarquable esthéticien de la musique. Comment pouvait-on ne pas voir que, à côté d'un certain nombre d'aperçus pertinents, il nous assène le plus souvent un flot de platitudes et d'erreurs manifestes, au point qu'on est carrément effrayé d'un tel manque de culture ! En outre, les erreurs du jugement esthétique de Heinse vont de pair avec son ignorance technique ; par exemple, dans ses analyses des opéras de Gluck, Jomelli, Traetta, etc., on ne trouve guère, au lieu d'un enseignement artistique, que des exclamations enthousiastes. (Note de Hanslick) [Heinse est un écrivain allemand du « Sturm und Drang » (1746-1803) ; le roman cité date de 1795].

de Verdi ou d'un quadrille de Musard[1] ne nous a encore jamais rendu joyeux.

Le non-spécialiste, l'homme de sentiment, demande volontiers si telle musique est joyeuse ou triste; le musicien demande si elle est bonne ou mauvaise. Ce court parallèle montre sans ambiguïté de quel côté l'un et l'autre parti font face au soleil.

Nous avons dit que le plaisir esthétique se règle sur la valeur artistique de l'œuvre musicale; mais cela n'empêche pas qu'un simple appel du cor des Alpes, une tyrolienne entendue au loin dans la montagne, ne puissent nous procurer un ravissement plus grand que n'importe quelle symphonie de Beethoven. Dans ce cas cependant la musique rentre dans la classe des beautés naturelles. Ce n'est pas alors comme tel tableau sonore déterminé que les sons nous atteignent, mais comme tel genre déterminé d'effet naturel issu de ces sons; ceux-ci peuvent s'harmoniser avec le caractère du paysage et avec la disposition d'esprit personnelle de l'auditeur, et ainsi dépasser en intensité les jouissances d'un plaisir artistique quelconque. Alors la partie élémentaire de la musique l'emporte, quant à l'impression produite, sur la partie artistique; tandis que l'esthétique (ou, si l'on veut s'exprimer plus rigoureusement, la partie de l'esthétique qui traite du beau artistique) n'a à considérer la musique que dans son côté artistique, et donc à reconnaître uniquement l'effet que, en tant que production de l'esprit humain, elle offre à la contemplation pure comme résultat d'une mise en œuvre consciente de ces facteurs élémentaires.

---

1. Philippe Musard (1792-1859), compositeur français très célèbre au XIXᵉ siècle pour ses musiques de danse.

La condition la plus essentielle d'une réception esthétique de la musique est qu'on écoute l'œuvre musicale pour elle-même, quelle qu'elle soit et quelle que soit la réceptivité intellectuelle de l'auditeur. Dès que la musique n'est plus qu'un moyen de nous amener à un certain état d'âme et est utilisée comme accessoire, comme décor, elle cesse d'agir comme art. On confond sans cesse les éléments de la musique avec sa beauté artistique, autrement dit on prend la partie pour le tout et on établit ainsi une confusion sans nom. Des milliers de jugements dont « la musique » est tous les jours l'objet portent réellement non pas sur elle, mais sur l'effet sensoriel de ses éléments matériels.

Quand Henri IV, dans la tragédie de Shakespeare dont il est le héros, se fait faire de la musique au moment de mourir (IIᵉ partie, IV, 4), ce n'est assurément pas pour écouter la composition qu'on lui exécutera, mais pour rêver et se bercer dans les éléments informes qui la constituent. Dans le *Marchand de Venise*, Portia et Bassanio ne sont guère plus disposés, pendant le choix émouvant du coffre, à prêter une oreille attentive à la musique commandée[1]. Johann Strauss a mis, dans ses meilleures valses, de la musique charmante et même spirituelle ; on n'y trouve plus rien de tout cela quand on veut seulement les danser en mesure. Dans des cas pareils, peu importe le choix de la musique qui est exécutée, pourvu qu'elle possède le caractère fondamental que l'on recherche. Mais quand on montre de l'indifférence pour le caractère individuel de la composition, ce n'est plus de la musique qu'on entend, mais des effets sonores qu'on éprouve. Celui qui ne se contente pas du retentissement d'ensemble du sentiment, mais

1. Shakespeare, *Le Marchand de Venise*, Acte III, scène II.

se livre à une contemplation précise, et qu'il n'oubliera pas, de tel morceau de musique particulier, celui-là seul l'a entendu et goûté. Ces impressions qui élèvent l'âme, leur haute importance psychique aussi bien que physiologique, ne peuvent d'ailleurs empêcher la critique de faire partout la différence, dans l'effet ressenti, entre ce qui est du domaine de l'art et ce qui est élémentaire. Dans son étude esthétique, la musique ne doit jamais être considérée comme cause mais toujours comme effet, non comme agent producteur, mais comme produit.

Si l'action élémentaire de la musique est souvent confondue avec l'art musical proprement dit, on confond tout aussi fréquemment ce dernier avec l'élément harmonique d'ensemble qui en est le modérateur, qui lui donne le repos et le mouvement, la consonance et la dissonance. L'intérêt de l'art et de la philosophie, dans leur état actuel, nous interdit d'adopter le sens du mot « musique », que les anciens Grecs étendaient à toutes les sciences et à tous les arts, ainsi qu'à la culture de l'ensemble des forces psychiques. La célèbre apologie de la musique, dans le *Marchand de Venise* (V, 1)

> The man that hath no music in himself,
> Nor is not mov'd with concord of sweet sounds,
> Is fit for treasons stratagems and spoils [1]...

repose sur la confusion dont nous parlons; elle prend la musique pour le principe d'euphonie et de concordance de la mesure qui la régit. Dans cette phrase et dans d'autres semblables, on pourrait sans grande modification remplacer le mot *musique* par d'autres, tels que *poésie*, *art*, et même *beauté*. Si,

---

1. « L'homme qui n'a pas de musique en lui-même, que n'émeut point un doux accord de sons, est propre aux trahisons, aux embûches et aux rapines. »

parmi les arts, c'est précisément la musique qu'on a l'habitude de mettre en avant, elle le doit à la puissance ambivalente de sa popularité. Les vers qui précèdent[1] ceux qui viennent d'être cités en sont un témoignage : l'influence calmante des sons sur les bêtes féroces y est hautement célébrée, et la musique fait donc à nouveau figure de dompteur[2].

Les exemples les plus instructifs en ce genre nous sont fournis par les «explosions musicales» de Bettina von Arnim[3]; c'est ainsi que Goethe appelait galamment ses lettres sur la musique. Véritable symbole de l'exaltation musicale indéfinie, Bettina montre combien est abusive l'extension qu'on se plaît à donner à l'idée de « musique », afin d'y évoluer tout à son aise. Croyant parler de la musique elle-même, elle ne fait que s'évertuer à décrire l'influence obscure que son âme en reçoit, et dont elle a recherché la voluptueuse hallucination pour s'interdire toute pensée, tout examen. Dans une composition musicale, elle voit toujours une sorte de produit naturel qu'on perdrait son temps à étudier, et non une œuvre d'art de l'esprit humain; elle ne comprend la musique que comme une succession de phénomènes. Elle applique constamment les mots *musique*, *musical*, à d'innombrables phénomènes, ne s'apercevant pas qu'ils n'ont de commun avec l'art musical que l'un ou l'autre de ses éléments : la consonance, le rythme,

---

1. « Die weiteren Verse » écrit Hanslick. Bannelier et Pucher traduisent : « les vers qui suivent ». Il faut sans doute entendre : « dans le même contexte », car ce à quoi l'auteur se réfère précède les vers cités.

2. À partir de la 9ᵉ édition (après 1891), le terme «dompteur» remplace celui de «van Aken», qui avait laissé perplexes bon nombre de lecteurs et de traducteurs.

3. Femme de lettres (1785-1859), épouse d'Achim von Arnim, une des figures du romantisme allemand.

l'excitation de sentiments. Or, il ne s'agit pas du tout de ces facteurs eux-mêmes en esthétique, mais de la manière spécifique dont ils sont combinés pour que leur concours produise l'œuvre d'art. Bien entendu, la romanesque dame, ivre de musique, va jusqu'à voir de grands musiciens dans Goethe et dans le Christ! Personne ne peut rien dire quant à ce dernier; pour Goethe, tout le monde sait qu'il ne l'était pas.

Nous respectons les droits de la culture historique et de la liberté poétique; nous comprenons qu'Aristophane, dans les *Guêpes*, ait qualifié un esprit cultivé de « sage et musical », σοφὸν καὶ μουσικόν[1]; nous trouvons sensée l'expression du comte Reinhardt, disant qu'Œhlenschläger[2] « avait des yeux musicaux ». Mais des considérations scientifiques ne doivent jamais appliquer à la musique ni lui présupposer une autre idée que la stricte idée esthétique, si l'on ne veut pas renoncer à toute espérance de voir un jour consolidée une science encore bien fragile aujourd'hui.

1. *Les Guêpes*, vers 1244.
2. Sans doute le comte Reinhardt (Karl Friedrich, 1761-1837), homme politique français d'origine allemande, et l'un des nombreux correspondants de Goethe; Œhlenschläger est un écrivain danois (1779-1850).

FRIEDRICH NIETZSCHE
(1844-1900)

FRAGMENTS POSTHUMES

Présentation

Contemporain de l'élaboration de *La Naissance de la tragédie*, le texte présenté ici est une longue note préparatoire dans laquelle Nietzsche se livre à un questionnement rigoureux, bien que cette note ne soit pas destinée en tant que telle à la publication[1] ; les renvois à des points établis antérieurement ne doivent donc pas être lus de façon trop stricte. Le fragment présuppose la distinction de l'apollinien et du dionysiaque[2], séparés par le principe d'individuation. Une fois posée cette dualité antagoniste, Nietzsche ébauche dans ce texte une caractérisation de la nature de la musique, en partie dérivée de l'univers conceptuel de Schopenhauer[3]. La musique est

1. On retrouve les traces des éléments constitutifs de ce fragment dans *La Naissance de la tragédie*, principalement aux § 5, 6, 8, 16.
2. Voir Introduction, p. 42.
3. Voir Introduction, p. 35.

symbolisation directe de la « volonté »[1], celle-ci se révélant à travers les « sensations de plaisir et de déplaisir » qui toujours « accompagnent toutes les autres représentations, à la manière d'une basse fondamentale qui jamais ne fait défaut », mais ne se manifestent pas comme des objets distincts ni visibles. L'« objet » de la musique, ce qu'elle symbolise, est cette « volonté » : c'est la première thèse majeure de ce fragment.

Mais il y a plus. Si cette « volonté » est identifiée par Nietzsche comme l'objet de la musique, elle n'en est nullement l'origine – autrement dit ce qui « engendre » la musique. Cette origine doit être cherchée dans une « sphère » où « l'individuation est rompue et supprimée », et plus précisément dans une « force qui, à partir d'elle-même, engendre sous la forme de la "volonté" un monde de visions », et « se situe par-delà toute individuation ». Ce qui engendre la musique est dans cette « sphère » à la fois dynamique et sans individuation, celle-là même que révèle l'univers dionysiaque. Nietzsche explicite ainsi les raisons qui lui paraissent donner à la musique une place à part, fondamentalement hétérogène au monde des représentations (hormis la simple « forme générale » des sensations de plaisir et de déplaisir). Sur cette base, il situe par rapport à la musique la symbolique corporelle, puis le langage et le poème lyrique ; il critique en outre l'idée que la musique symboliserait des sentiments, et l'idée que la musique pourrait être engendrée par le poème. La musique dans ses formes les plus pures, du chant populaire des origines à la « musique absolue » de la modernité, fait vaciller toutes les

---

1. Dans ce texte, Nietzsche écrit presque toujours « volonté » entre guillemets, de sorte qu'il désigne expressément le concept de volonté schopenhauérien, tout en se donnant la liberté de s'en démarquer.

représentations – sauf celle de la « "volonté" en tant que forme la plus originaire de la manifestation ».

Au terme de son investigation, et après en avoir récapitulé les articulations, Nietzsche prend position de manière originale dans le vieux débat entre musique pure et musique vocale : une compréhension conjointe de la musique et des paroles n'est pas possible, dans la mesure où elles appartiennent à deux mondes distincts ; mais les paroles en fait s'absorbent et s'abolissent dans la musique. Ainsi Nietzsche peut-il considérer le finale de la *Neuvième symphonie* de Beethoven comme une œuvre de musique pure, de même nature que ses derniers quatuors, qui « dépassent toute représentation sensible »[1], et non comme une œuvre par laquelle Beethoven aurait reconnu « les limites de la musique absolue », selon une idée communément répandue au XIXe siècle.

NIETZSCHE

FRAGMENT POSTHUME DE 1871 [2]

Ce que nous avons établi quant au rapport du langage à la musique doit valoir, pour les mêmes raisons, du rapport *du mime à la musique*. En tant qu'intensification de la symbolique

---

1. On peut voir dans cette position l'une des raisons qui, plus tard, amèneront Nietzsche à mettre en doute les qualités musicales de Wagner, qui « a passé sa vie à répéter que sa musique n'était pas que de la musique, mais beaucoup plus, infiniment plus ! *Pas seulement de la musique*" : jamais un musicien ne parlerait ainsi. » (*Le Cas Wagner*, § 10).

2. Texte original dans : *Werke*, Kritische Gesamtausgabe, III, 3 (Nachgelassene Fragmente, Herbst 1869-Herbst 1872), Berlin-New York, De Gruyter, 1978, fr. 12 [1], p. 377-387.

gestuelle[1] de l'homme, le mime n'est lui aussi, si on le mesure
à la signification éternelle de la musique, qu'une métaphore
(*Gleichniß*) qui ne peut absolument pas représenter le secret
le plus intime de la musique, mais seulement son aspect
extérieur, le rythme; et encore ne le fait-il que de façon très
extérieure, c'est-à-dire en utilisant comme support le corps
humain mû par les passions. Mais si nous incluons aussi le
langage dans la catégorie de la symbolique corporelle, et si
nous rapprochons le drame lui-même, conformément au canon
que nous avons établi, de la musique, alors une proposition de
Schopenhauer a toutes les chances de nous apparaître à présent
comme tout à fait lumineuse (*Parerga*, vol. 2, p. 465): « Bien
qu'un esprit purement musical ne le réclame pas, et que le pur
langage des sons se suffise à lui-même et n'ait pas besoin
d'aide, il est sans doute possible de lui associer et de lui sub-
ordonner des paroles, voire la représentation visible d'une
action, pour que de son côté notre intellect intuitif et réflexif,
qui répugne à rester totalement inactif, y trouve sans peine une
occupation analogue; grâce à quoi, en outre, l'attention est
plus fortement fixée sur la musique, elle la suit mieux, et en
même temps ce que les sons disent dans la langue du cœur,
universelle et sans image, est soutenu par une image visible,
une sorte de schéma, ou encore à la manière dont un exemple
378 illustre un concept universel : assurément, | l'impression que
fait la musique en sera augmentée. »[2] Si nous faisons abstraction de la justification superficiellement rationaliste selon
laquelle notre intellect intuitif et réflexif ne consent pas à rester

---

1. Sur le sens des termes « mime » et « symbolique gestuelle », voir plus
loin, notamment p. [379].
2. On peut trouver le texte complet ainsi que le contexte de ce passage dans
A. Schopenhauer, *Parerga et Paralipomena*, Paris, Coda, 2005, § 220, p. 759.

totalement inactif quand nous écoutons de la musique, selon laquelle aussi l'attention suit mieux quand elle a affaire à une action visible – Schopenhauer a tout à fait raison de caractériser le rapport du drame à la musique comme celui d'un schéma, d'un exemple à un concept universel ; et quand il ajoute : « Assurément, l'impression que fait la musique en sera augmentée », la pertinence de ce jugement est cautionnée par le caractère extraordinairement universel et originaire de la musique vocale, et de la liaison du son (*Ton*) avec l'image et le concept. La musique de chaque peuple commence toujours dans une alliance avec la poésie lyrique, et longtemps avant qu'il soit possible de penser à une musique absolue [1], c'est dans cette union qu'elle parcourt les étapes les plus importantes de son développement. Si nous comprenons cette poésie lyrique originelle d'un peuple, puisqu'aussi bien nous devons le faire, comme une imitation des modèles artistiques offerts par la nature, nous devons regarder comme modèle originaire de cette union de la musique et de la poésie lyrique la *dualité* préformée par la nature *dans l'essence du langage* : c'est le point que nous allons approfondir après avoir examiné le rapport de la musique à l'image.

Dans la diversité des langues se manifeste immédiatement ce fait que le mot et la chose ne se recouvrent ni totalement ni nécessairement, qu'au contraire le mot est un symbole. Mais que symbolise le mot ? Uniquement des représentations, pour sûr, qu'elles soient conscientes ou, pour la plupart, inconscientes : comment en effet un mot-symbole pourrait-il correspondre à cette essence intime dont nous-mêmes, ainsi

---

1. Sur ce terme, voir notre Introduction, p. 34-35 et note 1, p. 35. Nietzsche l'utilise ici sans nuance péjorative, semble-t-il, au sens de musique autonome, sans texte.

que le monde, sommes des reproductions[1] ? Ce noyau, nous ne le connaissons que comme représentations, nous n'avons de familiarité avec lui que dans ses extériorisations imagées : il n'existe nulle part ailleurs de pont qui nous conduirait directement à lui-même. La vie pulsionnelle tout entière elle aussi, le jeu des sentiments, des sensations, des affects, des actes de volonté – je dois ici l'ajouter | contre Schopenhauer – ne nous sont connus, et jusque dans l'examen de conscience le plus rigoureux, que comme représentation et non en conformité avec leur essence : et il nous est probablement permis de dire que la « volonté » de Schopenhauer elle-même n'est rien d'autre que la forme la plus générale de manifestation (*Erscheinung*) de quelque chose que nous ne pouvons absolument pas déchiffrer par ailleurs. Si donc il nous faut bien nous soumettre à l'implacable nécessité de ne pouvoir aller nulle part au-delà des représentations, nous pouvons cependant distinguer, dans le domaine des représentations, deux genres principaux. Les unes se révèlent à nous comme sensations de plaisir et de déplaisir, et elles accompagnent toutes les autres représentations, à la manière d'une basse fondamentale (*Grundbaß*[2]) qui ne fait jamais défaut. Cette forme la plus générale de la manifestation, à partir de laquelle et sous laquelle seule nous comprenons tout devenir et tout vouloir, et pour laquelle nous voulons maintenir le nom de « volonté »,

379

---

1. Comparer ce qui a été dit de Schopenhauer, *supra*, p. 35.

2. Il ne semble pas qu'on doive entendre ici « basse continue » : l'usage de ce dernier terme se limite à l'époque baroque, et malgré son nom cette basse peut justement « faire défaut », en fonction des choix du compositeur. La basse fondamentale au contraire est la basse qui ne correspond pas forcément à une partie réellement jouée, mais est obtenue lorsqu'on ramène tous les accords à leur position fondamentale ; comme telle, elle peut toujours être détectée par l'analyse et perçue à l'écoute.

possède aussi dans le langage sa propre sphère symbolique : cette dernière est, à la vérité, aussi fondamentale pour le langage que l'est cette forme de manifestation pour toutes les autres représentations. Tous les degrés de plaisir et de déplaisir – extériorisations d'*un* unique fond originel, impénétrable à notre regard – se symbolisent dans le *ton de celui qui parle*, tandis que toutes les autres représentations sont désignées par la *symbolique gestuelle* de celui qui parle. Dans la mesure où ce fond originel est identique chez tous les hommes, le *soubassement tonal* est lui aussi universel et compréhensible par-delà la diversité des langues. Sur ce fond se développe alors la symbolique gestuelle, plus arbitraire et non parfaitement adéquate à son fondement : avec elle commence la variété des langues, dont la multiplicité peut être comparée aux strophes d'un texte appliquées à cette mélodie originelle du langage du plaisir et du déplaisir. Le domaine tout entier du consonantisme et du vocalisme, nous pensons ne pouvoir le ranger que dans la symbolique gestuelle – consonnes et voyelles, privées du ton fondamental indispensable avant tout le reste, ne sont rien d'autre que des *positions* des organes de la parole, en un mot des gestes –; dès que nous songeons au mot jaillissant de la bouche de l'homme, ce qui naît en tout premier lieu c'est la racine | du mot et le fondement de cette symbolique du geste, le 380 *soubassement tonal*, écho des sensations de plaisir et de déplaisir. Le rapport du mot consonantique-vocalique à son fondement tonal est le même que celui de notre corporéité tout entière à cette forme originelle de la manifestation, la volonté.

Cette forme tout à fait originelle de la manifestation, la « volonté », avec son échelle de sensations de plaisir et de déplaisir, parvient cependant, dans le développement de la musique, à une expression symbolique toujours plus adéquate : processus historique à côté duquel se poursuivent en parallèle les efforts continuels de la poésie lyrique pour transcrire la musique en images. D'après l'explication qui vient d'être donnée, ce double phénomène est préfiguré originellement dans le langage.

Celui qui a eu l'obligeance de nous suivre dans ces considérations difficiles, avec attention et un peu d'imagination – et aura complété avec bienveillance les endroits où l'expression a pris une tournure trop concise ou trop inconditionnelle – celui-là va avoir l'avantage, en notre compagnie, de pouvoir aborder plus sérieusement et résoudre plus profondément qu'on a l'habitude de le faire quelques excitantes questions controversées dans l'esthétique d'aujourd'hui, et davantage encore parmi les artistes actuels. Tous ces préalables posés, représentons-nous quelle entreprise hardie ce doit être de mettre de la musique sur un poème, c'est-à-dire de vouloir illustrer un poème par de la musique, et de venir ainsi en aide à la musique en lui procurant un langage conceptuel : quel monde à l'envers ! Une entreprise qui ressemble à mes yeux à celle d'un fils qui voudrait engendrer son père ! La musique peut donner naissance à des images, qui dans ce cas ne seront jamais que des schèmes, en quelque sorte des exemples de son contenu qui, à proprement parler, est universel. Mais comment l'image, la représentation serait-elle capable de donner naissance à de la musique ! Le concept ou, comme on l'a dit, « l'idée poétique » sont encore moins en état de le faire. Autant il est certain qu'un pont conduit de la mystérieuse citadelle du musicien à la libre contrée des images – c'est ce

381 pont que le poète lyrique | franchit – autant il est impossible d'emprunter le chemin inverse, bien qu'il doive en exister quelques-uns qui s'imaginent l'avoir parcouru. Qu'on peuple les airs avec l'imagination d'un Raphaël, qu'on contemple comme lui sainte Cécile prêter avec ravissement l'oreille aux

harmonies des chœurs angéliques[1] – aucun son (*Ton*) ne sort
de ce monde apparemment perdu dans la musique; et si nous
nous représentions que par miracle cette harmonie se mît
réellement à résonner à nos oreilles, en quel lieu auraient
soudain disparu Cécile, Paul et Madeleine, et même le chœur
des anges avec ses chants! Nous cesserions aussitôt d'être
Raphaël! Et tout comme sur ce tableau les instruments d'ici-
bas, rompus, gisent à terre, de même notre vision de peintre,
vaincue par l'instance supérieure, blêmirait et disparaîtrait
comme une ombre. – Mais comment le miracle pourrait-il se
produire! Comment le monde apollinien de la vue, abîmé dans
la contemplation, pourrait-il engendrer à partir de lui-même le
son, alors que ce dernier symbolise une sphère qui justement
est exclue par la disparition apollinienne dans l'apparence, et
surmontée par elle! Le plaisir pris à l'apparence ne peut par
lui-même exciter le plaisir pris à la non-apparence : la volupté
du voir est volupté seulement par le fait que rien ne nous
rappelle une sphère dans laquelle l'individuation est rompue et
supprimée. Si nous avons à peu près correctement caractérisé
l'apollinien dans son opposition au dionysiaque, alors nous ne
pouvons que trouver extravagante l'idée d'attribuer d'une
manière ou d'une autre à l'image, au concept, à l'apparence la
force d'engendrer le son à partir d'eux-mêmes. Qu'on ne croie
pas nous réfuter en renvoyant au musicien qui compose sur des
poèmes lyriques préalablement donnés : car après tout ce qui a
été dit, nous devrons affirmer que le rapport du poème lyrique
à la musique composée sur lui doit, en toute hypothèse, être

---

1. L'auteur se réfère ici au tableau intitulé « Sacra conversazione » (ou
« Santa Cecilia ») du musée de Bologne. Ce tableau avait déjà été évoqué par
Schopenhauer à la fin du Livre III du *Monde comme volonté et comme
représentation*, mais pour suggérer le passage de l'art aux « choses sérieuses ».

différent de celui du père à son enfant. Quel est donc ce rapport ?

On va nous objecter ici, au nom d'une conception esthétique en vogue, que « ce n'est pas le poème, mais le *senti-*382 *ment* engendré par le poème qui | donne naissance à la composition. » Je ne suis pas d'accord : le sentiment, l'excitation plus ou moins forte de ce soubassement de plaisir et de déplaisir est, dans le domaine de la production artistique, ce qui en soi est absolument non artistique, et je dirai même que seule son exclusion complète rend possibles l'absorption totale et l'intuition désintéressée de l'artiste. Peut-être pourrait-on me rétorquer ici que j'ai moi-même affirmé tout à l'heure de la « volonté » qu'elle parvient dans la musique à une expression symbolique toujours plus adéquate. Ma réponse, résumée en un principe esthétique, est la suivante : *la « volonté » est l'objet de la musique, elle n'en est pas l'origine*, à savoir la volonté dans sa plus grande généralité, en tant que forme la plus originaire de la manifestation, sous laquelle il faut comprendre tout devenir. Ce que nous appelons *sentiment* est déjà, en regard de cette volonté, pénétré et saturé de représentations conscientes et inconscientes, et pour cette raison il n'est plus directement objet de la musique : encore bien moins peut-il l'engendrer à partir de soi. Qu'on prenne par exemple les sentiments d'amour, de crainte, d'espoir : la musique ne peut plus rien en faire de manière directe, tant chacun de ces sentiments est déjà rempli de représentations. Par contre ces sentiments peuvent servir à symboliser la musique : c'est ce que fait le poète lyrique, qui traduit pour lui-même dans le monde métaphorique des sentiments ce domaine de la « volonté » inaccessible au concept et à l'image, qui constitue le contenu et l'objet propres de la musique. Ils ressemblent au poète lyrique, tous ces auditeurs de musique qui *ressentent un effet de la musique sur leurs affects* : la puissance lointaine et retirée de la musique en appelle chez eux à un *règne intermédiaire*, qui leur procure pour ainsi dire un avant-goût, une anticipation symbolique de la musique proprement dite, le règne intermédiaire des affects. En considération de la « volonté », unique objet de la musique, on pourrait dire de ces gens qu'ils se rapportent à cette volonté comme le | rêve matinal, d'après la théorie de Schopenhauer, se rapporte **383** analogiquement au rêve proprement dit. Mais à tous ceux qui ne sont capables d'accéder à la musique que par leurs affects, il faut dire qu'ils resteront à demeure dans les vestibules et n'auront pas accès au sanctuaire de la musique : la raison en est que l'affect en tant que tel, comme je l'ai dit, n'est pas capable de montrer, il ne peut que symboliser.

Pour ce qui concerne l'origine de la musique, en revanche, j'ai déjà expliqué qu'elle ne peut en aucun cas se situer dans la « volonté », qu'elle repose bien plutôt dans le sein de cette force qui, à partir d'elle-même, engendre sous la forme de la « volonté » un monde de visions : *l'origine de la musique se situe par-delà toute individuation*, proposition qui se démontre d'elle-même après notre discussion sur le dionysiaque. En cet endroit je me permettrais d'aligner sommairement les affirmations décisives que notre traitement de l'opposition entre le dionysiaque et l'apollinien nous a contraint de poser.

La « volonté », en tant que forme la plus originaire de la manifestation, est objet de la musique : c'est en ce sens qu'elle peut être appelée imitation de la nature, mais de la forme la plus générale de la nature.

La « volonté » elle-même et les sentiments – en tant que manifestations (*Manifestationen*) de la volonté déjà pénétrées de représentations – sont totalement incapables d'engendrer à partir d'eux-mêmes de la musique, tout comme il est, d'autre part, totalement refusé à la musique de mettre en scène des sentiments, d'avoir pour objet des sentiments : son unique objet est la volonté.

Celui qui s'en retourne avec des sentiments comme effets de la musique trouve en eux une sorte de règne symbolique intermédiaire, qui peut lui donner un avant-goût de la musique mais en même temps l'exclut de ses sanctuaires les plus intimes.

Le poète lyrique interprète pour soi la musique par le monde symbolique des affects, tandis que lui-même, dans le repos de la contemplation apollinienne, est délivré de ces affects.

384 | Par conséquent, lorsque le musicien compose un chant lyrique, ce ne sont ni les images ni la langue des sentiments de ce texte qui le stimulent en tant que musicien, c'est au contraire une stimulation musicale issue de sphères toutes différentes qui se *choisit* tel texte à chanter comme une expression méta-phorique d'elle-même. Il ne peut donc pas être question d'un rapport nécessaire entre poème (*Lied*) et musique ; car les deux mondes ici mis en rapport, celui du son (*Ton*) et celui de l'image, sont trop éloignés l'un de l'autre pour pouvoir se prêter à une alliance qui soit plus qu'une alliance extérieure ; le poème n'est que symbole et se rapporte à la musique comme les hiéroglyphes égyptiens du courage au guerrier courageux en personne. Dans les révélations les plus hautes de la musi-que, nous éprouvons même, involontairement, le *caractère grossier* de chaque mise en image et de chaque affect convo-qué pour l'analogie : c'est ainsi, par exemple, que les derniers quatuors de Beethoven surpassent complètement toute repré-sentation sensible et de façon générale le royaume entier de la réalité empirique. En présence du Dieu suprême se révélant en réalité, le symbole n'a plus aucune valeur : bien plus, il apparaît désormais comme une extériorité choquante.

Qu'on nous pardonne ici si nous en venons à envisager aussi de ce même point de vue le *dernier mouvement de la Neuvième Symphonie de Beethoven*, mouvement inouï et d'un charme magique insondable, pour en parler tout à fait ouvertement. Que le poème de Schiller « A la joie » soit absolument non congruent à la jubilation dithyrambique de rédemption cosmique que contient cette musique, tout comme une pâle clarté lunaire est submergée par une telle mer de feu, qui pourrait bien m'enlever ce sentiment le plus indubitable de tous ? Et qui pourrait en tout état de cause me contester que, si l'exaltation qui naît à l'écoute de cette musique ne parvient pas même à s'exprimer dans un cri, c'est uniquement parce que, privés par la musique de toute capacité pour les images et les mots, *nous n'entendons absolument rien du poème de Schiller* ? Toute la noblesse de cet élan, je dirai même la sublimité des vers de Schiller, a un effet | perturbant, inquié- **385** tant, voire grossier et choquant à côté de la mélodie populaire de la joie, réellement naïve et innocente : et c'est uniquement le fait qu'on ne les entende pas, dans le déploiement toujours plus ample du chant du chœur et de la masse orchestrale, qui écarte de nous cette impression de non-congruence. Que devons-nous penser alors de cette monstrueuse superstition esthétique selon laquelle, avec ce quatrième mouvement de la Neuvième, Beethoven en personne aurait livré l'aveu solennel des limites de la musique absolue, qu'avec ce mouvement il aurait même pour ainsi dire déverrouillé les portes d'un art nouveau dans lequel la musique aurait été rendue capable de mettre en scène l'image et le concept, et par là rendue accessible à l'« esprit conscient » ? Et que nous dit Beethoven lui-même en introduisant ce chant du chœur par un récitatif :

« Amis, laissons-là ces accents (*Töne*), entonnons-en d'autres, plus agréables et plus joyeux ! » Des accents plus agréables et plus joyeux ! Pour cela, il avait besoin du ton (*Ton*) persuasif de la voix humaine, pour cela il avait besoin de la manière innocente du chant populaire. Ce n'est pas du mot mais du son (*Laut*) « plus agréable », ce n'est pas du concept mais du ton (*Ton*) le plus riche de joie intime que le maître sublime s'empara, dans son désir nostalgique de donner à son orchestre la résonance d'ensemble (*Gesammtklang*) la plus chaleureuse. Et comme il a été mal compris ! Bien plutôt, à ce mouvement s'applique exactement ce que *Richard Wagner* dit au sujet de la grande *Missa solemnis*, qu'il appelle « une pure œuvre symphonique de l'esprit beethovénien le plus authentique » (*Beethoven*, p. 47) : « Les voix chantées sont ici traitées tout à fait comme des instruments humains, seule appellation que Schopenhauer voulait, à très juste titre, qu'on leur attribuât : le texte sur lequel elles sont écrites, nous ne le saisissons pas, précisément dans ces grandes compositions religieuses, selon sa signification conceptuelle ; au contraire, dans l'esprit de l'œuvre d'art musicale, il ne sert que de matériau pour le chant vocal ; et s'il ne perturbe pas l'impression que nous fait la musique, ç'est uniquement parce qu'en aucune manière il n'éveille en nous des représentations rationnelles, mais, comme d'ailleurs | son caractère religieux l'exige, ne nous touche que par l'action qu'exercent sur nous les formules symboliques bien connues de la foi. »[1]. Je ne doute pas, au demeurant, que Beethoven, au cas où il aurait écrit la dixième symphonie qu'il avait en projet – et pour laquelle nous avons

386

---

1. Voir R. Wagner, *Beethoven*, Leipzig, 1870 ; trad. fr. J.-L. Crémieux, Paris, Gallimard, 1937, p. 176.

conservé des esquisses – aurait précisément écrit la *dixième* symphonie[1].

Après ces considérations préparatoires, abordons maintenant la discussion sur l'*opéra* pour pouvoir passer ensuite à son pendant dans la tragédie grecque. Ce que nous avons pu observer dans le dernier mouvement de la Neuvième, et donc sur les plus hautes cimes du développement de la musique moderne, à savoir que le contenu verbal est englouti dans la mer universelle des sons, cela n'a rien d'isolé ni d'exceptionnel, mais constitue la norme universelle et éternellement valable dans la musique vocale de tous les temps, norme qui seule répond à l'origine du chant lyrique. L'homme soulevé par l'ardeur dionysiaque, pas plus que la masse populaire dans le délire orgiaque, n'a pas d'auditeur à qui il aurait quelque chose à communiquer : communication que présuppose au contraire le conteur épique[2] et en général l'artiste apollinien. Il appartient bien plutôt à l'essence de l'art dionysiaque d'ignorer la considération de l'auditeur : le servant enthousiaste de Dionysos, comme je le disais précédemment, n'est compris que de son pareil. Si nous imaginons néanmoins un auditeur pour ces éruptions endémiques d'ardeur dionysiaque, nous devrons lui prédire un destin semblable à celui que subit Penthée, surpris à tendre l'oreille : celui d'être lacéré par

---

1. Nietzsche signifie par là que la *Neuvième symphonie* n'avait sans doute pas aux yeux de Beethoven le statut et la signification dont l'a parée une certaine postérité, pour laquelle la *Neuvième* constituerait à la fois l'apothéose et l'épuisement du genre de la symphonie. S'il n'y a pas eu de *dixième* symphonie, c'est tout simplement parce que la mort a empêché Beethoven d'achever une nouvelle symphonie – et il serait ridicule d'y voir un signe du destin.

2. Des rhapsodes par exemple, tel Homère.

les Ménades[1]. Le poète lyrique chante «comme chante l'oiseau», seul, pressé par la nécessité la plus intime, et il est contraint de se taire quand il est confronté à l'auditeur et à ses exigences. C'est pourquoi il serait absolument contre nature de réclamer du poète lyrique qu'on comprenne aussi les paroles de son chant : contre nature, parce qu'en ce cas c'est l'*auditeur* qui exige, lui qui ne peut en aucune manière revendiquer un droit dans l'effusion lyrique. Qu'on se demande une bonne fois sincèrement, les poèmes des grands poètes lyriques

387 de l'Antiquité en | main, s'ils pouvaient seulement avoir eu l'idée de rendre intelligibles à la foule qui les entourait et les écoutait leur monde d'images et de pensées : qu'on réponde à cette grave question le regard fixé sur Pindare et les chants choraux d'Eschyle. Ces tours et détours de la pensée, d'une hardiesse et d'une obscurité extrêmes, ce tourbillon impétueux d'images se renouvelant sans cesse, ce ton oraculaire de l'ensemble, que si souvent nous autres, en l'absence du détournement opéré par la musique et l'orchestique, ne parvenons pas à pénétrer même en y portant toute notre attention – tout ce monde de miracles aurait été transparent comme du verre pour la foule grecque, lui aurait fourni une interprétation de la musique en images et concepts ? Et avec de pareils mystères de la pensée, tels qu'en contient Pindare, le merveilleux poète aurait voulu rendre encore plus claire la musique déjà par elle-même d'une clarté térébrante ? Ne devrait-on pas nécessairement parvenir ici à l'intelligence de ce qu'est le

---

1. Roi légendaire de Thèbes, Penthée voulait s'opposer à l'introduction du culte de Dionysos (ou Bacchus). Ayant cherché à assister en secret aux rites des suivantes de Dionysos, les Bacchantes ou Ménades, il fut découvert et mis en pièces par elles. *Cf.* Euripide, *Les Bacchantes* et Ovide, *Métamorphoses*, III, 511 *sq.*

poète lyrique, à savoir l'homme artistique qui doit interpréter *pour lui-même* la musique par la symbolique des images et des affects mais n'a rien à communiquer à l'auditeur? qui, au comble du ravissement, va jusqu'à oublier celui qui se tient à côté de lui et dresse avidement l'oreille? Et de la même façon que le poète lyrique chante son hymne, ainsi le peuple chante le chant populaire, pour lui-même, cédant à une pression intérieure, sans se soucier de savoir si les mots sont compris par celui qui ne participe pas au chant. Pensons à nos propres expériences dans le domaine de l'art musical supérieur: que comprenions-nous du texte d'une messe de Palestrina, d'une cantate de Bach, d'un oratorio de Händel, lorsque nous ne participions pas nous-même au chant d'une manière ou d'une autre? Ce n'est que pour celui qui *participe au chant* qu'existe une poésie lyrique, qu'existe une musique vocale: l'auditeur se tient en face d'elle comme face à une musique absolue.

Or l'*opéra*, selon les témoignages les plus explicites, commence avec cette *exigence de l'auditeur de comprendre les paroles*.

Comment? L'auditeur *exige*? Les paroles doivent être comprises?

BORIS DE SCHLŒZER
(1881-1969)

INTRODUCTION À JEAN-SÉBASTIEN BACH

Présentation

Écrivain et traducteur français d'origine russe, Boris de
Schlœzer a beaucoup écrit sur la musique. Il a notamment
publié deux monographies : *Igor Stravinsky* (1929) et
Alexandre Scriabine (1975), ainsi que deux ouvrages généraux : *Problèmes de la musique moderne*, paru en 1959,
précédé en 1947 par l'*Introduction à Jean-Sébastien Bach*[1].
Le titre de ce dernier livre est complété par la mention *Essai
d'esthétique musicale*, qui en annonce mieux le contenu : il ne
s'agit pas, en effet, d'une étude historique de la musique ou de
la carrière de J.-S. Bach, ni d'une analyse de son esthétique,
mais d'une réflexion théorique sur l'essence de la musique,
plus précisément sur ce que la musique *signifie* ou *exprime* –
réflexion néanmoins appuyée de façon quasi exclusive sur
l'œuvre de J.-S. Bach, retenue pour sa valeur exceptionnelle

---

1. B. de Schlœzer, *Introduction à J.-S. Bach*, Paris, Gallimard, 1947 ;
rééd. 1979 (dorénavant cité *IJSB*).

et son caractère exemplaire (Préface). L'entreprise est ambitieuse, et radicale dans son propos : l'auteur dit avoir été contraint de « repenser le fait musical », pour son propre compte et à ses risques et périls. C'est dire que cette esthétique ne se réfère à aucune autorité ou tradition, du moins ouvertement ; les implications métaphysiques ne sont pas niées, mais restent discrètes, non systématisées. On s'accorde certes à reconnaître que l'ouvrage se rattache à la tradition formaliste et structuraliste, mais le lecteur découvre bien vite une volonté d'approfondissement et une richesse de contenu inhabituelles chez les formalistes avérés.

Comme Hanslick ou Stravinski, Boris de Schlœzer s'en prend à l'écoute passive et sentimentale, qui recherche l'extase en prétendant retrouver les états d'âme que lui communiquerait le compositeur[1]. La musique signifie, mais à la différence du langage ordinaire, elle *se* signifie elle-même, le signifié est immanent au signifiant et donc indissociable de l'œuvre dans sa réalité concrète individuelle. Le sens est la forme elle-même saisie dans cette unité concrète. Ce sens immanent est appelé sens *spirituel*, lequel se distingue à la fois du sens *rationnel* (tout ce qui peut se formuler en concepts, par exemple le texte ou le programme associés à une œuvre musicale) et du sens *psychologique* (qui a trait aux états

---

1. Il est significatif que tous les trois comparent cette forme d'écoute de la musique à la prise d'une drogue (Hanslick, *supra*, p. 208 ; Stravinski, *Chroniques de ma vie*, p. 176 ; B. de Schlœzer, *IJSB*, p. 27). Nietzsche utilise lui aussi cette comparaison, mais il la limite essentiellement au cas des auditeurs de Wagner, et accuse ce dernier de composer volontairement une musique provoquant une écoute comparable à la prise d'une drogue – ce qui constitue à ses yeux un symptôme de « décadence » (voir *Le cas Wagner*, particulièrement le § 5 et le « Premier Post scriptum »).

affectifs). La façon dont est constitué et perçu le sens spirituel fait l'objet de patientes analyses, menées donc à partir d'exemples empruntés à Bach, et visant à mettre en évidence la complexité des structures sonores constitutives de la musique. Cependant l'auteur ne s'en tient pas là, il consacre une part importante de sa réflexion au pouvoir expressif de la musique, qui relève du sens psychologique : les signes expressifs, qui manifestent les mouvements de l'âme et touchent directement notre sensibilité, sont toujours présents dans la musique[1] ; mais il faut distinguer les signes expressifs *extrinsèques* (qui sont liés au langage musical propre à une culture, par exemple, dans la tradition classique européenne, l'opposition entre la tension et le repos dans une cadence parfaite) et les signes *intrinsèques* (images schématisées des signes organiques de nos émotions et affects, et qui sont directement compris comme symbolisant ces derniers, par exemple un rythme haletant, un chromatisme[2]). Mais le sens psychologique ne renvoie plus à une peinture de sentiments, que ce soit ceux du compositeur ou ceux d'un personnage ; il n'est en fait que le devenir ou la temporalisation du sens spirituel : ce dernier, unité intemporelle de l'œuvre en sa forme, *devient* dans le courant de l'œuvre, et conditionne entièrement le sens psychologique (lequel apparaît ainsi comme le contenu de l'activité psychique qui se déploie dans le déroulement et la saisie de la forme sonore[3]).

1. En ce sens il n'existe pas de musique « pure » (*IJSB*, p. 334, 336).

2. Ce deuxième type peut faire défaut, et c'est cette absence qui fait qu'on juge certaines musiques froides ou « intellectuelles ».

3. L'auteur compare ce phénomène à ce qui se passe dans le langage ordinaire, où l'unité intemporelle du sens de la phrase s'incarne dans la succession temporelle des mots (*cf. IJSB*, p. 349).

Les pages qu'on lira ci-après appartiennent à la fin de l'ouvrage, plus précisément à la IIIe partie, chapitre X et dernier. Elles offrent d'abord l'avantage de contenir une sorte de condensé de la pensée de l'auteur et un rappel des notions principales. Mais elles complètent aussi la théorie, et donnent à la problématique du contenu ou du sens de la musique un prolongement original. Restait ouverte, en effet, la question du *sujet* de cette activité ou, comme dit l'auteur, de cette «histoire» à la fois spirituelle et psychologique. La distance – l'abîme parfois – qui sépare la personne et le vécu ordinaires de l'artiste (et de l'auditeur, comme on voit à la fin) de la personnalité qui s'exprime dans l'œuvre constitue assurément une énigme. La solution se présente sous la forme d'une synthèse : le contenu dépend bien en un sens de facteurs extérieurs (les circonstances de la composition, les idées générales du musicien, les affects de l'homme qu'il est dans la vie ordinaire), mais il s'en distingue essentiellement parce que le travail de *fabrication* modifie son auteur et en fait un autre, le *moi mythique*. Ce qui est alors «exprimé», le sens spirituel incarné en sens psychologique, ne peut plus être telle ou telle réalité empirique, tel ou tel affect de la vie «réelle», mais une pensée concrète matérialisée dans la forme sonore.

BORIS DE SCHLŒZER

CHAPITRE X

Le moi mythique

I

Qu'il s'agisse d'un poème, d'un tableau, d'une sonate, la chose qu'il entreprend, se présente à l'auteur sous deux aspects apparemment contradictoires : c'est un problème d'ordre technique et c'est un moyen d'expression au sens large du mot[1].

Selon Goethe, l'œuvre d'art est œuvre de circonstance ; mais n'avouait-il pas aussi que ses propres productions n'étaient pour lui « qu'une suite de fragments d'une grande confession » ? Bach aurait pu certainement faire siennes ces paroles du poète. Et cependant, à peu d'exceptions près chacune des œuvres de Bach est une réponse précise à des sollicitations, à des exigences venues de l'extérieur ; elle dépend des circonstances. Bach ne songe nullement à la

---

1. Ce dualisme Jean Paulhan l'a heureusement formulé dans son étude sur le peintre Fautrier : « Il faut d'abord que le tableau ait sa *raison*, qu'il ait été entrepris. Je veux dire qu'il réponde, pour l'artiste, à quelque problème précis : harmonie de tons, rencontre de couleurs, contrepoint. Il faut ensuite que le tableau ait son *effet*, qu'il soit *accompli*, et, par une singulière rencontre, forme quelque sujet, que le spectateur y reconnaisse un ciel d'automne, une simple grappe de raisin (…) Il convient qu'un tableau soit fini ; il convient aussi qu'il ait commencé. La peinture comme le poème ressemble, sur un de ses plans, à quelque abstruse recherche technique ; mais, sur l'autre plan, à l'aveu le plus intime, à la confidence, au soupir. Or cet aveu, par quelque secret mécanisme, répond à cette recherche. Et même l'aveu – le ciel ou le raisin – nous est d'autant plus émouvant que le problème se trouvait plus abstrus. » (Note de B. de Schlœzer).

postérité; il n'écrit pas en vue des générations futures et n'en appelle pas à l'avenir de l'indifférence, de l'incompréhension de ses contemporains. Ce n'est que rarement aussi qu'il se permet de produire uniquement pour son propre plaisir ou pressé par le besoin de manifester sa vie intérieure. À l'exemple de tous les artistes de son temps, il écrit sur commande, il s'efforce de fournir la musique que l'on attend de lui; il a une « clientèle » à satisfaire. Non pas cette masse anonyme, amorphe, appelée « public », avec laquelle l'artiste se trouve d'ordinaire en contact aujourd'hui, mais tel personnage, telle institution, tel groupe social dont il connaît les goûts, les désirs, les habitudes. Bach écrit pour ses élèves, pour les fidèles de l'église à laquelle l'attachent ses fonctions d'organiste ou de cantor, pour le Conseil municipal de Cöthen, de Leipzig [1], pour le margrave de Brandebourg, le roi de Saxe, le roi de Prusse. D'ailleurs il ne parvient pas toujours à contenter son auditoire : ne lui reproche-t-on pas des audaces excessives, le goût du bizarre, du compliqué? Car malgré tout il se montre moins souple, moins docile que la plupart de ses confrères, ne peut s'empêcher parfois de n'en faire qu'à sa tête. Quoi qu'il en soit, l'œuvre est toujours adaptée à des fins précises, généralement pédagogiques, religieuses; à moins qu'il ne s'agisse de rendre hommage à de puissants protecteurs. Il faut donc que Bach tienne compte de ses destinataires, des conditions dans lesquelles aura lieu l'exécution, des chanteurs, des instrumentistes dont il disposera. Ce sont encore et toujours des questions techniques qu'il faut résoudre, des difficultés de caractère matériel qu'il faut surmonter. Sur ce plan, l'artiste

---

1. J.-S. Bach était employé par la municipalité de Leipzig à partir de 1723, mais à Cöthen il était au service du prince (de 1717 à 1723).

n'est qu'un artisan, semble-t-il, et il s'agit exclusivement pour lui d'utiliser au mieux des données qu'il n'a pas choisies, qui lui sont imposées, de bien faire son métier de musicien, un métier que l'on commence par apprendre auprès d'un maître pour découvrir ensuite à force d'expériences, de déconvenues, l'insuffisance de cette science formulable, communicable, et qu'à chaque fois surgissent de nouveaux problèmes, des obstacles inattendus exigeant des solutions inédites – et c'est là que sur le plan même de la technique l'artiste diffère malgré tout de l'artisan –, car l'œuvre d'art constitue un cas singulier que ne peuvent prévoir les recettes et habiletés scolaires.

Certes, les temps ont bien changé depuis Bach sous ce rapport. Le XIXᵉ siècle a vu l'émancipation sociale de l'artiste, émancipation qui, soit dit en passant, a rendu sa situation matérielle beaucoup plus précaire. Et pourtant, aujourd'hui encore, même s'il veut et peut produire ce qui lui convient personnellement, quand et comment il lui convient, et prétend obéir au seul démon qui est en lui, quelle que soit son indifférence à l'égard de ses contemporains, son mépris du succès et, musicien, tout à la joie de la création ne se soucierait-il guère d'être joué, aussitôt qu'il entreprend un tableau, un poème, une cantate, l'artiste n'est plus qu'un *homo faber*. Loin de pouvoir s'abandonner à sa fantaisie et laisser parler son cœur, il est astreint à mesurer, à calculer, à ruser. N'a-t-il pas affaire à un matériau déterminé dont il doit vaincre la résistance, quitte à en profiter en même temps ? Ne lui faut-il pas entrer en composition avec les lois de notre univers, physiques, rationnelles ?

Aujourd'hui encore comme jadis, libre il ne l'est tout au plus que pour ce qui regarde la conception générale de l'œuvre, son sujet, son plan, le choix du problème concret à résoudre. Immédiatement après, son action se trouve étroitement déterminée comme l'est celle de tout technicien, du constructeur d'un pont ou d'une turbine. Car ainsi que le disait Mallarmé à Degas – lequel se plaignait qu'ayant la tête pleine d'idées il ne parvenait pas à écrire un sonnet – on ne fait pas de la poésie avec des idées; pas plus évidemment que l'on ne fait de la peinture avec un motif, fleur ou anecdote, de la musique avec des sentiments, qu'ils soient bons ou mauvais. Mais le poète opère avec le langage, le musicien avec des rapports sonores, le peintre avec des rapports de lignes, de tons. Si sublime que puisse être son message, son contenu spirituel, l'œuvre est charnelle, elle appartient à la réalité sensible, se situe comme telle dans l'espace et dans le temps. Et c'est précisément cet objet matériel que l'artiste doit façonner, organiser dans telles conditions, sur la base de telles données. Et c'est uniquement sur cet objet qu'il a directement prise.

Ce qu'il s'agit de produire c'est un organisme, c'est une forme concrète, et ce sont des questions formelles, des questions de structure qui se posent tout au long de ce travail; on ne peut leur apporter bien entendu que des réponses du même ordre. Si l'auteur essaye de procéder différemment, s'il fait intervenir au cours de son activité de composition et d'organisation des considérations d'ordre interne, psycho-logique, s'il prétend se référer au sens, traiter la forme ainsi qu'une apparence, un vêtement et la modeler sur le contenu, il va immanquablement à un échec: l'œuvre n'aura pas « commencé »; car le sens naît avec la forme, il est cette forme, il existe seulement en tant qu'incarné. Avant qu'il prenne corps, avant que l'œuvre soit accomplie, au départ ce n'est tout au plus qu'à une idée générale (autour de laquelle gravitent d'ordinaire certaines images, certaines émotions) que l'auteur a affaire. Et dans nombre de cas d'ailleurs, cette idée, le sujet (comme on dit « le sujet d'un roman »), fait complètement

défaut. Ainsi en est-il chez Bach lorsqu'il s'assigne un but
pédagogique, lorsqu'il écrit le *Clavecin bien tempéré* ou les
Sonates en trio pour orgue, ou bien se livre à de subtils
exercices contrapunctiques dans l'*Art de la Fugue*, dans
l'*Offrande Musicale*.

S'agit-il de musique religieuse, le point de départ de Bach
sera peut-être l'idée de la mort ou du péché, ou bien encore
celle du jugement, du salut par la foi, de la toute-puissance
et de la miséricorde divines... De ces idées quelle est alors
cependant la fonction? Elle se réduit à orienter l'artiste,
comme le font les circonstances extérieures, en circonscrivant
plus étroitement le problème qu'il s'est posé, en limitant
encore davantage sa liberté. Et à partir de ce moment, il ne
s'agira plus que d'un travail technique. Si forte que soit
l'action qu'elles exercent sur son esprit, quelle que soit
l'importance qu'il leur accorde, de ces idées « directrices »,
des émotions qu'elles éveillent en lui, l'auteur ne parviendra
jamais à faire de la musique, elles resteront musicalement
stériles tant qu'il ne les aura pas projetées sur le plan formel,
tant qu'il n'aura pas réussi à les penser sous l'angle d'un
problème structurel défini, à les transcrire dans le vocabulaire
spécifique de l'art sonore, à les formuler donc en termes de
rythme, d'harmonie, de contrepoint, de mélodie, ce qui norma-
lement doit le conduire à quitter sans esprit de retour le plan du
vécu. La tâche directe qui lui incombe en effet, qu'il s'en rende
ou non compte, ce n'est nullement de traduire en langage
musical l'idée qu'il se fait de la mort, de la béatitude ou du
moins le complexe psychologique – images, émotions – qui
pour lui s'y trouvent intégrés, tâche impossible, absurde
même, mais bien de produire dans certaines conditions strictement déterminées un système sonore présentant telles caractéristiques rythmiques, harmoniques, mélodiques, comportant

(si l'auteur part d'un texte) tels signes expressifs, ceux de la joie, de la douleur, du désir, de la passion… Mais l'œuvre étant ainsi conditionnée jusque dans ses moindres détails, son cadre, son caractère étant fixés, elle n'existe pas encore, elle n'a même pas commencé d'exister; tout au plus pourrait-on dire qu'elle est composée. L'essentiel reste à faire. Il faut donc «faire», autrement dit organiser, agir sur ou à travers le matériau, autrement dit « se jeter à l'eau » (je schématise bien entendu : en réalité les deux opérations sont étroitement liées); car la structure harmonique et rythmique de l'œuvre, ses signes expressifs n'ont été définis que d'une façon générale, or l'œuvre est un individu, ses signes expressifs sont uniques de leur espèce et ce qu'ils expriment dépend de leur contexte.

Les difficultés résolues, l'œuvre accomplie il apparaîtra pourtant que l'artiste y est présent. Quelles qu'aient pu être ses intentions, il s'est découvert dans cet objet. L'œuvre est une confidence. En créant une forme singulière l'artiste nous a révélé sa personnalité. Mais celle-ci se trouve inscrite dans la structure même de l'objet, dans la façon dont il est constitué. Aussi pour la saisir, cette personnalité, pour entendre l'aveu[1], il n'est aucunement besoin de chercher à savoir ce qu'a voulu dire l'artiste (recherche d'autant plus fallacieuse que lui-même l'ignore peut-être); chaque musicien se pose ses propres problèmes auxquels il apporte ses propres solutions. Il y a une problématique et une technique organisatrice et compositionnelle bachienne, comme il y a une problématique et une technique debussyste, mozartienne.

Et, d'autre part, l'œuvre achevée a un contenu, un sens immanent (et s'agit-il d'un poème, elle a de plus un sens

1. Au sens donné à ce terme par J. Paulhan, voir la note 1, p. 249.

rationnel; s'agit-il d'un tableau, d'une statue, nous y reconnaissons un objet), qui en tant que tel ne pouvait être prévu, constitué à l'avance évidemment, puisqu'il doit être concret. Dans la mesure où il l'est, dans la mesure où il n'est que l'aspect statique de cette unité dont la forme est l'aspect dynamique, le contenu est fonction de tous les facteurs externes et internes ayant conditionné le travail de composition et d'organisation, y compris bien entendu les idées générales qui dans l'esprit de l'auteur jouaient peut-être le rôle de sujet, y compris la masse affective qui peut-être les accompagnait; mais ce contenu n'est pas de l'ordre du rationnel ou du vécu, il se situe sur un plan essentiellement différent.

II

Et voici que surgit à nouveau la question que nous nous posions précédemment: si l'œuvre est un aveu, cet aveu qui nous l'octroie? Quel est celui qui *volens nolens* se confesse ici à travers un système de rapports sonores et nous fait partager sa vie intime? Autrement dit, qui est le « moi » de cette histoire, de cette aventure que sur le plan psychologique constitue toute œuvre musicale (et qu'il faut se garder de confondre, ne l'oublions pas, avec l'histoire de l'œuvre, avec les expériences dont elle est peut-être le fruit)? N'est-ce pas celui qui l'a produite, son auteur? N'est-ce pas la personne même de Bach que nous révèle sa musique? Mais de quelle personne s'agit-il en l'occurrence, de l'homme ou de l'artiste? Une telle question peut paraître étrange de prime abord: il est certain que l'auteur du vaste ensemble d'œuvres diverses qui nous est parvenu sous le nom de Bach, est bien cet homme, Jean-Sébastien, fils d'Ambrosius Bach, qui naquit à Eisenach le 21 mars 1685 et mourut à Leipzig le 28 juillet 1750, fut marié deux fois, eut vingt enfants, cet homme dont, grâce aux nombreux travaux qui lui ont été consacrés, en particulier à l'ouvrage capital de Spitta[1], nous connaissons dans ses détails la biographie ainsi que le caractère moral, intellectuel, dont nous possédons plusieurs portraits et de nombreux autographes. Cela pourtant nous donne-t-il le droit d'attribuer sans autre enquête à l'homme ce que nous confie plus ou moins discrètement et parfois non sans équivoque l'artiste, le droit d'affirmer l'identité du créateur de la *Messe en si mineur*, qui dans cette partition se découvre, et de celui qui, nous le savons, écrivit ladite messe pour obtenir la faveur du roi de Saxe ? Je ne mets pas en doute la sincérité de l'artiste : c'est là une tout autre question ; mais remarquons qu'en admettant comme si elle allait de soi une telle identité, nous postulons implicitement que l'acte créateur se situe au même niveau que tous les actes de la vie courante, que l'activité artistique ne diffère pas essentiellement des multiples activités où se réalisent les besoins, les tendances, les désirs de l'homme, et au moyen desquelles il s'exprime, que le fait d'écrire un sonnet, un rondo, de peindre une nature morte ne modifie ni plus ni moins notre personnalité que le fait de se mettre à table, de procréer des enfants, de donner des leçons, de se livrer à quelque exercice physique, de travailler pour acquérir argent et renommée. Or voilà qui n'est nullement évident, voilà qui apparaît même inacceptable à la réflexion.

En effet, à moins de ne voir dans l'art que jeu gratuit, à moins de lui dénier tout sens spirituel et psychologique, une

1. Philipp Spitta, *J.S. Bach*, Leipzig, 2 vol., 1873 et 1879. Actuellement, l'ouvrage de référence est plutôt celui de Alberto Basso, *Frau Musica. La vita e le opere di J.S. Bach*, Edizioni di Torino, 1979 et 1983 ; trad. fr., *J.S. Bach*, 2 vol. (843 p. et 1072 p.), Paris, Fayard, 1984 et 1985.

telle façon de concevoir les choses ne revient-elle pas en
somme à réduire l'œuvre uniquement à un moyen d'expression et, par conséquent, à considérer la technique ainsi qu'un
instrument dont la seule fonction serait de permettre à
l'homme de s'extérioriser, de rendre visible ou audible ce qui
se passe en lui et dont l'emploi n'exercerait sur lui aucune
action en retour, ne transformerait pas son être ? Les connaissances théoriques et pratiques, les facultés particulières
qu'exige l'activité artistique n'appartiendraient donc pas
à notre fonds, à notre personne même ; elles lui seraient
extérieures et nous en disposerions comme nous disposons
d'un outil quelconque.

Et puis, si « je » dans l'acte créateur ne devient pas un
« autre », pour parler le langage de Rimbaud (mais dans un
sens tout différent), il faut admettre que les idées, les images,
les sentiments qui figuraient au départ de l'œuvre, qui prési-
daient à sa naissance, se retrouvent plus ou moins tels quels
l'œuvre accomplie ; cette dernière n'introduirait donc rien de
véritablement nouveau dans le monde, l'artiste se contentant
de traduire le vécu en le transposant de la sphère de la réalité
subjective dans la sphère de la réalité objective. Et voici que
nous dépistons une fois de plus cette erreur évidente mais
tenace : le sens est antérieur à la forme qui se modèle sur lui ;
d'une façon ou d'une autre, l'œuvre préexiste dans l'esprit de
son auteur à sa réalisation, ne fût-ce que sous l'aspect d'une
idée générale, d'un ensemble d'émotions, d'un plan, d'un
sujet, lesquels ne conditionnent pas l'œuvre comme la conditionne, par exemple, le fait pour l'auteur de ne disposer que de
tel nombre d'instruments de tel genre ou de s'adresser précisément à tel auditoire, mais contiennent déjà l'œuvre en germe,
en puissance. Ce terme même, « réalisation », nous le suggère
invinciblement ; et non moins équivoque sous ce rapport est du

reste le verbe « créer » : « pour nous il signifie toujours la mise en forme actuelle d'une réalité virtuelle préexistante, fût-elle même le *Nihil* de la Tradition »[1]. Mais si l'on suppose que produire une œuvre c'est matérialiser une idée ou conférer une réalité objective à du vécu, bref faire passer quelque chose d'un mode d'existence à un autre (et à cette supposition la confusion entre l'homme et l'artiste nous conduit tout droit), ne doit-on pas en conclure que le message que nous apporte l'œuvre, ce qu'elle nous dit aurait pu être dit différemment, aurait pu revêtir d'autres « formes » musicales, et même non plus seulement musicales mais picturales, verbales le cas échéant, que Bach, par exemple, s'il avait disposé d'une technique picturale et non musicale, aurait incarné plastique-ment cela même qu'incarnent ses cantates, ses chorals, ce qui signifierait que le contenu de l'œuvre est général et non pas ce *hic et nunc* ?

III

La musique religieuse constitue, qualitativement et quantitativement, la part la plus importante de la production de Bach, et nous savons que luthérien convaincu, l'homme était profondément pieux. On est donc tout naturellement porté à rapprocher ces deux ordres de faits, à établir un rapport génétique direct entre la vie religieuse de Bach et son art : celui-ci ne serait que la manifestation, l'épanouissement de celle-là, génie et science musicale étant mis au service de la foi, de la confiance en Dieu, de l'amour du Christ. Cette foi,

1. M. de Gandillac, *La Philosophie de Nicolas de Cusa*, p. 364. (Note de B. de Schlœzer) [*La Philosophie de Nicolas de Cues*, Paris, Aubier-Montaigne, 1941].

ces sentiments, nombreux étaient sans doute parmi les contemporains de Bach ceux qui les partageaient; peut-être même certains, les piétistes en particulier, les vivaient-ils plus intensément encore; mais ils étaient hors d'état d'extérioriser musicalement leur expérience religieuse. Si l'œuvre religieuse de Bach nous apparaît belle, émouvante, sincère, c'est que, semble-t-il, par une coïncidence heureuse et relativement fort rare, le chrétien fervent qu'il était possédait cette faculté spécifique, le génie, et disposait de cet outil, la technique, dont seule l'union en un individu permet à l'homme d'exprimer sa vie intime en produisant des systèmes organiques. Et remarquons-le : même lorsque nous disons non pas que Bach « avait du génie » mais qu'il « était un génie », la technique, le savoir-faire de Bach est toujours considéré comme quelque chose qui est venu s'ajouter au génie qu'avait ou qu'était Bach, quelque chose qui par suite de circonstances défavorables aurait pu manquer à Bach, mais dont l'absence ne l'aurait aucunement empêché d'avoir du génie, d'être un génie, un génie en puissance; puisque c'est uniquement l'outil, les moyens matériels de s'exprimer qui lui eussent fait défaut, comme ils ont pu manquer à d'autres génies, pensons-nous, dont les richesses, les œuvres « virtuelles » resteront toujours ignorées.

Et cependant, si, d'une part, dans l'œuvre coupée de ses antécédents, considérée en elle-même, le sens psychologique n'est que l'image temporelle du sens spirituel, les signes expressifs n'étant déterminés que par la forme, si, d'autre part, l'œuvre rapportée à ses antécédents il ne peut tout de même y avoir de rapport génétique direct entre cet objet et l'homme « naturel », tel, veux-je dire, qu'il se manifeste dans la vie quotidienne, cet homme, la musique, pas plus que les autres arts, n'est capable de l'exprimer dans l'acception rigoureuse du terme, comme l'expriment les signes dits organiques. Et il n'y a non plus aucune analogie sous ce rapport entre les différents arts et le langage courant : celui-ci rationalise le vécu ; s'il est impossible d'éliminer complètement le rationnel de la poésie, de la peinture, vu que leur matériau n'est pas composé, il n'y figure pourtant pas à titre d'élément spécifique mais de résidu seulement. Lors donc que je dis que l'œuvre musicale « exprime » l'homme, le mot doit être pris dans son sens le plus large : il ne marque qu'une certaine dépendance de l'œuvre à l'égard de l'homme. Cette dépendance, c'est la notion de terrain qui l'éclaire dans une certaine mesure.

L'œuvre exprime l'homme à la façon dont l'arbre exprime le sol où il est enraciné et qui le nourrit, le climat qui favorise sa croissance. Les saules pleureurs sont incapables de se développer en terrain sec et l'on ne rencontre pas de sapins sous les tropiques en dessous d'une certaine altitude. L'œuvre elle aussi, toute production humaine – sonate, poème, roman, système philosophique, théorie scientifique – dépend du terrain physiologique et psychologique où elle a germé ; elle est fonction de l'individu, de son caractère permanent et des événements ayant marqué le cours de son existence. Tout comme la plante est enracinée dans la terre, l'œuvre est enracinée dans le vécu et s'en nourrit. En ce sens elle exprime l'homme, peut-on dire, ainsi bien entendu que son époque, son milieu social. Offenbach n'eût pu écrire la *Messe en si mineur*, Bach, *La Belle Hélène*. Mais tandis que de la présence des saules pleureurs je conclus sans crainte de me tromper à la proximité de l'eau, tandis qu'en voyant des palmiers en pleine terre j'en déduis que la température moyenne du lieu ne peut être inférieure à tant de degrés, lorsqu'il s'agit des œuvres humaines raisonner de la sorte ne m'est plus permis : la structure géologique du pays, son climat expliquent sa flore ; et inversement, connaissant cette flore je puis me faire une image suffisamment précise du milieu ; or l'homme ne nous livre pas la clef de ses créations – qu'il s'agisse d'une symphonie ou d'un système philosophique –, et celles-ci ne nous font pas connaître l'homme, quoi qu'en pensent ces biographes qui s'efforcent d'établir un parallélisme rigoureux entre chacune des productions de l'artiste, du penseur et les différentes étapes de sa vie. Sans doute, la musique de Beethoven m'incline-t-elle à admettre que son auteur était un être passionné, et tourmenté, et la musique de Bach paraît révéler une nature à la fois volontaire et disciplinée, chez qui la force s'alliait à la tendresse, un esprit systématique, épris de logique. Mais comment aller au-delà de ces vagues et banales généralités, toujours du reste sujettes à caution, puisque rien ne nous garantit l'entière sincérité de l'auteur ? Et serait-il même sincère, ne viserait-il pas délibérément à nous égarer, à nous donner le change, comment pourrions-nous ignorer les tours que joue constamment à l'homme sa conscience ! La vie dont se nourrit l'œuvre c'est aussi, c'est surtout l'imaginaire, les rêves, tout ce que l'homme aurait voulu être, n'avait pu ou n'avait osé accomplir, tout ce qui en lui était à lui-même obscur, caché. Le soi-disant « miroir de l'âme » n'est souvent qu'un masque et « l'aveu », un alibi.

Sincère jusqu'à la candeur, Schubert paraît l'avoir été sans doute, et pourtant de la biographie de Franz Schubert impossible de passer immédiatement à des œuvres comme la *Symphonie en ut*, le *Quintette* avec deux violoncelles, des lieds tels que *Doppelgänger*, *Atlas*... Il y a là un hiatus ; ces pages appartiennent à un tout autre monde que celui de l'homme, Franz Schubert ; elles nous découvrent un tout autre personnage que ce garçon sensible, rêveur et sentimental, d'intelligence médiocre. Au sens large elles expriment cependant l'homme, elles sont fonction de sa nature, de son histoire. Mais à moins de reconnaître l'intervention d'un facteur intermédiaire, il faut renoncer à comprendre la genèse de cette production musicale ; car le recours à l'inconscient, à l'inspiration ou encore à la possession, n'expliquerait rien. Ce facteur intermédiaire entre la vie et l'art, c'est le don spécifique, le génie, dira-t-on sans doute. Mais si l'artiste est tout simplement l'homme en aveu, l'homme qui se révèle, fût-ce en se dissimulant, à son corps défendant, et si le rôle de l'art consiste uniquement à informer le vécu, à l'extérioriser en lui conférant un nouveau mode d'existence, nous ne sommes guère plus avancés, le mystère reste entier ; puisque transposé, sublimé, idéalisé si l'on veut, nous retrouvons toujours ce même Franz Schubert que rien en somme ne distingue de son entourage en dehors de ses exceptionnelles facultés musicales, lesquelles ne serviraient qu'à matérialiser, qu'à « sonoriser » le vécu. Nous reconnaissons toujours ses aspirations, ses souffrances, ses joies, ses rêves qui étaient plus ou moins ceux de la jeunesse romantique viennoise du début du siècle dernier. Et c'est cela précisément qui nous déconcerte tant que lesdites facultés musicales ne sont à nos yeux qu'un moyen d'expression, un organe supplémentaire permettant à certains êtres, par ailleurs semblables aux autres, de rendre communicable leur vie interne sans être pour cela obligés de la rationaliser.

Particulièrement typique à cet égard, le cas Schubert n'est certes nullement exceptionnel ; il est courant bien au contraire. Loin d'offrir cet aspect paradoxal, celui de Bach en revanche paraît de tout repos : plus de solution de continuité ici entre la réalité quotidienne et l'art ; l'homme se montre à la hauteur de son œuvre. Si nous ignorions tout de cet homme, il serait bien entendu trop risqué d'inférer des cantates, des chorals, des Passions à sa vie religieuse. Est-il en effet nécessaire

d'éprouver réellement une émotion pour réussir à la manifester de façon convaincante et l'art en particulier ne nous
offre-t-il pas sous ce rapport des possibilités illimitées en nous
permettant d'agir sur autrui à coup sûr ? Serait-il indispensable
de connaître l'amour pour écrire un duo brûlant de passion,
d'avoir perdu un être cher pour composer une marche funèbre
pathétique à souhait, de croire en Dieu pour chanter splendide-
ment sa gloire ? Quoi qu'il en soit, le caractère de Bach et sa vie
nous étant connus, nous croyons y trouver l'explication de sa
musique religieuse. Mais alors surgissent d'autres difficultés,
d'autres questions.

IV

On connaît la définition que donnait de la poésie
Wordsworth : « Souvenir d'une émotion dans le calme. » Et
Proust : « Ce sont nos passions qui esquissent nos livres, le
repos d'intervalle qui les écrit. »[1] Pour chanter une peine, dit
Amiel, il faut en être déjà sinon guéri du moins convalescent.
Quand bien même on prétend que l'artiste ne fait rien d'autre
que de traduire, en lui conférant un nouveau mode d'existence,
le vécu, on doit reconnaître – et cela sans même qu'il soit
besoin de faire état des nombreuses confidences à ce sujet
des poètes, des musiciens – que tant qu'il subit le vécu, tant
qu'il est en proie au sentiment, à la passion, l'artiste ne peut
rien en extraire. Ses expériences deviennent esthétiquement
fécondes, elles s'avèrent capables de nourrir son activité
artistique, de lui servir d'engrais, à condition seulement qu'il
refuse de se laisser envahir par elles, à partir seulement de
l'instant où il parvient à retrouver une certaine liberté vis-à-vis

---

1. *Le Temps Retrouvé*, II, p. 65. (Note de B. de Schlœzer).

d'elles, les maintenant en quelque sorte à distance. Et, bien entendu, cette prise de conscience de l'émotion, cette lucidité doit rencontrer en lui d'autant moins d'obstacles, s'accomplir d'autant plus aisément, toutes choses égales d'ailleurs, que l'événement se sera davantage éloigné dans le passé et aura fait place au souvenir. Pour parvenir à ce « calme » dont parle Wordsworth, pour se déprendre du vécu est-il cependant absolument indispensable que l'émotion ait été remplacée par son souvenir, qu'ayant subi l'action du temps elle se trouve décolorée ? L'essentiel c'est le changement d'attitude du sujet à l'égard du réel, le mouvement de retrait qui l'en sépare et permet de le considérer du dehors, ainsi qu'un corps étranger. Tout ce que l'on peut affirmer, c'est que l'artiste ne crée que dans la mesure où ne fût-ce que momentanément il cesse de pâtir. Si dans la plupart des cas il doit donc s'écouler un certain intervalle de temps entre l'événement et son utilisation, cet intervalle peut être minime, il peut même parfois se trouver réduit à zéro. Quand Goethe jetait sur le papier les premières lignes de l'*Élégie de Marienbad* quelques heures à peine après avoir quitté Ulrike von Levetzow, il aimait encore, il souffrait, à la passion ne s'était pas encore substitué le souvenir de la passion ; néanmoins Goethe entrait déjà en convalescence.

J'ai tenté naguère [1] de résoudre l'énigme irritante que nous propose l'art psychologiquement inexplicable de Schubert, en appliquant à celui-ci ce que dit Proust de Bergotte :

> Mais le génie, même le grand talent, vient moins d'éléments intellectuels et d'affinement social supérieurs à ceux d'autrui, que de la faculté de les transformer, de les transposer. Pour faire chauffer un liquide avec une lampe électrique, il ne

---

1. *Revue Musicale*, 1925. (Note de B. de Schlœzer).

s'agit pas d'avoir la plus forte lampe possible, mais une dont le courant puisse cesser d'éclairer, être dérivé et donner, au lieu de lumière, de la chaleur. Pour se promener dans les airs, il n'est pas nécessaire d'avoir l'automobile la plus puissante, mais une automobile qui, ne continuant pas de courir à terre et coupant d'une verticale la ligne qu'elle suivait, soit capable de convertir en force ascensionnelle sa vitesse horizontale. De même ceux qui produisent des œuvres géniales ne sont pas ceux qui vivent dans le milieu le plus délicat, qui ont la conversation la plus brillante, la culture la plus étendue, mais ceux qui ont eu le pouvoir, cessant brusquement de vivre pour eux-mêmes, de rendre leur personnalité pareille à un miroir, de sorte que leur vie, si médiocre d'ailleurs qu'elle pouvait être mondainement et même, dans un certain sens, intellectuellement parlant, s'y reflète, le génie consistant dans le pouvoir réfléchissant et non dans la qualité intrinsèque du spectacle reflété. Le jour où le jeune Bergotte put montrer au monde de ses lecteurs le salon de mauvais goût où il avait passé son enfance et les causeries pas très drôles qu'il y tenait avec ses frères, ce jour-là il monta plus haut que les amis de sa famille, plus spirituels et plus distingués : ceux-ci dans leurs belles Rolls-Royce pourraient rentrer chez eux en témoignant un peu de mépris pour la vulgarité des Bergotte ; mais lui, de son modeste appareil qui venait enfin de "décoller", il les survolait. [1]

J'essayai donc de montrer que ce qui distinguait Schubert de ses amis, ce n'était pas la qualité particulière de ses expériences, quelconques, mais son attitude à leur égard : le réel où les autres se trouvaient entièrement engagés, avides de vivre, lui plus ou moins s'en déprenait, le reflétait et jusqu'à un

---

1. À *l'ombre des Jeunes Filles en Fleurs*, I, p. 117-8. (Note de B. de Schlœzer).

certain point délivré, il pouvait ainsi en faire quelque chose, l'utiliser à des fins esthétiques. Alors donc que les signes expressifs organiques traduisent immédiatement le vécu brut en règle générale – à moins bien entendu que lesdits signes soient sciemment, délibérément simulés, que la mélancolie, la crainte, la joie, etc., soient volontairement jouées, auquel cas on aborde déjà au domaine de l'art – ce que l'œuvre transpo-serait ce n'est pas l'être tel qu'il se réalise à travers ses pensées, ses sentiments, ses désirs, ses actions, mais *un être ayant subi au préalable une certaine préparation*, un être qui ne coïncide plus avec lui-même. Entre la vie et l'œuvre le terme intermé-diaire que nous cherchons, ce serait donc le réel embaumé, stérilisé, privé de sa virulence... Il est clair que l'on ne peut s'arrêter là.

Le génie consiste-t-il effectivement en un certain pouvoir réfléchissant? Supposons que l'on ne crée qu'à partir du vécu dépassé, que la condition *sine qua non* de l'opération créatrice soit un mouvement de retrait vis-à-vis du réel; mais, tout d'abord, on ne saurait bien entendu en conclure que la condition étant donnée l'œuvre doit en découler nécessaire-ment : le souvenir d'une émotion dans le calme, l'intellection d'un événement interne, le dédoublement du moi qui cesse de coïncider avec lui-même, ne sont pas toujours générateurs d'un poème, d'une mélodie, loin de là. Et puis, cesser de vivre pour soi-même et rendre sa personne semblable à un miroir, agir et pâtir tout en se voyant agir et pâtir, ou encore se refuser à prendre part au drame pour mieux le contempler, toutes ces attitudes que l'on pourrait appeler «critiques» ne sont nullement particulières à l'artiste et beaucoup sans doute les connaissent par expérience qui jamais n'ont rien produit et en seraient bien incapables; poussées à l'extrême elles risque-raient d'ailleurs de paralyser l'activité créatrice. De plus, cette liberté à laquelle on accède en se dégageant de ce que l'on vit, en prenant du champ à l'égard de sa propre personne, cette liberté qui postule un certain refus d'être, pourrait être le produit d'un effort délibéré de la volonté et recherchée pour des raisons d'ordres divers, d'ordres aussi bien éthique que religieux ou relevant simplement de l'hygiène mentale. Et elle pourrait être également une fuite, la conséquence du dégoût, de la fatigue, de la crainte d'être dupe, etc. De telles attitudes impliquent un jugement de valeur, la négation plus ou moins consciente du vécu. Or le cas de l'artiste est entièrement différent : en tant qu'homme il peut certes lui arriver de rechercher la paix, le salut dans une attitude critique (et ce fut parfois le cas de Goethe, on le sait), mais en tant qu'il est poète, musicien, le fait de prendre un certain recul à l'égard de lui-même n'implique pas de sa part un jugement de valeur négatif ; c'est de produire quelque chose en se servant plus ou moins du vécu comme d'un tremplin, qui précisément le dégage du vécu et en ce sens le guérit. Goethe écrivit l'*Élégie de Marienbad* non parce qu'il avait réussi au préalable à instaurer en lui une zone de silence, d'équilibre, mais cet équilibre il parvint finalement à l'atteindre grâce précisément à la composition et à l'organisation d'un système verbal. S'il entra en convalescence, ce ne fut pas en renonçant à son amour, en lui refusant d'une façon ou d'une autre son adhésion, c'est en l'affirmant bien au contraire, en le maintenant intact tout en le dominant, bref en le transcendant. Ce n'est pas parce qu'il le survola que le Bergotte de Proust put montrer au monde de ses lecteurs le milieu médiocre où s'était écoulée son enfance, mais il le survola en le décrivant au contraire… Car l'œuvre n'est pas le fruit de l'ascétisme, de l'hygiène mentale, de l'ironie, ou encore de la peur, du mépris de la vie, le fruit d'une victoire que l'homme remporte par ses propres moyens, par des moyens en quelque sorte naturels – raisonnements, efforts volontaires – auxquels il a recours dans la vie courante ; mais la victoire, c'est l'œuvre ou pour mieux dire sa *fabrication* même qui la lui octroie. Il ne se dépasse sans se nier, il ne se transcende que pour autant qu'il se met à « faire ». S'agit-il du poète, du peintre, du musicien en tant que tels, le dédoublement du moi n'est donc pas la condition *sine qua non* de l'activité créatrice ainsi que nous l'avions admis et ainsi que nous le suggère le sens commun qui ne veut voir dans l'art que la traduction plus ou moins embellie ou sublimée du réel ; il est la conséquence de cette activité. S'agit-il d'art, à l'inverse de ce qui se passe dans l'ordinaire de l'existence et si étrange que cela puisse paraître, il faut que le liquide commence à bouillir pour que la lumière se transforme en chaleur, il faut « décoller » pour que l'automobile devienne avion. Ce qui caractérise essentiellement l'artiste en effet, ce n'est pas le « pouvoir réfléchissant » qui n'est qu'une modalité de la prise de conscience, de l'attitude critique, de cette lucidité qu'à des degrés différents nous connaissons tous, c'est *la production d'une chose dont la génération, le processus même de généra-tion modifie son auteur en lui permettant de se transcender*, d'être à la fois et pleinement lui-même et un autre.

Le terme intermédiaire entre la vie et l'œuvre que nous avions cru trouver dans un vécu dévitalisé, n'est autre chose donc que l'ensemble des diverses opérations qui aboutissent à l'œuvre en s'exerçant sur un donné objectif déterminé – langage, milieu sonore, couleurs, volumes –, lequel de ce fait prend rang de matériau, ce terme n'est rien d'autre finalement qu'une « technique », un certain savoir-faire spécifique.

V

Nous voici donc amenés à élargir la notion d'activité créatrice en assignant à celle-ci une double fonction : *son rôle ne consiste pas uniquement à engendrer un système organique mais encore à produire conjointement l'auteur même de ce système, celui qui s'y trouve immédiatement présent.*

Si l'œuvre musicale est psychologiquement parlant une histoire, une aventure interne, le sujet de cette histoire, le héros de cette aventure ce n'est point l'homme naturel, un certain Jean-Sébastien Bach, un certain Franz Schubert, c'est un être qui n'a d'existence que sur le plan esthétique, c'est un « moi » artificiel : je l'appellerai *mythique* et son histoire un *mythe*, ce qui ne signifie pas que cette histoire soit mensongère mais qu'elle ne fait autre chose que d'interpréter psychologiquement un processus qui s'accomplit dans le milieu sonore, que l'aventure, disons « sentimentale », n'est que la transcription d'une aventure « technique ». En ce sens elle est fictive.

En constituant un système organique quel qu'il soit, à partir du moment où je m'applique à agir sur un matériau (peintre, sculpteur) ou dans, à travers un matériau (musicien) – mais à partir de ce moment seulement, car ce qui précède le travail purement technique, toutes ces opérations mentales qui se déroulent en moi avant la prise de contact réelle avec le matériau, ne fixent que les données de l'œuvre, ne se rapportent qu'à ses conditions –, *ipso facto* je deviens un autre. Quelles que soient mes intentions et sans même que je m'en rende compte, le moi mythique surgit automatiquement en moi et se substitue à moi dès que je me mets à « faire » dans l'acception précédemment indiquée ; il est le corrélatif de mon action fabricatrice et je le pose en la posant. Et cela parce qu'encore une fois l'art n'est pas traduction plus ou moins

sublimée du réel, parce qu'une sonate n'est pas la matéria-
lisation d'une pensée à laquelle je voudrais donner corps mais
la pensée précisément de ce corps sonore. L'idée concrète ne
pouvant être créée par l'artiste et perçue par l'auditeur ou le
spectateur que dans le temps, le contenu de l'œuvre se projette
nécessairement sur le plan psychologique et prend l'aspect
selon les cas d'un flux d'émotions, d'élans, d'images ou du
moins d'une sourde activité interne marquée de tensions et de
détentes. Cette activité n'est donc pas directement fonction de
tout ce qui s'agite en l'homme naturel et qu'il s'ingénie peut-
être à exprimer; elle est fonction directe du sens spirituel de
l'œuvre qui est aussi sa forme. Celui qui vit l'aventure fictive
n'est pas en conséquence tel ou tel individu réel, mais le pur
sujet d'un processus sonore dialectique saisi en son aspect
psychologique. Autrement dit, le moi mythique est l'unité du
mythe dont la forme identique au sens est l'unité sur le plan
sonore. Et, bien entendu, il ne s'agit pas d'une unité abstraite
mais concrète, il s'agit de l'unité précisément de ce mythe
unique de son espèce qu'est telle ou telle œuvre. Le moi mythique de la *Fantaisie Chromatique* n'est pas celui du *Concerto
Italien*[1] dans la mesure où ces « histoires » diffèrent l'une
de l'autre.

Comment serait-il possible dans ces conditions de
conclure de l'œuvre à l'homme naturel, quelles que puissent
être la sincérité de celui-ci et sa lucidité ! Comment ne serait-il
pas vain de chercher à découvrir en l'homme l'explication de
son art ! Entre les deux vient immanquablement s'intercaler le

---

1. L'auteur rapproche à dessein deux œuvres de J.-S. Bach destinées au
clavecin seul, qui pour cette raison pourraient de prime abord être proches ou
parentes.

moi mythique ; et c'est l'aveu de celui-ci non de l'homme, qui
parvient à l'auditeur : le parfum de la rose est bien le parfum de
la fleur, sa « confidence » et non celle de son terreau. Aussi,
quand je prétends faire éprouver ou simplement signaler à
autrui ce qui se passe effectivement en moi, je ne dispose en
réalité que des signes expressifs dits organiques ou de la parole
qui renseigne ; me tourné-je vers l'art, vers la musique, langage
des émotions, assure-t-on, je ne puis y pénétrer qu'au prix
d'une complète métamorphose, en me séparant de moi-même.
Et ce que je me figure confier alors à l'œuvre, un autre s'en
empare, le transforme, tandis que je dois quitter la scène pour
prendre place parmi les spectateurs ou me retirer dans la
coulisse.

(...)

X

La possibilité qu'offre la musique à certains d'entre
nous communément dits compositeurs, de transcender le vécu
en constituant des systèmes organiques sonores et de se
métamorphoser de ce fait en un personnage mythique, héros
d'une histoire tragique, douloureuse ou plaisante, gracieuse, à
moins qu'il ne s'agisse que d'une activité gratuite, en quelque
sorte sportive, cette possibilité la musique l'offre également à
l'auditeur. N'étant pas un artiste, incapable d'agir par moi-
même dans l'espace sonore, je ne puis échapper à moi-même,
me dépasser tout en ne me reniant pas, en donnant naissance à
un être fictif ; pour que surgisse en moi cet être qui se réjouira,
souffrira, agira, dansera pour moi, il faut que je prenne part à
l'aventure du musicien. Et je n'y prendrai part qu'en comprenant l'œuvre, c'est-à-dire en la reconstituant ; cette reconstitu-
tion en effet n'est autre chose que le substitut de l'activité

créatrice dont je suis privé, elle est le seul moyen qui me permette de déployer à mon tour un certain savoir-faire en assumant, toutes proportions gardées, le rôle d'*homo faber*. L'histoire qu'auditeur je recrée ainsi devient mienne, comme elle devient celle de milliers d'autres, de n'importe qui, parce qu'elle n'est pas l'histoire, l'acte d'un homme réel, mais désindividualisée, parce que celui qui se réjouit, pâtit ou danse n'est que pur sujet d'action et que de ce fait l'œuvre concrète, singulière, lorsque projetée sur le plan psychologique, acquiert une valeur universelle. Expressive, elle s'adresse à tous ; chacun peut prendre à charge cet événement interne, chacun peut revivre ces émotions, ces élans, réaliser pour son propre compte cette aventure, mais en tant précisément qu'auditeur il devient lui aussi un autre, un personnage mythique, à l'exemple du créateur. Et de même qu'au créateur la production de l'œuvre, son audition, en le métamorphosant, lui permet aussi bien de se libérer que d'expérimenter par personne interposée ce qu'il n'a pas connu et ne connaîtra peut-être jamais directement.

François-Bernard Mâche
(né en 1935)

MUSIQUE, MYTHE, NATURE

Présentation

François-Bernard Mâche est un compositeur français reconnu, auteur de plus de 80 compositions, dont certaines sont entièrement ou partiellement électro-acoustiques. Il est aussi un « intellectuel » (normalien, agrégé et docteur ès lettres classiques) qui s'exprime tant sur ses propres œuvres que sur la musique en général. Il a notamment publié deux ouvrages qui analysent la situation de la musique au XXᵉ siècle : *Musique, mythe, nature, ou les dauphins d'Arion*[1], et *Musique au singulier*[2]. Comme on voit dans l'extrait ci-dessous, l'auteur prend nettement ses distances par rapport aux théories esthétiques qui ont dominé la vie musicale du siècle écoulé. Il vise principalement leur formalisme, qui se focalise sur les problèmes de technique d'écriture au nom

---

1. F.-B. Mâche, *Musique, mythe, nature, ou les dauphins d'Arion*, Paris, Klincksieck, 1983, 2ᵉ éd. augmentée 1991.
2. F.-B. Mâche, *Musique au singulier*, Paris, O. Jacob, 2001.

d'une autonomie du discours musical fermé sur lui-même. Mais il refuse tout autant la recherche nostalgique d'un « langage commun » tourné vers le passé. L'objectif de F.-B. Mâche est de redonner toute leur place aux questions du sens et de la *finalité* de la musique, parce que celle-ci n'est pas un divertissement futile mais répond à un besoin anthropologique profond. Dans cette perspective, sa recherche d'*universaux* véritables le conduit à s'intéresser aussi bien aux musiques non européennes qu'aux sons animaux (objets de la « zoomusicologie »). Cet aspect de sa réflexion se trouve plus spécialement développé dans le second titre cité, ouvrage dans lequel l'auteur présente les principales notions permettant de donner corps à cette pensée de l'universel sous la forme d'une sorte de dictionnaire ou de répertoire alphabétique facile à consulter, et dont la lecture complète l'extrait ici proposé.

Le passage est emprunté à la fin du chapitre 3 de *Musique, mythe, nature*[1]. On y distingue deux moments principaux. Le premier dénonce l'obsession de la communication qui entraîne plusieurs abus (la surestimation du langage, la nostalgie du village, le culte de l'écriture comme telle). Le second analyse successivement les trois forces qui, selon l'auteur, traversent la création musicale du XXe siècle : le formalisme scientiste, la recherche d'un code universel, la résurgence du sacré. Cette dernière force est seule à la mesure du problème de la musique contemporaine, parce qu'elle permet de rétablir les liens de la musique avec sa source (l'inconscient, la pensée mythique, elle-même ancrée dans la nature) et avec sa fin : « être à la fois instrument de connaissance et intercesseur d'un

---

1. F.-B. Mâche, *Musique, mythe, nature*, 2e éd., p. 93-105.

accord avec le monde », ou encore donner un sens « qui rende ce monde habitable » [1].

FRANÇOIS-BERNARD MÂCHE

CHAPITRE 3

Langage et musique (fin)

L'obsession de la communication, qui n'est pourtant malgré tout qu'une fonction secondaire de la musique, conduit à deux abus dangereux pour celle-ci : la surestimation du langage, et la nostalgie du village. La réanimation de l'opéra, et les commentaires exclusivement moraux, politiques ou sentimentaux qui s'appliquent au rock et à la variété sont deux aspects du premier phénomène. Le second, fort sympathique au demeurant, n'a pas encore trouvé les conditions de son épanouissement. Il se peut que certaines expériences de réseaux de télévision privée qui ont été faites, au Canada entre autres, retrouvent une sorte d'équivalent de ce qu'une fanfare municipale, un carnaval de village, une chorale de paroisse, représentent encore parfois dans une forme de société très menacée, mais ce n'est pas encore prouvé. Je ne pousserai pas plus loin cette simple allusion à une approche sociologique de la musique, tout à fait utile et légitime, mais étrangère à celle que je propose, et beaucoup mieux illustrée déjà dans la pensée contemporaine.

La surestimation du langage par les musiciens a pris une autre forme assez singulière : le culte de l'écriture en tant

---

1. F.-B. Mâche, *Musique, mythe, nature*, p. 200.

que telle. Dans la logique d'une idéologie escamotant le niveau sensoriel au profit d'une sémiotique généralisée, certains compositeurs ont poussé à l'extrême le formalisme en réduisant la musique à un système de signes plus ou moins abstraits, avec parfois l'arrière-pensée d'en faire la condition d'une élaboration sérieuse. Ils ont négligé le fait désormais bien connu que beaucoup de musiques d'une haute complexité, comme les polyphonies d'Afrique centrale, de Bali, ou l'électro-acoustique, fonctionnent fort bien sans notation. Les druides savaient déjà, pourtant, que l'écrit peut favoriser la paresse spirituelle, et qu'une parole figée risque de devenir une parole morte.

Comment, d'aide-mémoire lacunaire et quasi-clandestin qu'elle était à l'origine, la notation musicale a-t-elle enflé ses prétentions au point que les signes aient évincé le signifié sonore dans certaines élucubrations maniéristes destinées à l'œil seul, tout en s'affirmant musiques? Ce formalisme, poussé parfois jusqu'à l'absurde, n'est pas un phénomène unique; c'est plutôt une tentation résurgente et extrêmement significative. Le parallèle entre ce qui s'est passé au début des années 1500 et vers le milieu du xxe siècle, à l'aube et à la fin des «temps modernes», est édifiant. Au temps des Grands Rhétoriqueurs[1] et des polyphonistes franco-flamands[2], une ivresse s'empare des manipulateurs de signes musicaux.

---

1. On désigne aujourd'hui sous ce nom les poètes qui ont vécu sous les règnes de Louis XI, Charles VIII et Louis XII. Ils se sont livrés à de nombreuses recherches formelles dans le domaine de la poésie comme dans celui de la prose.

2. Compositeurs de la fin du Moyen Âge et de la Renaissance, parmi lesquels G. Dufay, J. Ockeghem, Josquin des Prés, Roland de Lassus, qui ont considérablement développé la polyphonie vocale.

Machault au XIVe siècle superposait trois textes dans ses Ballades[1]. L'*ars subtilior* du début du XVe siècle[2], et les polyphonistes jusque vers 1570, poussent la complication graphique plus loin : Tallis[3], champion attardé de ces coquetteries intellectuelles, empile 40 parties « réelles » dans son fameux motet *Spem in alium*, au prix d'un résultat sonore qui ressemble à un brouhaha d'une grande platitude.

Le goût de l'expérience et de l'exploit n'explique pas à lui seul cet abus ; celui-ci est une réaction de défi contre l'aventure rythmique des *Chansons mesurées à l'antique*[4] et surtout contre le développement, à Florence et ailleurs, de la mélodie accompagnée. On dirait que la vieille communauté médiévale réagit en s'affirmant jusqu'à l'absurde, avec son nominalisme et son goût des combinaisons de signes, contre l'émergence de l'idée simple et nouvelle de l'individu, dont les innovations musicales donnent une expression symbolique.

Ce qui se passe autour de nous depuis un quart de siècle n'est pas sans analogie. Il n'est pas suffisant de dire que ce sont les Nazis qui ont, par leurs persécutions, empêché la musique sérielle d'être jouée et de se développer en Europe.

---

1. La ballade comporte ordinairement un texte unique, mais G. de Machault a composé une ballade à deux textes et deux à trois textes. Ce sont surtout les *motets* de cette époque qui associent plusieurs textes.

2. Voir *infra*, note 2, p. 278.

3. Thomas Tallis (vers 1505-1585), musicien anglais, auteur de nombreuses pièces de musique religieuse.

4. *Mesurer à l'antique* consiste à appliquer à un texte poétique le principe de la prosodie grecque et latine, reposant sur la différence entre syllabes longues et brèves ; et par suite à modeler le rythme musical sur cette prosodie. Plusieurs auteurs de la fin du XVIe siècle (J. A. de Baïf, J. Thibault de Courville) ont introduit ce principe dans la poésie française ; quelques musiciens (dont C. Lejeune, E. Du Caurroy, J. Mauduit) les ont suivis et ont composé des *Chansons* selon ce modèle.

L'information à son sujet circulait avant la Seconde Guerre mondiale, mais restait sans grande conséquence. Ce n'est pas la levée d'une censure politique ou sociale qui a ressuscité le sérialisme[1] à Paris, Milan et Cologne dans les années 50; c'est bien plutôt, par contrecoup, le magnétophone et le début de l'ère audio-visuelle. Ce que l'Ars nova du XIVe siècle[2] avait été pour les polyphonies hypertrophiées des 150 années suivantes, c'est-à-dire un modèle à surpasser, Schönberg et ses disciples

1. Atonalisme, dodécaphonisme et sérialisme sont historiquement liés. 1) Mis en œuvre et théorisé par Schönberg (1874-1951) dans les premières années du XXe siècle, l'*atonalisme* consiste en un abandon du centre tonal – abandon lié à l'exacerbation des forces centrifuges inhérentes au système tonal. Il se caractérise principalement par l'équivalence des 12 demi-tons de l'échelle chromatique et par le rejet des notions de consonance et de dissonance. 2) En imposant une organisation rassemblant en un ordre préétabli les douze sons de l'échelle chromatique, Schönberg invente en 1923 le *dodécaphonisme* (du mot grec signifiant « douze »), ou « méthode de composition avec douze sons », selon la terminologie employée par le compositeur lui-même. Cette méthode impose des contraintes qui étaient absentes de l'atonalisme. 3) Issu du dodécaphonisme schönbergien, le *sérialisme* (ou *sérialisme généralisé*) se développa après 1945, sous l'impulsion des compositeurs de la « nouvelle génération » (Messiaen, Boulez, Stockhausen); la musique sérielle est une « musique dans laquelle le principe générateur de la série dodécaphonique, d'abord réservé aux hauteurs, est généralisé pour être appliqué à tous les paramètres musicaux : hauteurs, registres d'octave, durées, "tempi", intensités (nuances), timbres (attaques), position spatiale et même forme » (*Science de la musique*, M. Honegger (dir.), Paris, Bordas, 1976).

2. *Ars nova* est le titre d'un traité de Philippe de Vitry (1291-1361), dans lequel est exposée une nouvelle manière de noter les durées, ouvrant ainsi de nouvelles possibilités aux compositeurs. Le terme désigne par suite un nouveau genre de musique, produite à partir des années 20 jusqu'à la mort de G. de Machault (1377) : musique essentiellement polyphonique, et caractérisée par une plus grande subtilité rythmique. L'*Ars subtilior* a succédé à l'*Ars nova*; cette manière de composer pousse plus loin encore les *subtilités* rythmiques et polyphoniques de la période précédente.

l'ont alors été pour ce sérialisme intégral, – on devrait même dire *intégriste* –, qui au début des années 50 a bien eu raison de se réclamer de Philippe de Vitry : pour la dernière fois, peut-être, de sa longue histoire, la musique européenne s'identifiait à une combinatoire sophistiquée.

Les conflits apparents : Bartok contre Stravinsky, Schönberg contre les « pompiers », masquaient une angoisse plus profonde, celle que ressentait le néo-sérialisme devant les sons « incontrôlables ». L'irruption du réel sonore devenu disponible, l'utopie futuriste de 1913 devenue réalité [1], dénonçaient toute la problématique formelle du sérialisme comme la fin d'une longue histoire, celle du contrepoint. Sans doute le sérialisme n'a pas été seulement un jeu d'écritures aboutissant à des partitions-grimoires, mais il a été, de toutes les écoles esthétiques connues, peut-être la plus attachée à se définir et se justifier par des références techniques à l'écriture et à son histoire. L'exaspération graphique de certaines partitions des années 70 traduisait un surcroît d'angoisse devant l'échec de la notation, détournée de son rôle subalterne d'auxiliaire de l'imagination et de la réalisation musicales pour une mission impossible : celle d'être la musique elle-même, une musique à laquelle il ne manquait que la durée et le son.

La notation est en train, fort heureusement, de recouvrer sa juste place et sa vraie fonction, tout empirique et pratique, comme c'est le cas particulièrement avec les tablatures [2]. Après un temps où on a par trop confondu la carte et le

1. L'année 1913 a vu, à quinze jours d'intervalle, la création du ballet *Jeux* de Debussy et celle, plus tumultueuse, du *Sacre du printemps* de Stravinski.

2. Manière de noter la musique à l'aide de lettres, chiffres et autres symboles, disposés sous la forme d'une « table », destinée à l'exécution instrumentale.

territoire, il est tentant de trouver plus commode un simple *portulan* [1], et c'est bien ce que font entre autres beaucoup de compositeurs électro-acoustiques. Comme d'autre part les séquenceurs, les programmes de transcription automatique, les sonographes etc. procurent des notations plus exhaustives des phénomènes sonores, la notation graphique comme image symbolique d'une spéculation perd beaucoup de son relatif intérêt, et doit en rabattre de son ambition de représenter fidèlement la réalité sonore. Tant qu'à faire d'appliquer du temps sur de l'espace, les outils électro-acoustiques et informatiques le font de manière plus homogène et plus complète.

Il est vrai que l'imagination des compositeurs est plus souvent en retard qu'en avance sur ces technologies. Et il est vrai aussi qu'une notation exhaustive tend à être avec son objet dans un rapport totalement inerte, tautologique, tandis qu'une notation symbolique garde quelque chose de suggestif dans ses imprécisions même. C'est d'ailleurs la relative fécondité de son application, en tant que système sémiotique étranger, au système des sons eux-mêmes qui a entraîné la surestimation dont on a constaté les abus ; et on connaît la productivité de la plupart de ces croisements d'un système sémiotique avec un autre.

Mais précisément la musique ne se réduit pas à un système sémiotique. Et par ailleurs on s'aperçoit actuellement que l'excès des indications écrites a presque les mêmes inconvénients que leur pénurie : dans les deux cas, l'interprète s'en remet à ses routines pour trancher. Le fétichisme du signe trahit l'oubli de la parole. Les interprètes ont eu bien raison de

---

1. Document destiné à la navigation maritime et contenant la description des côtes et des ports.

grogner quand on les invitait à apprendre un solfège différent par partition : non seulement le signifié est en général moins nouveau que le signe, mais surtout cela témoignait le plus souvent d'une sorte de surdité volontaire du compositeur peu soucieux d'appréhender lui-même les conséquences du signe. Lorsqu'en guise de message, on propose un code, un de plus, tout se passe comme si l'on n'avait plus ni code ni message. Et il serait bien naïf de confondre la polysémie des signes avec la richesse des significations. La prétention de certaines partitions à être chacune un univers original trahit le refus du contact sensoriel avec l'univers vrai, et ce refus marque la stérilisation d'une tradition qui, à force de surévaluer le jeu des signes, a occasionnellement perdu le sens de la réalité des sons.

On ne peut considérer le code comme l'essentiel sans sacrifier la parole, non pas en tant qu'outil de communication, mais en tant que phénomène concret. Des dizaines d'études consciencieuses de musicologues « folkloristes » sont presque inutilisables, parce qu'ils ont réduit les musiques qu'ils notaient aux cadres de pensée de leur milieu et de leur temps, qui n'étaient pas ceux de leurs documents. Des dizaines de langues et de dialectes meurent à chaque génération, de plus en plus vite aujourd'hui, et dans l'indifférence générale, y compris celle des linguistes dès l'instant qu'ils estiment avoir des descriptions et des corpus corrects. Les enregistrements eux-mêmes sont encore souvent décevants, lorsque leur qualité sacrifie des « détails » de timbre qui peuvent être, – on s'en aperçoit trop tard –, d'une pertinence essentielle. Notre civilisation, comme A. Artaud l'a compris et l'a crié dans le désert[1], crève d'un certain détachement scientifique qui privilégie la prolifération des connaissances et paralyse la pensée vécue. La musique a parfois cru devoir adopter elle aussi ce détachement, et cela ne lui a pas réussi. Il y a un lien entre le culte du « langage musical » et le culte du formalisme scientiste. La musique est bien, comme le langage, un système de signes, ce qui explique la possibilité occasionnelle et très partielle de traduire l'un dans l'autre. Mais cette condition ne rend compte que très superficiellement des possibilités de la musique.

Pour comprendre et dominer l'apparent chaos de la création actuelle, la musique doit prendre ses distances vis-à-vis du langage. Celui-ci ne s'est jamais totalement dégagé de ses origines vraisemblablement utilitaires. L'efficacité dont il a crédité l'espèce humaine dans ses entreprises vitales culmine dans la spécialisation du langage rationnel, base de la science. Il est vrai que la musique inclut une partie des mêmes possibilités, mais elle en a conservé d'autres, peut-être plus primitives, mais probablement tout aussi nécessaires[2]. Et il n'est pas exclu qu'elle préfigure une pensée du multiple à venir, post-rationnelle. Le prestige de la connaissance scientifique ne doit pas plus nous abuser que celui de la notation dont l'Occident

---

1. A. Artaud, *Le théâtre et son double*, Paris, Gallimard, 1938. (Note de F.-B. Mâche.)

2. Dans une étude sur les *mantras* védiques, Frits Staal, professeur de sanskrit à l'Université de Berkeley, cite mes analyses zoomusicologiques à l'appui de sa thèse, selon laquelle ces formules articulées inintelligibles, et structurées comme certains chants d'oiseaux, pourraient conserver l'image d'un état originel du langage, antérieur à la dissociation entre musique et parole, et serait sacré au titre de relique de notre passé « édénique ». *Cf.* F. Staal, « Mantras and bird songs », *Journal of the American Oriental Society*, vol. 105, 1985. (Note de F.-B. Mâche)

s'est doté. Les systèmes sémiotiques et la science sont étroitement liés, et à travers la notation, la musique a longtemps uni son destin au leur : c'est ce dernier lien qu'il lui appartient de distendre ou de briser, aidée par le nouveau pouvoir du timbre, c'est-à-dire des objets sonores indépendants des structures d'ordre, et par la résurgence de l'oralité que permet l'informatique musicale, entre autres.

À considérer dans son ensemble la création musicale depuis le début du XXᵉ siècle, la confusion est peut-être plus apparente que réelle. Trois forces m'y paraissent particulièrement actives. La première est précisément l'influence des modes de pensée scientifiques. La deuxième est la recherche d'un code universel. La troisième, la résurgence du sacré. Les deux premières de ces forces agissent à l'intérieur d'un champ essentiellement culturel, donc relatif, la première dans la prospective, et la deuxième dans la rétrospective ; tandis que la troisième est porteuse d'une rupture qui tend à modifier non plus seulement les formes musicales, mais leur finalité elle-même.

Le formalisme scientiste tient encore le haut du pavé. Il prolonge le sérialisme qui avait lui-même modifié l'héritage du contrepoint en substituant à ses lois coutumières, pittoresques et fantaisistes, un *code civil* rigoureux et d'une géométrie simple, voire simpliste. En somme, à la chute de l'Empire austro-hongrois et du système tonal, les fameux Viennois[1] avaient proclamé une sorte de laïcité musicale ; mais ce n'était pas encore la Révolution. L'histoire officielle du XXᵉ siècle s'est après coup défini une ligne, dont nul ne s'écarte sans risques, et dont par définition la minceur explique la rectitude :

1. Arnold Schönberg, Anton Webern et Alban Berg.

l'atonalisme en liberté surveillée jusque vers 1923 ; puis le dodécaphonisme ; puis, dès 1927, les prémisses du sérialisme[1] ; enfin, à l'après-guerre, la Série généralisée, tombée gravement malade vers 1965, mais conservée en hibernation dans maintes écoles, universités et instituts. Les motivations sans cesse revendiquées par cette lignée historique étaient une exigence d'organisation et de contrôle d'un matériau qui sans cela serait livré à une inadmissible anarchie.

Si ce culte de la rationalité sentait encore son XIXe siècle, la technocratie qui a pris le relais en est un avatar plus moderne. Aux États-Unis surtout, à partir des années 60, on a vu de simples gadgets électroniques tenir lieu d'idée esthétique. Le compositeur bricolait un montage plus ou moins original ; l'œuvre, le concert, étaient remplacés par une démonstration, après quoi on mettait le jouet au rebut. Avec une ambition moins primaire, des centres de recherche comme l'Ircam[2] perpétuent l'idéologie du progrès historique dans le domaine de la création artistique : la musique poserait des problèmes techniques que l'état de la science à un moment donné aiderait à résoudre, et cette collaboration poserait à son tour de nouveaux problèmes qui jetteraient le compositeur vers l'avenir, et suggéreraient au scientifique de fructueux prototypes. La démarche esthétique aurait comme ressort principal une dialectique entre les deux pôles du matériau et de la forme, leurs exigences réciproques suffisant à entretenir un mouvement identifié comme celui de la création musicale.

1. Atonalisme, dodécaphonisme, sérialisme : voir *supra*, note 1, p. 278.
2. «Institut de Recherche et Coordination Acoustique/Musique». Institution française qui a pour vocation la recherche et la création musicale contemporaine. L'Ircam a été créé au cours des années 1970 sous l'égide de P. Boulez.

On postule donc simultanément l'autonomie de la musique en tant que pensée complète, qui n'a de comptes à rendre qu'à elle-même, et un dialogue indispensable avec la pensée scientifique, sans laquelle elle ne saurait résoudre tous ses problèmes pratiques mais aussi théoriques. Ce raisonnement me paraît critiquable par le modèle industriel qui le sous-tend, et qui fait reposer l'innovation musicale sur la création de nouveaux matériaux à l'aide de nouvelles techniques. La conception assistée par ordinateur ne peut étendre ses investigations qu'au domaine formalisable. Explorer des combinaisons inédites, obtenir un gain de productivité grâce à la vitesse de la machine, sont des soucis qui évitent de poser la seule question qu'implique la persistance dans le monde industriel d'un artisanat artistique : sa finalité. En tant que combinatoire, la musique ne sera jamais qu'une application superflue de concepts logiques qui n'ont aucun besoin de ses services. Lorsque le moyen de la formalisation devient une fin en soi, enfermant la musique dans l'illusion que son univers de signes est un substitut de la nature, et qu'il lui revient d'en déterminer elle-même les lois, on voit mal quel attrait pourrait conserver une activité aussi vaine.

Il est bien certain que la musique devait nécessairement admettre et employer la pensée rationnelle, lorsque celle-ci s'est développée en Europe. Elle l'a même anticipée, et les partitions avec leurs coordonnées à deux dimensions en portaient la marque bien avant les débuts de la perspective en peinture, ou l'essor de l'algèbre. Il n'est donc pas étonnant que le XXe siècle ait assisté au triomphe d'une formalisation rationnelle. Mais si la fiction du temps comme quatrième dimension peut rendre des services dans d'autres domaines, elle est particulièrement égarante en musique. L'idée de considérer les valeurs musicales comme des paramètres et de traiter les structures d'ordre selon lesquelles elles se déploient comme des dimensions algébriques présente en général plus d'inconvénients que d'avantages. Elle permet sans doute un maniement commode et très général des figures sonores, mais en privilégiant les propriétés géométriques liées à l'espace, elle tend à présenter le temps comme une dimension homogène et analogue aux autres, ce que toutes les expériences de psychologie acoustique contredisent.

Aucun algorithme complet de transformation des propriétés physiques du son en valeurs musicales n'est disponible pour passer du « matériau » à sa perception. De ce fait, la rationalisation des opérations musicales conduit toujours, si on lui fait totalement crédit, à privilégier indûment des architectures théoriques au détriment du vécu sonore, et même parfois à leur donner raison contre lui.

La protestation contre les prétentions de cette rationalité réductrice est à vrai dire aussi ancienne qu'elles. Mais la forme qu'elle prend souvent est si impropre qu'elle n'a fait jusqu'ici que les renforcer. Depuis le goût « troubadour », qui apparaît dès Grétry[1], il existe une tentation constante de se référer à des époques stylistiques anciennes considérées comme douées d'un charme perdu, ou détentrices d'une vérité pervertie. Leur réanimation oscille entre le pastiche et la caricature, mais soutient toujours une résistance aux prétentions du progrès rationnel. Les œuvres issues de cette tendance coexistent d'ailleurs très souvent chez le même compositeur avec

---

1. A.-E.-M. Grétry, *Aucassin et Nicolette, ou les mœurs du bon vieux temps*, opéra-comique, 1779. L'œuvre utilise des modes d'église pour obtenir une couleur archaïque, qui fut d'ailleurs très peu appréciée à son époque, où la seule musique considérée comme valable était la musique contemporaine. (Note de F.-B. Mâche)

d'autres œuvres authentiquement originales, mais la tentation ressurgit sans cesse avec plus ou moins de force. Schumann a fait du faux Bach; Berlioz, avec *L'enfance du Christ*, a fait du faux plain-chant, tel qu'on se le représentait alors. Je ne vois qu'un seul musicien de la première moitié du XXᵉ siècle qui n'ait jamais cédé à cette nostalgie, c'est Varèse, qui pourtant admirait profondément Schütz ou Monteverdi et se démenait pour faire chanter leurs œuvres. Schönberg, Bartok, Webern lui-même dans les *Cantates*, ont cherché à se relier à la tradition dont leur propre démarche tendait à les éloigner. Stravinsky s'est survécu grâce à un véritable parasitisme musical, aux dépens de Gesualdo, Pergolèse, Bach etc.

En pleine dictature néo-sérielle, des disciples de Britten continuaient à faire du néo-médiéval. Par la suite, le néo-romantisme a obtenu en Allemagne un certain succès, qui ne s'explique pas seulement par le commerce et l'influence d'une demande, dont le courant scientiste n'a jamais bénéficié au même degré. C'est d'abord l'application quasi-automatique de la tradition du conflit des générations, qui impose tous les 20 ou 30 ans de prendre le contre-pied des aînés. Les néo-sériels ayant tyrannisé la création musicale, il suffirait de faire tout ce qu'ils interdisaient (ostinati[1], octaves et quintes, reprises, etc.) pour s'emparer de leur pouvoir.

Mais au-delà de cette naïve et rituelle révolte, le phénomène est un cas particulier de ce que vit la civilisation européenne en général. Dépassée par les conséquences de la spécialisation rationnelle à laquelle elle s'est consacrée depuis environ 1600, elle cherche tardivement à lui échapper. Le

---

1. L'*ostinato* est une formule «obstinément» répétée à la basse. F.-B. Mâche lui consacre un article entier dans *Musique au singulier*.

Romantisme a été la première grande insurrection de l'esprit contre ces limitations formelles. Le Surréalisme a été la seconde, occasion tristement manquée pour la musique[1]. On assiste aujourd'hui à un sursaut du même genre, mais qui sera peut-être plus faible et plus éphémère. Il est favorisé par un contexte bien différent de celui des années 60. À partir des années 70, la perception des limites terrestres a été modifiée par la découverte que le système solaire était désert, par la possibilité d'une pénurie énergétique, et par l'évidence d'une interdépendance mondiale des données écologiques. La mise en doute de l'idéologie du « progrès » a été imposée non plus par des théories mais par des faits, et a contraint l'humanité à chercher une vision de l'avenir qui ne soit pas dans le prolongement des routes déjà prises.

Bien que le monde industriel et l'idéologie scientiste s'accrochent encore à leur idéal technocratique, le désarroi d'une société qui se voit menacée dans ses bases mêmes s'exprime dans un premier temps par la recherche peureuse d'un paradis perdu. Dans l'économie, c'est l'exaltation de l'esprit d'entreprise, comme au temps des grands « capitaines d'industrie ». En musique, c'est la nostalgie d'un langage commun : n'importe lequel, du Moyen Âge à Wagner, peut faire l'affaire comme refuge contre un monde où le « progrès » tue, et où l'illusion d'avancer qu'il donnait ne pourra même plus persister longtemps. Le problème véritable, que n'affrontent ni le formalisme forcené ni la dérisoire nostalgie est donc en musique comme ailleurs celui-ci : quel but peut se donner une civilisation qui a imposé au monde un modèle auquel elle

---

1. *Cf.* F.-B. Mâche, « Réalisme et surréalisme en musique », *Cahiers du XXᵉ siècle*, 4 (1975), p. 139-145. (Note de F.-B. Mâche)

ne peut plus sérieusement croire elle-même, parce qu'il bute d'une part sur des impasses techniques, et d'autre part sur un puissant retour de tout ce qu'il a essayé de refouler ?

En musique, c'est la troisième force mentionnée qui seule affronte ce problème. Depuis Debussy, en passant par le premier Stravinsky, par certaines œuvres de Messiaen, de Bartok, et surtout par Varèse et par Xenakis, toute une part de la création musicale occidentale n'est concernée essentielle-ment ni par les problèmes de forme ni par les soucis de la communication, mais par la recherche d'une nouvelle finalité musicale. Debussy n'est pas important pour avoir inventé la gamme par tons, ou renvoyé l'harmonie au timbre (bien que cela compte aussi), mais pour avoir ouvert les fenêtres et proposé à l'intelligence musicale un nouveau rapport avec le monde. Stravinsky de même n'est pas important pour des trouvailles rythmiques ou la polytonalité, mais pour avoir retrouvé la force de certains archétypes sonores, non-discur-sifs et rebelles à tout « développement ». C'est cet héritage que seul Varèse a su reprendre, et il a payé très cher cette solitude. Bien que le XXᵉ siècle musical ait cru longtemps vivre son principal conflit dans l'opposition du sérialisme et du néo-classicisme, on s'aperçoit aujourd'hui que ces deux forma-lismes combattaient en fait dans le champ clos de la relativité culturelle. L'un et l'autre revendiquaient la musique comme un domaine totalement autonome, et traduisaient chacun à sa manière le prestige écrasant de la pensée rationnelle. Mais ce que Debussy et Varèse voulaient dire n'est devenu évident qu'avec la révolution électro-acoustique. Ne pouvant ignorer plus longtemps les sons anarchiques, le formalisme essaye de les synthétiser pour en récupérer le contrôle ; la nostalgie joue devant eux la politique de l'autruche. Mais l'irruption des bruits devenus disponibles ne signifie pas seulement un problème technique de « langage », elle met en cause la finalité musicale elle-même, le tabou des tabous. Qu'on enfile des structures sérielles ou des lexèmes d'un dialecte historique, tant qu'on ne se pose pas d'autres questions, on reste dans un artisanat de combinaisons décoratives.

La question qu'a posée l'électro-acoustique depuis 40 ans est celle du retour du refoulé, de ce qui n'entre pas dans les structures d'ordre si commodes et rassurantes, à savoir le timbre ; de ce qui n'entre pas non plus dans les références instrumentales, à savoir le son non-identifié et comme tel en contact direct, sans filtrage, avec l'angoissant domaine de l'inconscient. Contre le ghetto culturel, on assiste à une lente résurgence du sacré, en entendant par là la rencontre entre d'une part les images innées (innéité attestée par leur univer-salité), et d'autre part les formes sonores modelées par l'expé-rience acoustique, et non inventées selon une combinatoire. D'où l'attention prêtée aux autres traditions musicales, non pas comme piment pour un palais blasé, – il y a longtemps que l'exotisme est mort –, mais comme leçon de relativité des valeurs, et surtout comme témoins d'une finalité musicale refoulée, à savoir le lien avec la pensée mythique. La musique n'est pas une sorte de langage, elle est une pensée plus géné-rale, plus proche de la source mythique (c'est-à-dire généra-trice de mythologies), si l'on admet que cela désigne l'ensem-ble des images mentales et des enchaînements spontanés inscrits dans notre patrimoine génétique pour être développées selon les infinies diversités culturelles.

La seule crise musicale profonde de notre époque concerne le *pourquoi*, et non le *comment*, de la musique. L'ère laïque du pseudo-langage musical soi-disant autonome me paraît révolue. La musique n'est plus «le seul signifiant privé de référent», comme on l'a dit abusivement. Cette pureté a toujours été illusoire, et désormais les sons réels l'ont submergée de matériaux nouveaux : il y a mieux à faire que de se soucier en priorité d'en créer d'autres. Ni l'invention de formes ni l'invention de sons n'apparaissent plus comme des finalités suffisantes au travail du compositeur. La crise de la musique contemporaine, et son relatif échec social, impliquent une solution autre que politique ou technicienne. L'hypothèse dont je pars est que ces difficultés sont surtout dues à l'illusion prométhéenne que le compositeur, comme les technocrates, pouvait créer une seconde nature, libérée des servitudes de la première par un arbitraire souverain, et que la musique, au lieu d'être une énergie ou une matière première, était un jeu de signes socialement échangeables, comme un papier-monnaie.

L'inflation, la dévaluation, la perturbation des échanges, n'affectent que la part conventionnelle du monde musical. Celui-ci devait jadis sa stabilité aux garanties sous-entendues dont il bénéficiait, aux époques de foi et de relatif consensus. Le problème est de retrouver un minimum de ces garanties qui ne soit pas dues à des modes, des intérêts ou des opinions. La recherche des universaux[1] n'a pas comme seule motivation la curiosité scientifique, elle correspond à un besoin inéluctable de re-fonder en nature l'activité musicale au lendemain de sa débâcle sociale. Toutes les suspicions attachées à cette démarche se rattachent elles-mêmes aux ambitions que leurs excès ont rendues suspectes à leur tour. L'apparente gratuité, voire l'inutilité de la musique, a longtemps été interprétée comme le signe de sa pure conventionalité. Il paraît à la fois plus vraisemblable et moins stérile de la considérer comme

---

1. Cette notion essentielle dans la réflexion de F.-B. Mâche est plus particulièrement développée dans son ouvrage *Musique au singulier*.

une pulsion première, comme l'irruption d'une pensée primitive au sein de toute culture.

Cette mise entre parenthèses du culturel ne saurait sans doute être ni totale ni définitive, mais ce n'est plus guère de ce côté-là qu'il y a à travailler. Depuis Debussy, une route existe pour son exploration : une des manières de considérer la création musicale est d'y voir pour l'essentiel la rencontre entre les archétypes[1] et une phénoménologie du monde sonore.

1. Autre concept essentiel, longuement analysé dans *Musique au singulier.* C'est un principe organisateur naturellement actif dans le psychisme, lié à l'idée d'une nature humaine universelle, et dont la fonction musicale doit être comprise dans ses rapports avec le génotype et le phénotype : « L'archétype est une image flottant dans l'inconscient ; les génotypes sont les schèmes dynamiques qui marquent son passage à la conscience en tant que programme d'action ; les phénotypes sont les résultats sensibles de ces processus de pensée. » (p. 36).

BIBLIOGRAPHIE

Textes présentés dans le volume (dans l'ordre des textes)

PLATON, *Les Lois*, 4 vol., Paris, Les Belles Lettres; livres I-VI, texte et trad. d'E. Des Places, 1951; livres VII-XII, texte et trad. d'A. Diès, 1956.

– trad. de L. Brisson et J-F. Pradeau, 2 vol., Paris, Garnier-Flammarion, 2006.

ARISTOTE, *Politique*, 5 vol., texte et trad. de J. Aubonnet, Paris, Les Belles Lettres, 1960-1989.

– *La politique*, trad. de J. Tricot, Paris, Vrin, 1982.

– *Les politiques*, trad. de P. Pellegrin, Paris, Garnier-Flammarion, 1990.

ROUSSEAU (J.-J.), *Écrits sur la musique, la langue et le théâtre* (*Œuvres complètes*, tome V), «Bibliothèque de la Pléiade», Paris, Gallimard, 1995.

– *Écrits sur la musique*, Préface de C. Kintzler, Paris, Stock, 1979.

– *Essai sur l'origine des langues, et autres textes sur la musique*, Paris, Garnier-Flammarion, 1993.

ALEMBERT (J. Le Rond d'), dans Ch. Henry, *Œuvres et correspondances inédites de d'Alembert*, Paris, 1887; rééd. Genève, Slatkine Reprints, 1967.

CHABANON (M.), *De la musique considérée en elle-même et dans ses rapports avec la parole, les langues, la poésie et le théâtre*, Paris, 1785; rééd. Genève, Slatkine Reprints, 1969.

WACKENRODER (W. H.), *Sämtliche Werke und Briefe*, éd. par S. Vietta et R. Littlejohns, 2 vol., Heidelberg, Carl Winter-Universitätsverlag, 1991.

– *Fantaisies sur l'art par un religieux ami de l'art*, texte, trad. de J. Boyer, Paris, Aubier-Montaigne, 1945.

TIECK (L.), *Épanchements d'un moine ami des arts* suivi de *Fantaisies sur l'art*, trad. fr. de Ch. Le Blanc et O. Schefer, Paris, Corti, 2009.

HOFFMANN (E.T.A.), *Fantasiestücke in Callot's Manier*, dans *Sämtliche Werke*, éd. par H. Steinecke et W. Segebrecht, 6 tomes en 7 vol., Frankfurt am Main, Deutscher Klassiker Verlag, 1985-2004 (*Fantasiestücke* : II, 1, 1993).

– *Fantaisies dans la manière de Callot*, trad. de H. de Curzon, Paris, 1891 ; repris dans *Intégrale des contes et récits*, sous la direction d'A. Béguin et M. Laval, 14 vol., Paris, Phébus, 1979-1984.

– *Kreisleriana*, trad. d'A. Béguin, dans *Romantiques allemands*, tome I, éd. par M. Alexandre, « Bibliothèque de la Pléiade », Paris, Gallimard, 1963.

– *Écrits sur la musique*, trad. fr. de B. Hébert et A. Montandon, Lausanne, L'Âge d'Homme, 1985.

HANSLICK (E.), *Vom Musikalisch-Schönen, Ein Beitrag zur Revision der Ästhetik der Tonkunst*, Leipzig, 1854, réimpression Darmstadt, Wissenschaftliche Buchgesellschaft, 1991 (rééd., dont : 21e éd., Wiesbaden, Breitkopf & Härtel, 1989).

– *Du beau dans la musique, Essai de réforme de l'esthétique musicale*, trad. de Ch. Bannelier d'après la 8e éd. allemande, 2e éd., Paris, 1893 ; reprise par Phénix Éditions, Ivry-sur-Seine, 2005 ; trad. de Ch. Bannelier revue et complétée par G. Pucher, Introduction de J.-J. Nattiez, Paris, Christian Bourgois, 1986.

NIETZSCHE (F.), *Werke*, Kritische Gesamtausgabe herausg. von G. Colli und M. Montinari, III, 3 (Nachgelassene Fragmente, Herbst 1869-Herbst 1872), Berlin-New York, De Gruyter, 1978.

– *La naissance de la tragédie. Fragments posthumes* (automne 1869-printemps 1872), trad. de M. Haar, Ph. Lacoue-Labarthe et J.-L. Nancy, dans *Œuvres philosophiques complètes* éd. par G. Colli et M. Montanari, vol. I, Paris, Gallimard, 1977.

DE SCHLOEZER (B.), *Introduction à J.-S. Bach, Essai d'esthétique musicale*, Paris, Gallimard, 1947 ; Idées-Gallimard, 1979 ; édition présentée et établie par P.-H. Frangne, Presses Universitaires de Rennes, 2009.

MÂCHE (F.-B.), *Musique, mythe, nature ou les dauphins d'Arion*, Paris, Méridiens Klincksieck, 1991.

Autres textes cités

Pour les auteurs anciens (Aristophane, Aristote, Cicéron, Euripide, Ovide, Philodème, Platon, Plutarque, Quintilien, Strabon), tous les textes cités sont édités aux Belles Lettres, Collection des Universités de France, mais la plupart sont aussi accessibles dans d'autres éditions.

La *Souda* (ou *Suidas*), dictionnaire encyclopédique byzantin, rédigé sans doute vers les Xe-XIe siècle, existe en réimpr. moderne : A. Adler, *Suidae Lexicon*, 5 vol., München-Leipzig, Saur et Stuttgart, Teubner, 1967-2001.

ALEMBERT (J. Le Rond d'), *Discours préliminaire de l'Encyclopédie*, 1751 ; rééd. avec introduction et notes par M. Malherbe, Paris, Vrin, 2000.

– *Éléments de musique théorique et pratique suivant les principes de M. Rameau*, 1752 ; réimpr. de la 2e éd. de 1779, Plan-de-la-Tour, Éditions d'Aujourd'hui, Coll. Les Introuvables, 1984.

– *Essai sur les éléments de philosophie*, 1759 ; rééd. Paris, Belin, 1821, réimpr. Genève, Slatkine Reprints, 1967 ; Paris, Fayard, Corpus des œuvres de philosophie en langue française, 1986.

– *De la liberté de la musique*, dans *Œuvres complètes*, tome I, 1re partie, Paris, 1821-1822 ; réimpr. Genève, Slatkine Reprints, 1967.

ANDLER (Ch.), *Nietzsche, sa vie et sa pensée*, 3 vol., Paris, Brossard, 1920-1931 ; Gallimard, 1958.

BASSO (A.), *Frau Musica. La vita e le opere di J.S. Bach*, Edizioni di Torino, 1979 et 1983 ; trad. fr. de H. Pasquier : *J.S. Bach*, 2 vol., Paris, Fayard, 1984 et 1985.

CACCINI (G.), *Le Nuove Musiche*, Introduction, traduction et notes de J.-Ph. Navarre, Paris, Le Cerf, 1997.

CHAILLEY (J.), *La musique grecque antique*, Paris, Les Belles Lettres, 1979.

CHION (M.), *Le poème symphonique et la musique à programme*, Paris, Fayard, 1993.

COURT (R.), *Le musical. Essai sur les fondements anthropologiques de l'art*, Paris, Klincksieck, 1976.

– *Sagesse de l'art*, Paris, Méridiens Klincksieck, 1987.

DAHLHAUS (C.), *Die Idee der absoluten Musik*, Kassel, 1978 ; trad. fr. de M. Kaltenecker *L'idée de la musique absolue*, Genève, Éditions Contrechamps, 1997.

DEBUSSY (C.), *Correspondance 1884-1918*, Paris, Hermann, 1993 ; *Correspondance 1872-1918*, Paris, Gallimard, 2005.

– *Monsieur Croche et autres écrits*, Paris, Gallimard, 1971, éd. rev. et aug. 1987.

DESCARTES (R.), *Correspondance*, éd. Ch. Adam et P. Tannery, Paris, Vrin, format poche, 1996.

DIDEROT (D.), *Œuvres complètes*, Paris, Hermann, tome IV, 1978 (*Lettre sur les sourds et muets*) ; tome VI, 1976 (Article « Beau » de l'*Encyclopédie*) ; tome X, 1980 (*Entretiens sur le Fils naturel*) ; tome XII, 1989 (*Le Neveu de Rameau*).

DUFOUR (E.), *L'esthétique musicale de Nietzsche*, Presses Universitaires du Septentrion, Villeneuve d'Ascq, 2005.

– *Qu'est-ce que la musique ?* Paris, Vrin, 2005.

DUMONT (J.-P.) (dir.), *Les Présocratiques*, « Bibliothèque de la Pléiade », Paris, Gallimard, 1988.

FABRE (F.), *Nietzsche musicien. La musique et son ombre*, Rennes, Presses Universitaires de Rennes, 2006.

FLACELIÈRE (R.), *La vie quotidienne en Grèce au siècle de Périclès*, Paris, Hachette-Livre de poche, 1959.

GIRDLESTONE (C.), *Jean-Philippe Rameau*, Londres, Cassell & Company, 1957 ; trad. fr. Desclée de Brouwer, 1962 ; 2ᵉ éd. 1983.

HEGEL (G. W. F.), *Cours d'esthétique*, III, trad. de J.-P. Lefebvre et V. von Schenck, Paris, Aubier, 1997.

– *Encyclopédie des sciences philosophiques*, trad. de B. Bourgeois, 3 vol., Paris, Vrin, 1970-2004.

HONEGGER (M.), (dir.), *Science de la musique*, 2 vol., Paris, Bordas, 1976.

JANKÉLÉVITCH (V.), *La musique et l'ineffable*, Paris, A. Colin, 1961 ; rééd. Le Seuil, 1983.

KANT (E.), *Anthropologie d'un point de vue pragmatique*, trad. de M. Foucault, Paris, Vrin, 1964.

– *Critique de la faculté de juger*, trad. de A. Philonenko, Paris, Vrin, 1965.

– *Première Introduction à la Critique de la faculté de juger* et autres textes, trad. de L. Guillermit, Paris, Vrin, 1975.

KESSLER (M.), *L'esthétique de Nietzsche*, Paris, P.U.F., 1998.

LECERF DE LA VIÉVILLE DE FRESNEUSE (J.-L.), *Comparaison de la musique Italienne et de la musique Française*, 1704 ; 2ᵉ éd. Bruxelles, 1705-1706, réimpr. Genève, Minkoff, 1972.

LEGRAND (R.), *Rameau et le pouvoir de l'harmonie*, Paris, Cité de la musique, 2007.

LESURE (F.), *Claude Debussy*, Paris, Fayard, 2003.

LOCKSPEISER (E.) et HALBREICH (H.), *Claude Debussy*, Paris, Fayard, 1980 ; 1989.

MÂCHE (F.-B.), *Musique au singulier*, Paris, O. Jacob, 2001.

MARROU (H.-I.), *Histoire de l'éducation dans l'Antiquité*, Paris, Le Seuil, 1948.

MERSENNE (M.), *Correspondance*, X, Paris, Éditions du CNRS, 1967.

NIETZSCHE (F.), *Œuvres philosophiques complètes*, éd. par G. Colli et M. Montanari, Paris, Gallimard : – vol. V, 1982 (*Le Gai savoir. Fragments posthumes* [été 1881-été 1882], trad. de P. Klossowski) ;

– vol. VII, 1971 (*Par-delà le bien et le mal. La Généalogie de la morale*, trad. de C. Heim, I. Hildenbrand et J. Gratien) ;

– vol. VIII, 1974 (*Le cas Wagner. Crépuscule des idoles. L'Antéchrist. Ecce homo. Nietzsche contre Wagner*, trad. de J.-C. Hémery).

NOVALIS (F. von Hardenbergs, dit), *Werke, Tagebücher und Briefe Friedrich von Hardenbergs*, éd. par H.-J. Mähl et R. Samuel, 3 vol., München-Wien, C. Hanser, 1978-1987.

– *Œuvres complètes*, édition établie, traduite et présentée par A. Guerne, Paris, Gallimard, 1975, 2 vol. : 1. *Romans, poésies, essais* ; 2. *Les fragments*.

OLIVIER (A. P.), *Hegel et la musique. De l'expérience esthétique à la spéculation*, Paris, Champion, 2003.

RAGUENET (F.), *Parallèle des Italiens et des Français en ce qui regarde la musique et les opéras*, Paris, 1702 ; réimpr. Genève, Minkoff, 1976.

RAMEAU (J.-Ph.), *Traité de l'harmonie réduite à ses principes naturels*, Paris, 1722 ; rééd. Paris, Méridiens Klincksieck, 1986.

– *Intégrale de l'œuvre théorique*, éd. par B. Porot et J. Saint-Arroman, 3 vol., Paris, Fuzeau, 2004.

– *Musique raisonnée*, textes réunis par C. Kintzler et J.-C. Malgoire, Paris, Stock, 1980.

ROUSSEAU (J.-J.), *Du contrat social. Écrits politiques* (*Œuvres complètes*, tome III), « Bibliothèque de la Pléiade », Paris, Gallimard, 1964.

SAND (G.), *Consuelo*, Paris, Gallimard-Folio, 2004.

SCHELLING (F. W. J. von), *Ausgewählte Schriften*, Frankfurt-am-Main, Suhrkamp, vol. II, 1985.

SCHOPENHAUER (A.), *Le monde comme volonté et comme représentation* (1818), trad. de A. Burdeau, Paris, P.U.F., 1966, 10ᵉ éd. 1978.

– *Parerga et Paralipomena*, trad. de J.-P. Jackson, Paris, Coda, 2005.

SCHUMANN (R.), *Sur les musiciens*, trad. de H. de Curzon, 1894 ; rééd. Paris, Stock, 1979.

STRAVINSKI (I.), *Chroniques de ma vie*, 1935 ; rééd. Paris, Denoël, « Bibliothèque Médiations », 1971.

– *Poétique musicale*, Paris, Flammarion, 2000.

TELLART (R.), *Claudio Monteverdi*, Paris, Fayard, 1997.

WAGNER (R.), *Oper und Drama*, Leipzig, 1852, rééd. Stuttgart, Reclam, 1984 ; trad. fr. de J.-G. Prod'homme, *Opéra et drame*, Paris, 1910, réimpr. Plan-de-la-Tour, Éditions d'Aujourd'hui, « Les Introuvables », 1982.

– *Beethoven*, Leipzig, 1870 ; trad. fr. J.-L. Crémieux, Paris, Gallimard, 1937.

Bibliographie additionnelle

ACCAOUI (C.), *Le temps musical*, Paris, Desclée de Brouwer, 2001.

ADORNO (T.W.), *Philosophie de la nouvelle musique* (1958), trad. de H. Hildenbrand et A. Lindenberg, Paris, Gallimard, 1962 (rééd. Tel-Gallimard, 1979).

– *Quasi una Fantasia*, 1963, trad. de J.-L. Leuleu, Paris, Gallimard, 1982.

– *Théorie esthétique*, trad. de M. Jimenez, Paris, Klincksieck, 1974.

ANGER (V.) (dir.), *Le sens de la musique (1750-1900)*, 2 vol., Paris, ENS rue d'Ulm, 2005.

BARDEZ (J.-M.), *Les écrivains et la musique au XVIIIᵉ siècle*, tome III : *Philosophes, encyclopédistes, musiciens, théoriciens*, Genève-Paris, Slatkine, 1980.

BEAUFILS (M.), *Musique du son, musique du verbe*, Paris, P.U.F., 1954. Nouvelle éd. augmentée, préfacée par J.-Y. Bosseur, Paris, Klincksieck, 1994.

– *Comment l'Allemagne est devenue musicienne*, Paris, Laffont, 1983.

BOISSIÈRE (A.) (dir.), *Musique et philosophie*, Paris, CNDP, 1997.

BOUCOURECHLIEV (A.), *Le langage musical*, Paris, Fayard, 1993.

BOULEZ (P.), *Points de repère*, 3 vol., Paris, Bourgois, 2005.

CANNONE (B.), *Philosophies de la musique*, Paris, Amateurs du livre-Klincksieck, 1990.

CHARRAK (A.), *Musique et philosophie à l'âge classique*, Paris, P.U.F., 1998.

FUBINI (E.), *Les philosophes et la musique*, Paris, Honoré Champion, 1983.

INGARDEN (R.), *Qu'est-ce qu'une œuvre musicale ?*, trad. de D. Smoje, Paris, Bourgois, 1989.

LÉVI-STRAUSS (C.), *Le cru et le cuit*, « Ouverture », Paris, Plon, 1964.

NATTIEZ (J.-J.) (dir.), *Musiques. Une encyclopédie pour le XXIᵉ siècle*, 5 vol., Arles/Paris, Actes Sud/Cité de la musique, 2003-2007.

Philosophie, n° 59, *L'objet musical et l'universel*, sept. 1998, Paris, Minuit.

ROSEN (Ch.), *Aux confins du sens. Propos sur la musique*, 1994, trad. de S. Lodéon, Paris, Le Seuil, 1998.

SÈVE (B.), *L'altération musicale*, Paris, Le Seuil, 2002.

WEILL (N.), *La musique, un art du penser?* Rennes, Presses Universitaires de Rennes, 2006.

INDEX DES NOMS

TABLE DES MATIÈRES

Achevé d'imprimer en octobre 2021 par *La Manufacture - Imprimeur* – 52200 Langres
Imprimé en France – N° d'imprimeur : 210932 – Dépôt légal : mai 2013